베어드와 한국선교

숭실대학교 출판국

발간사

숭실대학교 설립자인 선교사 윌리엄 베어드 박사(한국명: 배위량, William M. Baird, 1862~1931)는 한국 교회와 우리나라의 근대 교육, 그리고 세계 선교사에 큰 발자취를 남겼습니다. 베어드 박사는 1891년부터 1931년까지 40년 동안 사역의 대부분을 한국에서 감당했습니다. 개신교 선교사로서 부산 선교와 대구 선교를 최초로 개척했고, 후에 평양에서 숭실학당을 설립하는 것을 시작으로 교육사업과 문서 선교에 지대한 공헌을 하였습니다. 그는 장티푸스로 소천한 후에, 먼저 하늘나라에 간 첫째딸과 막내아들 그리고 사랑하는 부인 애니와 함께 한국에 묻히므로 우리나라에 대한 그의 사랑을 여실히 보여주었습니다.

베어드 박사의 첫 번째 부인인 애니 베어드 선교사(한국명: 안애리, Annie L. Baird, 1864~1916)는 1891년부터 1916년까지 한국에 거하며 베어드 박사를 내조하고 자녀들을 훌륭히 키우면서도 (두 아들이 장성한 후에 부모님의 뒤를 이어 20여 년 동안 한국 선교를 위해 헌신했다), 숭실학당의 교육을 위해 미국 교과서들을 번역 또는 편집하여 한국어로 된 다양한 교재들을 만들고, 영어와 한국어로 기독교 소설들을 썼으며 또한 영감어린 찬송 가사들을 작시했습니다. 애니 베어드 선교사는 배위량 선교사보다 15년 앞서 암으로 소천했으며, 그 뼈를 역시 사랑하는 한국 땅에 묻었습니다.

베어드 박사의 두 번째 부인인 로즈 베어드 선교사(한국명: 배로사,

Rose M. Baird, 1881~1946)는 애니 베어드 선교사가 소천하고 2년 후에 안식년으로 무디 신학교를 방문한 윌리엄 베어드 선교사를 만나 결혼했으며, 애니 베어드 선교사의 빈자리를 지키며 헌신적으로 사역을 감당했습니다. 로즈 베어드 선교사는 윌리엄 베어드 선교사가 소천한 뒤에도 어린 딸을 키우며, 2차 세계 대전으로 강제 출국당할 때까지 끝까지 한국에 남아「평양 여자 신학교」교장으로 한국 선교와 한국의 여성 교육을 위해 헌신했습니다.

이처럼 윌리엄 베어드 선교사와 애니 베어드 선교사, 그리고 로즈 베어드 선교사가 보여준 신앙과 교육 사업, 그리고 헌신적 봉사와 선교의 열정은 '베어드학'을 형성하기에 충분하다고 생각합니다. 숭실대학교 개교 110주년을 맞아, 한국기독교문화연구소에서는『베어드학 학술대회』를 개최했습니다. 그리고 개교 111주년을 기념하며 그 연구 결과물을 단행본 책으로 발간하게 되었습니다. 베어드에 대한 체계적인 연구가 전무하다시피 한 현실 속에서, 이번 학술대회와 단행본 책 발간을 계기로 세 분의 베어드 선교사에 관한 일대기와 업적들이 새롭게 발굴되며 재해석될 수 있기를 소망합니다.

아무쪼록 많은 분들의 관심과 기도를 부탁드립니다. 함께 지혜를 모아 베어드학의 체계를 세워갈 수 있기를 바랍니다. 여러분의 진심어린 질정을 부탁드리며, 이 책이 베어드학 연구에 작은 초석이 되길 바랍니다. 이 책의 출간을 위해 수고해주신 숭실대학교 박영철 출판국장님과 임경란 팀장님께 마음으로 감사의 뜻을 표합니다.

숭실대학교 한국기독교문화연구소장
이 인 성

차 례

역사의 베어드, 베어드의 역사

박정신 (숭실대학교)

❶ 머리글

우리는 역사를 왜 공부하고 또 어떻게 역사를 하여야 하는가. 역사학에 몸담고 역사학에 기대어 삶을 꾸리는 우리가 이러한 초보적인 질문을 왜 하필이면 이글 머리에 던지는가.

우리는 '역사 범람'의 시대에 산다. 역사에 관심이 높아진 현상이나 올바른 역사연구의 결과라면 이 '범람'이 얼마나 바람직한 것인가. 그러나 이 범람이 파당적인 역사의 범람이라는데 문제가 있는 것이다. 나라마다 그 나라 중심으로 역사를 멋대로 미화하고, 학교마다 주기적으로 학교사라는 이름으로 자기 학교 역사를 왜곡하며 써대고, 교회마다 주기적으로 개교회사를 펴내 자기 교회 중심으로 한국기독교사를 쓴다. 회사는 회사대로, 중앙이나 지방의 국가 기관도 몇몇 주년이 되면 역사책을 쓴다. 이러한 역사는 재학생과 동문들을 비롯한 그 주변 사람들, 교회 구성원들, 회사 사람들, 국가기관끼리 나누어 갖는 역사이다. 이것은 역사가 아니라 나라나 민족, 학교나 교회, 그리고 어떤 기관이나 회사의 선전물이거나 홍보물에 지나지 않는다. 선전이나 홍보물로 전락한, 자기중심적으로 왜곡한 파당적 역사의 범람을 우리는 우려하는 것이다. 이러한 역사는 자기 학교나 교회 그리고 회사, 자기 지역이나 나라를 '역사 위에, 역사 너머' 존재하는 것으로 미화하고 왜곡한다.

이러한 파당적 역사는 특히 인물연구나 평전에 두드러지게 나타난다. 자기 연구대상인 한 인물에 대하여 무턱대고 비판을 일삼는 경우도 있지만, 대개의 인물연구나 평전은 그 대상인물에 대한 무조건적인 예찬이나 칭송으로 가득 차 있는 경우가 허다하다. 마치 대상 인물을 '역사 위에, 역사 너머' 존재하는 인물로 신비화 시키거나 신화화 또는 신성화시킨다. 이 또한 하나의 파당적 역사쓰기고 역사 왜곡이다.

좀 더 구체적으로 말해 보자. 어떤 학교나 교회도, 어떤 나라나 민족도, 어떤 위대한 인물도 '역사 위에, 역사 너머' 존재하지 않는다. 어떤 학교의 학교사, 어떤 대학교 몇 년사, 어떤 회사의 창업주, 또는 어떤 대학교 설립자나 공로자에 대한 글들을 읽으면 파당적 역사 왜곡행위를 우리는 쉬이 발견하게 된다. 바로 이 파당적 역사하기와 역사왜곡을 위해 나온 그런 역사가 우리사회에 범람하고 있는 것이다. 그것도 역사학 훈련을 받은 이들이 써 내고 있는 것이다.[1)]

이 땅의 근대 교육의 요람이자 근대 학문의 요람인 최초의 근대대학인 숭실대학교에서 설립자 윌리엄 베어드(William M. Baird)를 본격적으로 연구하겠다고 나섰다.[2)] 늦은 감이 있다. 이를 준비하는 이들은 이렇게 위대한 학자요 교육자이며, 이렇게 위대한 선교사였던

---

1) 미국에서 가르치다가 어머니가 돌아가신 1988년 가을에서 이듬해 봄까지 한국에 머문 적이 있다. 일본의 역사왜곡에 흥분하던 우리학계의 역사왜곡을 보고 긴 신문 칼럼에서 나는 역사왜곡, 역사미화를 질타한 적이 있다. 이 글은 나의 논문집에 '큰 머리글'로 실렸다. 박정신, 『한국기독교사 인식』 (서울: 혜안, 2004), 5-12쪽을 볼 것.

2) 물론 윌리엄 베어드만을 연구해서는 안 된다. 윌리엄을 당연히 연구해야 하지만 그의 아내들 (Annie와 Rose), 그의 아들들 (Richard 등)도 함께 연구되어야 한다는 것이 나의 생각이다. 다행히 윌리엄 베어드와 함께 이들을 이 연구 프로제트에 포함시켜 '베어드학'이라고 한 것은 이런 뜻에서 옳고 그래서 다행이라고 생각한다.

그가 '왜 우리 숭실대학교에서 무시당해 왔는가' 고 흥분하고 있다. 이들은 누구이고, 어디서 무엇을 하고 있다가, 갑자기 윌리엄 베어드를 보고 사춘기 아이처럼 홀딱 반해 흥분해 하고 있는가. 학문은 사춘기 아이들이 가지고 있는 호기심이나 '짝사랑' 의 심정으로 하는 것이 아니다. 우리는 이들에게 연구대상에 사춘기 아이처럼 몰입(나는 이를 attachment라고 부른다)하여 짝사랑에 빠지는 학문하기를 넘어 연구대상과 멀리 떨어져 바라보는 태도(나는 이를 detachment라고 한다)를 가지기를 소망한다. 사춘기 이아처럼 흥분하고 어찌할 줄 모르는 이들이 '베어드학' 을 주도한다면 다른 학교에서 그들의 설립자를 칭송하고 미화시켜 역사를 왜곡한 전례를 밟지 않겠는가 우리는 염려하고 있다. 이들이 '베어드학' 을 주도한다면, 베어드를 '역사 위에, 역사 너머' 존재했고 활동한 인물로 신화화시키고 신격화시키지 않겠는가. 그래서 우리는 다른 역사학자들이 다른 학교에서 예외 없이 그랬던 것처럼 그런 식으로 '베어드' 를 연구하지 말자고 감히 주장하는 것이다.

이러한 시각과 마음가짐으로 이글은 베어드를 19세기 중후반 미국사회에서 일어난 해외선교열풍의 산물로 읽고자 한다. 그렇기에 이글은 당연히 그 특별한 시기 미국에서 일어난 해외 선교열풍이 어디에서, 왜, 어떻게 일어나게 되었는지를 살피고자 한다. 그래야만 '역사의 윌리엄 베어드' 를 읽을 수가 있고, 그래야만 '윌리엄 베어드의 역사' 를 올바르게 그려낼 수가 있는 것이다. 그렇기에 이글은 역사학의 상식, 상식의 역사학을 강조할 것이다.

❷ 미국 건국 이야기와 서부 개척정신

우선 베어드가 태어나고 성장한 미국은 어떤 나라인가 알아둘 필요가 있다. 이 미국이라는 '특별한 나라'를 이해하기 위해서는 무엇보다도 이 나라의 건국에 대한 이야기에 주목해야 한다. 그것이 그들의 역사왜곡이든 역사미화이든 그들은 그렇게 주장하고 그리고 또 그렇게 믿어 왔기 때문이다. 왜곡되고 미화된 역사가 인간역사에는 그 나름의 역할을 하고 있다. 미국의 건국 이야기가 그 좋은 보기이다.

우리가 익히 알고 있듯이, 유럽 사람들이 이주하기 전에 이른바 신대륙 아메리카에는 인디언이라는 토착민이 살고 있었다. 그러나 미국 사람들이 들려주는 '건국 이야기'의 주인공들은 이들이 아니고 유럽에서 온 사람들이다. 그들 가운데는 신대륙에서 떼 부자가 되려고 온 투기꾼, 모리배, 협잡꾼, 사기꾼, 해적들과 약탈자와 같은 이들도 있었고, "이루다 말할 수 없는 수상쩍은 일을 한 사람들," 이런저런 죄를 지어 그들의 나라에 살 수 없었던 범법자들이 많았다. 그러나 미국 사람들이 들려주는 그들의 건국 이야기의 주인공들은 이러한 유럽 사

---

3) 미국 사람들이 쓴 수많은 미국사 (US History) 개설서 가운데 어느 것을 읽어도 그렇다. 이를테면, James I. Clark and Robert V. Remini, *We the People--A History of the United States*, 2 vols. (Beverly Hill, Calif.: Glencoe Press, 1975)과 Randy Roberts and James S. Olson (ed.), *American Experiences*, 2 vols. (Glenview, Ill. and London: Scott, Foresman/Little, Brown Higher Education, 1990)의 앞부분을 볼 것. 우리 글로 된 개설서로는 이보형, 『미국사개설』(서울: 일조각, 1975/2005)가 있다. 이 글은 위의 글들과 박영신, 「미국의 패권주의, 그 뿌리」, 『환경과 생명』 55호 (2003년 봄), 110-121에 기대었다.

람들이 아니고 구대륙 유럽에서 종교적으로 억압 받다가 신앙의 자유를 찾아 신대륙으로 온 이른바 퓨리턴들(the Puritans)이었다.[3)]

이들은 '구대륙'(舊大陸) 유럽에서 구교라고 일컫는 로만 캐톨릭(Roman Catholicism)이나 국가종교(the Anglican Church)로부터, 다시 말하면, 세상권력과 짝한 이 지배종교의 억압과 탄압을 벗어나 신앙의 자유를 찾아 '신대륙'(新大陸)을 찾아온 이들이다. 이들은 자기들이 믿는 바를 자유롭게 믿고 행할 수 있는 나라와 공동체를 건설하고자 하였다. 18세기 〈독립전쟁〉(The War of Independence)의 승리로 새 공화국을 세우게 되었는데, 종교사적으로 새기면 미국의 독립은 바로 구대륙 유럽에서 억눌리고 지탄받던, 그래서 펴보지 못한 자기들이 믿는 바를 자유로이 믿고, 믿는 바대로 삶을 꾸리는 공동체를 건설할 수 있게 된 '종교적 독립'이기도 하였다. 이들은 애급인 유럽에서 나와 젖과 꿀이 흐르는 가나안, 아메리카를 찾아온 것은 폐쇄와 억압의 '구대륙'을 떨쳐버리고 개방과 자유의 "새 이스라엘"(New Israel), "새 가나안"(New Canaan)을 건설하라는 하나님의 부르심을 받았다고 굳게 믿고 있었다.[4)] 미국 건국 이야기의 주인공들은 바로 이러한 '선민의식'을 가진 퓨리턴들이었다.

그래서 미국의 정치, 사회, 문화 그리고 종교는 단순한 유럽의 정치, 사회, 문화 그리고 종교를 "옮겨 놓은 것"(a transplantation)이 아니고 그럴 수도 없었다. 바로 두 이유에서다. 첫째는 중남미로 이주

---

4) 박영신의 위의 글과 함께 William R. Hutchison, *Errand to the World-- American Protestant Thought and Foreign Missions* (Chicago and London: University of Chicago Press, 1987), 1-14, 91-124쪽을 볼 것.

한 유럽 사람들은 '정복자' 로서 자기들이 온 유럽의 정치, 문화, 종교를 그들이 이주한 곳으로 그대로 옮겨 놓고자 했다면, 북미주로 이주한 이들은 구대륙 유럽을 벗어나고자 한, 그래서 유럽의 것을 극복하고 떨쳐 버리기를 원했다. 둘째는 중남미로 이주한 유럽 사람들은 모두 로만 캐롤릭이지만, 북미주로 이주한 이들은 유럽의 여러 나라에서 각기 다른 모든 이질적 성분의 기독교를 가지고 온 이들이다. 이들은 "유럽보다 더 나은 삶 그리고 더 나은 종교"(a better kind of life and a better kind of religion than Europe)를 갈망하고 추구했던 이들이다. 그렇기 때문에 유럽 어떤 나라의, 한 종류의 기독교가 온 것이 아니라 유럽 각지에 퍼져있는 여러 종류의 "기독교 전체 모두"(the whole Christian macrocosm)가 들어온 것이다.[5] 그러기에 미국 기독교는 미국의 역사와 마찬가지로 "혁명적"이다. 유럽의 기독교가 "가을처럼 혁명의 끝 무렵"(an autumnal revolution)에 처한 형국이라면 미국의 기독교는 "봄같이 활기찬 혁명을 시작하고" (it was spring)이었다.[6]

유럽 각지에서 여러 이질적 성분의 기독교가 아메리카로 이식되었기 때문에 미국 기독교의 모습을 "하나의 종교 모자이크"(a religious mosaic)로 나타났다고 생각하는 이들이 있을 수 있다. 그러나 앞서 말한 것처럼, 미국을 건국한 이들은 유럽 것을 그대로 신대륙에 옮기려한 사람들이 아니고 유럽 것을 벗어나고 버리려고 한 이들이

5) Alec R. Vidler, *The Church in an Age of Revolution, 1789 to the Present Day* (New York: Pelican Books, 1961), 235-236쪽을 볼 것.

6) 윗글, 235쪽.

다. 이러한 이들이 유럽 각지에서 줄지어 아메리카로 이주해 옴으로 유럽의 몸과 옷을 버리고 새로운 몸을 만들고 새로운 옷을 입고 새로운 삶의 환경과 새로운 삶의 틀을 만들겠다는 "급진적 이상주의"(radical idealism)를 끊임없이 수혈 받게 된다. 여기에 미국사회의 이상주의적 급진성이 잉태하고, 여기에 유럽대륙의 것과는 다른 '미국 기독교'가 나오게 된 것이다.

그 좋은 보기가 바로 미국헌법에 들어선 정교분리다. 정교분리는 "미국인의 삶의 기본원칙"(the axiom of the American way of life)으로 누구도 쉬이 도전하거나 바꾸지 못하게 하였다. 유럽에서 유럽의 종교권력으로부터 억압받고 박해받은 이들이 '믿는 바' 때문에 어떤 사람이나 집단 또는 국가권력에 의해서 그들의 '믿는 바'가 제한, 제재, 억압 또는 박해 받지 않도록 제도화한 것이다. 그렇기 때문에 이들이 세운 미국은 종교문제에 있어서 "하나의 자유방임의 낙원"(a paradise of laissez faire)이 되었다.[7)]

그럼에도 불구하고 '미국 건국의 주인공'들은 한결같이 '선민의식'이 강했다. 고대 히브리 족속이 그랬던 것처럼 이들의 역사의식도 하나님이 인간의 역사에 간섭하고 개입하여 하나님의 뜻을 이루고자 한다는 섭리사관에 터하고 있었다. 인간은 불완전하여 하나님에게 기대어 삶을 꾸리어야 하는 존재이며, 하나님의 뜻을 이루는 그 과정(역

---

7) 윗글, 235-237을 볼 것. 헌법에는 "no religious test shall ever be required as a qualification to any office or public trust under the United States"라고 했고, 1791년의 첫번째 수정안에는 "Congress shall make no laws respecting an establishment of religion, or prohibiting the free exercise thereof"라고 했다.

사)에서 인간은 단순한 도구라고 믿고 있었다. 그들이 태어난 것, 특히 그들이 구대륙을 떠나 신대륙에 온 것도 다 하나님의 뜻을 이루기 위한 섭리에서 이루어진 것이고, 그들은 그의 뜻을 신대륙 아메리카에서 이루게 부르심을 받은 선택된 특별한 사람들이라고 굳게 믿었다. 매사추세츠 식민정착지의 첫 지도자였던 죤 윈드롭(John Windrop)이 1630년 4월 아벨라(Arbella)라는 배를 타고 신대륙을 향해 올 때 선상에서 이주자들에게 말한 것처럼, 이들은 땅 위에 '하나님의 왕국'(the Kingdom of God)을 건설하라는 "특별한 임무"(a special commission)를 받은 특별한 사람들이라는 강한 종교적 소명의식 가지고 있었다. 이를 위해 이들은 하나님으로부터 "광야로 부르심"(errand into wilderness)을 받은, 그래서 그 '광야'에서 할 일이 있어 가는 이들이라고 윈드롭은 설파했다. 그래서 아메리카에 도달하는 대로 "언덕 위에(모범적인) 도시를 세워 모든 족속이 우리를 바라보게 하여야 한다"(we shall be as a City upon a hill, the eyes of all people are upon us)고 윈드롭은 말했다.[8)]

이처럼 독립적이고, 선민의식이 강한 그래서 개척적인 미국 사람들의 삶에 대한 태도는 서부 개척시대에도 강하게 이어지고 있었다. 이것은 미국의 역사를 관통하며 이어지고 있는 '개척정신'(frontier spirit)과도 이어지고 있는데, '서부로, 그리고 또 서부로' 개척해 나

---

8) Roberts and Olson, 윗글 2쪽에 기댐. 그리고 이 시대 역사서술과 인식에 대해 도움 받은 Gerald N. Grob and George Athan Billias (eds.), *Interpretation of American History: Patterns and Perspectives*, vol. II (New York: The Free Press, 1967), 서론, 특히 1-2쪽을 볼 것.

가면서 천막 부흥 모임과 같은 다양한 종교활동을 통해 미국의 건국 주인공들이 가진 선민의식과 "광야에로의 부르심"을 받았다는 사명의식이 더욱 강렬하게 불타올랐다.

❸ 19세기 '새 미국, 새 사명' – 선교열풍과 베어드

우리가 알고 있듯이 서부개척은 19세기 중반에 마무리 되었다. 지금의 워싱턴 주와 오리건 주 그리고 캘리포니아 주, 이른바 태평양 연안 주들이 미국의 영토가 되었기 때문이다. "오리건 영토"(The Oregon Territory) 협상이 마무리되고 1848년 '멕시코 전쟁'(The Mexican War)에 승리하여 미국이 대서양 연안 국가에서 이제는 태평양 연안 국가가 된 것이다.[9] 이제까지 미국이 대서양 저쪽의 유럽과의 관계에 관심을 가져 왔다면, 이제부터는 태평양 저 너머에 있는 아시아에도 관심을 가지게 되었다는 말이다. 이것은 미국의 역사에서 만이 아니라 세계사적 의미를 갖는, 그리고 미국의 기독교의 역사에서만이 아니라 세계 기독교의 역사에 중요한 의미를 지닌 역사전개다.

우리의 관심은 '서부로, 그리고 또 서부로' 줄기차게 개척해 왔던 미국 사람들이 이제 더 나갈 데가 없는 곳까지 왔을 때 무슨 생각을

9) 자세한 것은 이보형, 윗글, 103-112쪽과 케네스 파일 (박영신/박정신 옮김), 「근대일본의 사회사」 (서울: 도서출판 현상과 인식, 1993), 72-75쪽을 볼 것.

하였을까 하는 점이다. 그들의 조상들이 가진 '새 가나안' 이나 '새 예루살렘' 을 건설하라고 '광야로 부르심' 을 받고 왔다는 선민의식, 사명감 그리고 개척정신은 태평양 연안에 이르렀을 때 '다 이루었다' 고 현실에 만족하고 안주했을까. 이즈음에 안으로 개척시대에 이루지 못한 여러 사회, 정치, 종교 문제로 눈을 돌리기 시작했을까.

미국의 역사는 그렇지 않아 우리의 지적 관심을 더욱 자극해 준다. 태평양 연안에 온 미국 사람들은 '새로운 개척지' (a new frontier)를 설정하고 퓨리턴 조상으로부터 이어받은 선민의식과 사명감을 가지고 다시 개척하기 시작하였기 때문이다. 미국의 지성사학자 헛치슨의 말대로 미국 건국 이야기의 주인공들이 새롭고 모범된 나라를 세우는 일에 선택되어 부르심을 받았다고 믿은 것처럼, 19세기 중엽부터 미국 사람들은 "미국이라는 언덕 위에서 빛"(beams from the American hilltop)을 세계 곳곳으로 비추어야 할 이들로 부르심을 받았다고 믿었다.[10] 태평양 너머에 있는 아시아에 관심을 가지기 시작한 것이다.

19세기 중반이란 미국의 산업화와 도시화가 어느 정도 가시적으로 나타날 즈음이다. 산업화와 도시화는 상업활동의 급속한 확대를 낳았고, 부의 급속한 증대로 이어졌다. 그 결과 세금을 거두어 드리는 주정부와 연방정부는 풍부한 부를 축적하게 되고 그리고 수많은 부자들을 탄생시켰다. 바로 여기에 산업사회가 요구하고 있는 전문지식, 변화된 세상이 요구하는 인재양성의 문제가 야기되었고, 사회의 이러한

10) Hutchison, 윗글, 7-9쪽.

요구에 정부와 새로운 부자들이 응답하기 시작하였다. 1865년에 통과된 "토지기증법"(The Morril Land Grant Act)에 기대어 연방정부가 토지를 주에 기증하여 '선한시민' 교육을 실시하게 하였다. 주마다 경쟁적으로 주립대학을 세우게 되었다. 그리고 경제규모 확대로 떼돈을 번 이른바 신흥 백만장자들 가운데는 "부의 복음"(The Gospel of wealth)을 신봉하는 이들이 많았다. 이들은 하버드나 예일 같은 기존 대학에 수백만 달러를 기증하거나 아예 새 대학을 세워 사회에 공헌하고자 하였다. 록펠러(Rockefeller), 밴더빌트(Vanderbilt), 카네기(Carnegie), 스탠포드(Stanford), 죤스 홉킨스(Johns Hopkins), 코넬(Cornell), 듀크(Duke) 그리고 튤레인(Tulane) 같은 이들이 바로 그들이다. 짧게 말하면, 19세기 중후반에 이르면 미국의 경제규모가 급속히 확대되었고, 신흥대학들이 이곳저곳에 세워졌으며, 그 결과 고등교육을 받은 신흥중산층이 등장하게 되었다.[11]

산업화, 경제규모 증대, 신흥중산층의 등장과 확대는 서부개척시대를 마감한 19세기 중반부터 미국인들로 하여금 태평양 저 너머에 있는 아시아에 관심을 가지게 했다. 이른바 태평양시대가 도래한 것이다. 이를 미국 패권주의의 도래로 보는 이도 있고, 이를 미국 제국주

---

11) 산업화와 도시화, 경제규모의 확대와 신흥 대학의 등장, 그리고 신흥중산층에 대한 논의를 보기 위해서는 박정신, 「19세기말, 20세기 초 미국의 대학교육 개혁--하버드대 찰스 엘리엇 총장의 개혁을 중심으로」, 「아세아문화」 20호(2004년 4월), 75-91쪽, 특히77-80쪽을 볼 것. 그리고 신흥중산층과 미국의 해외선교와의 관계를 보기 위해서는 류대영, 「초기 미국선교사 연구」 (서울: 한국기독교역사연구소, 2001), 41-41-47쪽을 볼 것.

의라고 하는 이들도 있다. 무엇이라고 하던 분명한 것은 미국 건국 이야기의 주인공들이 가진 선민의식, 사명감, 차별의식이 개척시대에 줄기차게 이어졌고, 태평양 그 너머의 세계에로의 관심과 진출--그것이 군사적이든 정치적이든 그리고 경제적이든--의 시대에도 그대로 나타나고 있다는 것이다.[12] 그래서 헛치슨이 이를 "새 미국, 새 사명"(New Nation, New Errand)라고 부르듯이, 미국 사람들은 태평양 저 너머 "새로운 광야"로 부르심을 받았다는 선민의식과 사명감에 불타 있었다.[13]

바로 이즈음 미국 기독교는 종말론 분위기에 휩싸였다. 세상의 종말, 그래서 이 세기가 가기 전에 복음을 전해 세계를 구원해야 하는 것이 미국의 새로운 사명이라는 사명감과 위기감이 미국 기독교를 강타하였다. 여기에서 이른바 '대각성운동'(The Great Awakening)이 일어나고 부흥 모임이 여기저기 빈번히 열리었다. 각 대학에서 '학생자원운동'(Student Volunteer Movement)이 열기를 더해 간 것도 다 이즈음의 역사다.[14]

긴 역사를 짧게 말하면 이렇다. 선민의식, 개척정신, 사명감 그리고 열정을 가진 미국 사람들이 세계로 복음을 들고 나선 것이다. 미국 선교사들은 "바다 건너 저편에 있는 세상의 광야에 하나의 동산이 될

12) 그래서 사회학자 박영신은 "미국 패권주의"의 "뿌리"를 이 선민의식과 사명감에서 찾고자 하였다. 그의 윗글 여러 것을 볼 것.

13) Hutchison, 윗글 43쪽. 2장의 제목이다.

14) Vidler, 윗글, 237-238쪽과 류대영, 윗글, 38-39쪽. '학생자원운동'이 내걸었던 구호는 "이 세대에 세계를 복음화 시키자"(evangelize the world in this generation)였다.

그러한 참 교회를 세우기 위해"(to establish that true Church which is to be a garden in the wilderness of the world beyond the seas) 나섰던 것이다. 그들은 자신들이 선택받고 보내심을 받은 "그리스도의 특별한 대리인들"(Christ's special messengers)이라고 믿었다.[15] 그들은 17세기 퓨리턴들이 아메리카란 "광야로 부름심을 받고 나왔다"는 선민의식을 이어받은 이들이었다. 17세기 조상들이 언덕위에 모범적인(성스러운) 도시를 건설하도록 부르심을 받고 왔다고 믿었다면, 19세기 후반 '새 미국'의 후예들은 모범적 사회를 이방이라는 광야에 건설하도록 부르심을 받았다고 믿었던 것이다.[16]

이러한 미국 사람들, 미국 기독교인들의 선민의식에는 백인중심, 백인우월이라는 인종주의의 결함을 그 뿌리에 가지고 있었다. 선조 퓨리턴들이 아메리칸 인디언들을 학살하거나 그들을 동물처럼 우리에 가두어 버린 죄, 그리고 흑인을 노예로 삼은 죄가 그 보기이다. 피부색이 다르다고, 문화와 습속이 다르다고, 이들을 그들의 이상하는 바 자유, 평등의 새 나라에서 배제시키는 "예외의식"이나 "선민의식"을 19세기 후손들도 그대로 물려 받았다.[17] 헛치슨도 이를 지적하고 있다. 17세기 퓨리턴의 아메리카 이주 때 가진 선민의식과 19세기 새 미국의 선교사들이 해외로 나갈 때 가진 선민의식은 그 뿌리가 같은 것이다.[18] 그러니까 미국선교열풍과 미국의 팽창주의나 제국주의가

---

15) Hutchison, 윗글 7쪽에 기댐.

16) 윗글, 5쪽.

17) 박영신, 윗글 여러 것을 볼 것.

그 뿌리가 같다는 말이다.

그렇기에 미국의 제국주의는 구대륙 유럽의 그것과 다르다. 유럽의 팽창주의나 제국주의가 단순히 국가 사이의 경쟁이고 그래서 무력에 오로지 의존한 감이 있는 그야말로 "동물의 정신"(animal spirit)을 가지고 있었다면, 미국의 제국주의는 미국 사람들의 종교적 선민의식에 뿌리를 두고 있으므로 무력보다는 종교적으로 채색된 "하나의 훌륭한 영적 제국주의"(the fine spiritual imperialism)인 것이다.[19] 유럽의 것이 인간행위의 형태를 가졌다면, 미국의 제국주의는 종교행위의 꼴과 결을 가졌다는 말이다. '학생자원운동'과 선교사업의 지도자였던 스피어는 이렇게 말했다. "기독교에 용납될 수 없는 거짓 제국주의가 있고, 그리고 기독교가 본래 가지고 있는 참 제국주의도 있다."[20] 미국 기독교의 선교사업도 이러한 정신에 기대어 이루어 진 것이다.

이와 같이 독특한 역사가 전개된 19세기 중후반 미국에서 윌리엄 베어드는 태어났고, 교육받았으며, 학생자원운동에 열정으로 참여하

---

18) Hutchison, 윗글, 7-9쪽을 볼 것.

19) 윗글, 92쪽에 기댐.

20) 윗글 91쪽 따옴을 다시 따옴. 원문은 "There is a false imperialism which abhorrent to Christianity, and there is a true imperialism which is inherent in it."

21) 1862년 태어나 1885년 Hanover 대학에서 공부하고 1888년 McCormick Seminary에서 공부하였다. 그러니까 우리가 이글에서 다룬 19세기 미국에서 벌어진 특별한 역사 한 가운데서 태어나 공부하고 해외선교사로 자원하고 조선에 왔으니 그시대 다른 선교사들이 지닌 선민의식, 사명감 따위를 함께 가지고 있었을 것이다. Richard M. Baird, William M. Baird: A Profile (1968), 3쪽에 기댐.

였던, 그러니까 베어드는 바로 이 특별한 시기, 이 특별한 미국, 바로 그 역사의 '아들' 이다.[21] 그 베어드가 1891년 조선에 왔다.

④ 베어드와 19세기말 조선의 만남

19세기 말 기독교는 서양 제국주의의 물결을 타고 조선에 왔다. 익히 아는 대로, 1392년 조선왕조 창건 이래 지배 세력인 양반의 통치 이념으로 채택된 유교가 정치, 사회, 경제, 문화 등 모든 분야에서 거역할 수 없는 정통 이데올로기 역할을 하고 있었다. 이 견고한 유교적 질서도 19세기 말엽이 되면 안팎의 충격으로 틈이 생기기 시작하였고, 이 틈새를 비집고 기독교가 들어온 것이다. 이것은 '하나님 앞에서 모두가 평등하다' 는 기독교와 '사농공상' (士農工商)이라는 신분차별에 터 한 조선의 유교사회와의 만남을 뜻한다. 수직적 유교사회와 수평적 기독교 가치가 만났다는 것은 둘 사이에 필연적인 갈등과 긴장의 역사가 시작되었음을 의미한다.[22] 우리가 아는 바대로 유교는 신학(神學)이 아니고 인학(人學)이다.[23] 신이나 죽음 그리고 죽음 다

22) 기독교 전래에 대한 상세한 논의는 나의 영문저서, Chung-shin Park, *Protestantism and Politics in Korea* (Seaatle and London: University of Washington Press, 2003), 1장과 4장 그리고 나의 논문집「근대한국과 기독교」(서울: 민영사, 1997), 1장을 볼 것.

23) 이글을 위해 내가 기댄 것은 Lewis M. Hopfe, *Religions of the World* (New York: Macmillan Publishing Co., 1987), 212-222쪽이다. 이에 기대었지만 여기에 나타나는 유교에 대한 견해는 미국과 한국에서 동양 문화사나 아시아종교문화를 강의하면서 가지게 된 것이다.

음의 세계에 관심을 가지는 것이 아니라 사람의 문제, 이들의 관계를 논의한 사회철학이다. 중국사상을 연구할 때 한자의 분석이 필수적이다. 이를테면 '사람 인'(人)은 두 획으로 되어있다. 단수인 이 '인'은 두 획, 그러니까 두 사람의 뜻을 지니고 있다. 사람은 혼자일 때 의미 있는 사람이 아니고 둘일 때 사람이라는 말이다. 그리고 유교에서 가장 높이 사는 덕목이 '어질 인'(仁)이고 그래서 유교사회에서는 '인자'(仁者), 풀어 말하면 '어진 사람'이 되는 것이 모두의 삶의 목표이다. 그런데 이 '어질 인'의 뜻은 '어짐'이라고 그렇게 간단하게 뜻 새김을 하지 말아야한다.

이 '어질 인'(仁)은 '사람 인'(人)에다가 '둘 이'(二)가 합쳐진 말이다. 앞서 말했지만 두 사람의 뜻을 가진 '사람 인'에다가 둘을 더 보테면 '네 사람'이 된다. 상징적으로 말해서 이 '어질 인'은 '여러 사람'을 뜻한다. 이것은 무엇을 말하는가. '여러 사람'이 있을 때는 사람관계가 있게 된다. '사람관계'에 있어서 누구나 나쁜 관계, 불편한 관계를 가지려하지 않고 좋은 관계, 편안한 관계, 매끄러운 관계를 가지려한다. 그러니까 이 '어질 인'은 좋은 인간관계, 화목한 인간관계의 뜻을 지니고 있다. 유교는 화목한 인간관계를 최고의 덕목으로 삼고 유교사회에서는 모두가 화목한 인간관계를 만들어가는 '인자'가 되려한다. 어느 누구가 이 '화목한 인간관계'를 갈망하지 않겠는가. 어떻게 이를 달성하고 유지하느냐가 문제일 뿐이다.

유교에서는 이른바 '오륜'(五倫)이라는 '다섯 가지의 기본적 인간관계'를 화목하게 만든다면 화목한 가정, 화목한 사회를 이룩할 수 있다고 가르친다. 이 '다섯 가지의 기본적 인간관계'가 화목하게 되면 가정과 사회의 갈등과 분쟁, 시기와 질투, 불안과 불화가 없어진다는 아주 낙관적인 윤리가 유교다. 이 다섯 가지는 임금과 신하관계, 남편과 아내관계, 아버지와 아들관계, 형과 아우관계 그리고 친구관계(나이가 중요하다)다. 이러한 관계가 매끄럽고 화목할 때 정치, 사회, 가정이 평화스럽다는 것이다. 문제는 이 다섯 가지 인간관계를 어떻게 화목하게 하고 또 이를 유지하는가이다.

유교에서 말하는 이 인간관계는 수평적 개념이 아니고 수직적 개념이다. 다시 말하면, 임금과 신하가 남편과 아내가, 아버지와 아들이, 형과 아우가 그리고 나이 많은 이와 나이 적은 이가 평등하지 않다. 임금, 남편(또는 남자), 아버지, 형 그리고 나이 많은 이가 항상 위에 자리하고 신하, 아내, 아들, 아우 그리고 나이 적은 이가 밑에 자리하는 주종의 관계, 수직의 관계, 불평등의 관계다. 이러한 수직적 관계, 주종의 관계 틀을 통하여 가정과 사회를 안정시키고 화목(?)하게 하도록 가르치는 것이 유교다.

특히 우리의 관심을 끄는 것은 아버지와 아들의 관계, 형과 아우의 관계는 있는데 왜 아버지와 딸의 관계, 자매관계, 오빠와 여동생이나 누나와 남동생관계, 그리고 어머니와 아들이나 어머니와 딸의 관계는 없는가 하는 것이다. 이 '다섯 가지의 기본적 인간관계' 에는 여자가 무시되고 있다는 점이다. 여자로는 오직 '아이를 생산하는 아내' 만 있을 뿐이다. 유교사회에서는 '삼종지도' (三從之道)라는 '세 가지의 복종' 을 여자에게 가르쳤다. 여자로 태어나면 결혼 때까지 아버지라는 남성, 결혼 후 남편이라는 남성 그리고 남편이 죽고 난 후 본인이 죽을 때까지 아들이라는 남성에게 복종하며 살아가도록 가르쳤다. 남자 중심의 사회를 가르치는 유교는 분명 반여성의 사회철학이다.

봉건적 사회철학을 따르는 유교사회에서는 사람들을 구분한다. 권력가진 자와 못 가진 자, 나이 많은 이와 적은 이, 남자와 여자를 구분한다. '남녀칠세부동석'(男女七歲不同席)이라 하여 남자와 여자는 일곱 살이 되면 서로 멀리하며 살아야했다. 또한 '사농공상'(士農工商)이라고 하여 모든 사람들을 구분하고 있다. 양반을 제일 위에 두었고 농업에 종사하는 이들을 상민이라 하는데 이들을 상놈으로 불러댔다. 그 밑에 공업이나 상업에 종사하는 이들을 천대하여 '쟁이'니 '장사치'니 하고 불렀다. 다른 신분 사이에 말하는 법도 달랐고 결혼을 금지하였다. 타별과 억제의 사회인 것이다.

이러한 사회에서는 '군림'이 삶의 목표가 된다. 모두가 과거를 보고 부, 권력 그리고 명예를 누릴 수 있는 그래서 다른 사람 위에 군림하고 뻐길 수 있는 양반이 되고자 한다. 그러나 이 과거에 합격하고 관직에 올라 본인은 물론 온 집안이 떵떵거리며 살 수 있는 사람은 가난한 하층 신분의 사람들이 아니다. 가난한 이들은 공부할 틈이 없다. 본인과 가족의 생계를 위해 논밭으로 일을 나가야하기 때문이다. 오직 부유한 양반 아들만이 일하지 않고 좋은 선생 밑에서 좋은 교육을 받게 되므로 이들이 과거에 합격하고 양반이 되었던 것이다. 자자손손 세대를 이어 양반은 군림의 양반자리를 계속 누리게 된다. 위에 있는 자들은 항상 위에 아래에 있는 자들은 항상 아래에 있게 된다는 말이다. 바로 유교적 조선사회가 그랬다.

이러한 조선사회는 영속될 수가 없다. 양반에 착취당하고 억눌려온 하층 신분의 사람들이 사회적으로 정치적으로 깨어나 양반 중심의 사회를 집으려는 민란이 여기저기서 일어나기 시작하였다. 비록 실패는 하였지만 1894년에는 동학농민혁명군이 유교왕조를 뒤흔들었다. 1876년 일본에 의해 강제적으로 문을 연 조선은 1882년 미국을 비롯한 서양제국과 조약을 맺어 '은자의 나라' 조선에도 개혁의 열기가 불어 닥치었다. 이 물결을 타고 기독교가 들어온 것이다.

이러한 유교적 조선사회에 들어온 기독교는 놀랍게도 빠르게 뿌리 내리고 가지쳐 뻗어나갔다.[24] 도대체 누가, 왜 서양에서 온 이 종교공동체로 들어왔는가. 초기 개종자들의 사회적 배경을 분석한 바 있는 사회학자 박영신은 이들은 모두 개혁적 조선 사람들이라고 하였다. 유교적 체제와 이념적, 심리적으로 강하게 이어지지 않아 쉬이 새 종교에 들어온 평민들도 개혁적이고 유교적 조선을 개혁하여 부강한 나라를 만들어보겠다고 들어온 양반들도 개혁적이다.[25] 청일전쟁 전후에 침략의 야욕을 드러낸 일본에 맞서기 위해서 힘과 부의 상징이 된 미국에 기대어 나라를 구하려 했던 이들도 다 개혁적이다. 짧게 말해서, 이 새 종교 공동체의 구성원들은 적극적이든 소극적이든 처음부터 모두가 개혁적이었다.

이 개혁적 조선 사람들이 매료된 것은 바로 기독교의 가르침이다. 당시 역사적 상황에서는 가히 혁명적인 가르침이었다.[26] 흔히 말하는

---

24) 조선 기독교의 성장에 대한 논의는 나의 영문저서 *Protestantism and Politics in Korea* 1장을 볼 것.

25) Yong-shin Park, "Protestant Christianity and Social Change," University of California (Berkeley) Ph.D. dissertation, 1975, 1장과 2장을 볼 것.

26) 나의 영문저서 *Protestantism and Politics in Korea* 2장과 4장을 볼 것.

것이지만, 이들은 하나님 앞에서 모두가 평등하다는 가르침을 받았다. 유교적 신분 사회에서 양반과 상민이, 남자와 여자가, 그리고 어른과 어린이가 동등하다고 믿고, 한 곳에 모여 종교 의식과 행사를 하였다. 대다수 조선 사람들이 따르는 유교적 가르침과 습속과 결별을 결단한 이들이다.

유교적 조선의 오랜 관행인 제사를 비기독교적인 것으로 단정하고, 새로운 종교 공동체에 들어오기 위해서는 이러한 유교적 가르침과 관행을 비롯한 옛 습관과 습속을 포기할 것을 요구하였다. 유교적 신분 사회에 대한 기독교의 비판과 가르침은 자못 전투적이었다. 당시 선교사들의 글에서 한 구절 따와 보자.

> "조선의 (유교적)스승들은 여자는 남자보다 못하다고 가르쳤다. 기독교는 이를 정면으로 부인함으로써 충돌이 있게 된다. 이들은 어떤 사람들은 다른 이들보다 더 우월하다고 가르치는데 우리는 역시 이에 동의하지 못 한다."[27)]

당시 기독교 신도들은 이러한 불평등과 차별의 제도, 습속을 소극적으로 피한 것이 아니다. 당시의 기독교인들은 사람을 구분하여 차별하는 유교질서를 '사악의 것'(the evil) 또는 '이방의 가르침'(heathenism)으로 간주하며 적극적으로 부딪혀 바꾸기를 선포한 무리들이었다.[28)] 기독교로 개종한 한 양반의 고백을 보자.

---

27) George H. Jones, "Open Korea and Its Methodist Mission," *The Gospel in All Lands* (1898년 9월), 391–396쪽, 특히 391쪽을 볼 것.

28) 윗글 392쪽을 볼 것.

> "넉 달 전 나는 이 사랑방(예배처소-글쓴이 달음)에 있는 것이 부끄러웠다.
> 교인들이 모여 무릎 꿇고 기도할 때 나는 기분이 매우 언짢아 똑바로 편히 앉았었지만, 얼마 후 나도 무릎 꿇기 시작했는데, 부끄러운 마음이 모두 사라져버렸다. 하나님은 나에게 믿는 마음을 주신 것이다. 내 친구들은 내가 미쳐 버렸다고 말하면서 찾아오지도 않는다. 그러나 참 하나님을 경배한다는 것은 미쳐 버린 징조가 아니다. 사실 나는 양반이지만 하나님께서는 어떤 이는 양반으로, 또한 어떤 이는 상놈으로 만드시지 않았다. 인간들이 그러한 구분을 지은 것이다. 하나님께서는 모든 사람들을 평등하게 만드시었다."[29]

다른 조선 사람들보다 더 개혁적이어서 이 종교 공동체에 들어온 이들이 이처럼 '혁명적 가르침'을 받아 전투적으로 벌이는, 그러나 소리 없는 혁명을 위의 글귀에서 읽는다. 예수 믿은 후 하나님은 모든 사람들을 평등하게 지으셨다는 양반의 고백도 그러하거니와 무엇보다도 크게 위세를 부리던 양반이 천대받던 상놈과 부녀자들과 함께 자리하여 함께 무릎 꿇고 한 하나님을 향해 기도하고 찬송 불렀다는 행위도 혁명적이고 계급을 초월한 그 모임 자체도 당시로서는 혁명적이었다. 세상 친구들의 조롱을 우습게 여기고 세상 것을 초월하여 더 높은 수준의 삶을 추구하겠다는 당시 기독교 신자들의 깊은 신앙심과 자부심이 위의 따온 글 뒤에 깔려 있음도 느낄 수 있다. 특히 이글에서 우리는 양반과 상놈을 구분하고 차별하는 제도를 인간이 만든 제도라고 한 것을 중히 여기고자 한다. 하나님이 만든 것이 아니라 인간

---

29) S.F. Moore, "An Incident in the Streets of Seoul," *The Church at Home and Abroad* (1894년 8월) 120쪽에서 따와 옮김. 이 글은 양반의 고백을 선교사 무어가 영어로 옮긴 것이다.

이 만든 것은 인간이 파기 시킬 수 있다는 믿음을 초기 개종자들은 가지고 있었던 것이다. 예수가 유대의 율법을 대하듯이 말이다. 짧게 말해서, 당시 기독교 신자들은 이처럼 도전적 무리, 개혁적 무리였던 것이다. 그래서 나는 당시 기독교의 성장은 개혁적 사회, 정치 세력의 조직적 확대를, 거꾸로 개혁 세력의 확신은 기독교 공동체의 확산, 적어도 이 종교에 호의적인 세력의 확산을 의미한다고 주장한 바 있다.[30] 구한말 기독교와 조선의 개혁적 사회, 정치 세력은 이렇게 만나 이처럼 물려 있었던 것이다. 차별과 군림의 유교적 질서를 허물고 평등하고 함께 섬기는 새로운 질서를 만들려는 이들의 조직공동체가 당시의 교회였다는 말이다.

다시 말하지만, 서양, 특히 미국에서 온 선교사들은 17세기 퓨리턴들이 가졌던 선민의식, 사명감, 개척정신을 가지고 "새 예루살렘," "새 가나안" 미국과 같은 모범적인 나라를 조선이라는 "광야"에 세우고자 하였다. 그 한 가운데 윌리엄 베어드가 있었다.

❺ 꼬리글–베어드의 역사의 시작

우리가 본 바와 같이 기독교와 유교적 조선 사회와의 만남은 긴장과 갈등의 시작이었다. 베어드와 같은 미국 선교사들이 조선의 유교 질서나 가르침과 타협하거나 유교질서에 들어가 유교의 가르침에 순

30) 나의 영문저서 *Protestantism and Politics in Korea* 1장과 4장을 볼 것.

복하지 않았기 때문이다. 그들은 그렇게 할 수가 없었다. 왜냐하면 그들은 17세기 미국이라는 "광야"로 가 "언덕 위에 모범적인 도시"를 세우라는 명령을 하나님으로부터 받았다고 믿었던 퓨리턴들의 후예이기 때문이다. 19세기 중반 종말론적 분위기에 휩싸인 미국 교회에서 자라고, 바다 저 편에 있는 이방의 땅에 복음을 전하고, 그곳에 미국과 같은 도성을 세우라는 명령을 하나님으로부터 받았다고 믿는 이들이었다.

그래서 그들은 학교를 세우고, 병원을 지었으며, 고아원을 경영하였다. 그리고 그들은 미국의 문명이 기독교 문명이고, 그래서 조선 것보다 더 좋다는 우월감(자부심)을 기지고 조선 사회를 바꾸고자 하였다. 다시 말하면 유교적 조선을 혁파하고자 하였다. 그들에게는 조선의 문명화(미국화)가 기독교화이고, 기독교화가 문명화이었던 것이다. 그렇기에 베어드와 미국 선교사들은 조선 사회와의 만남은 바로 '맞섬' 그것이었다. 베어드의 조선에서의 삶, 그리고 그의 역사는 '맞섬' 이었던 것이다.

이런 뜻에서 그는 "잘못된 제국주의"자가 아니라 "참 제국주의자"이었던 것이다. 스피어의 말이 여기에서, 베어드의 삶과 역사에서는 옳다.[31)]

우리는 역사를 쓴다. 학교사도 교회사도 나라의 역사도 개인의 평전도 쓴다. 그러나 역사학에 기대어 글 쓰는 이들은 자기의 연구 주제나 인물, 자기 학교나 교회의 역사를 쓸 때 '역사 위에, 역사 그 너머'

---

31) 달음 20을 볼 것.

의 학교, 교회, 인물로 신비화하거나 신성화하지 말아야 한다. 역사학자들도 흔히 그런 유혹, 그런 압박에서 자유롭지 못할 때가 많다. 하물며 비(非) 역사학도들, 몰(沒)역사학도들의 역사연구나 인물연구는 오죽 하겠는가.

베어드를 '역사 위에, 역사 그 너머'의 신비로운 인물로서가 아니라, '역사의 사람'으로 바라보아야 베어드의 '두드러짐'이 드러날 것이다. 유교사회와 맞섬의 삶을 꾸린 베어드의 삶과 역사는 그래서 우리의 지적 관심 안으로 들어온다. 아주 흥미 있고 의미 있는 주제로 말이다.

참고문헌

▶ 국문

류대영. 『초기 미국선교사 연구』, 서울: 한국기독교역사연구소, 2001.

박영신. 「미국 패권주의, 그 뿌리」, 『환경과 생명』 55호, 2003년 봄.

박영신/박정신 (옮김). 『근대일본의 사회사』, 서울: 도서출판 현상과 인식, 1993.

박정신. 『근대한국과 기독교』, 서울: 민영사, 1997.

______. 『한국기독교사 인식』, 서울: 혜안, 2004.

______. 『한국기독교 읽기』, 서울 다락방, 2004.

______. 「19세기 말, 20세기 초 미국의 대학교육 개혁--하버드대 찰스 엘리엇 총장의 개혁을 중심으로」, 『아세아문화』 20호, 2004년 4월.

이보형. 『미국사 개설』, 서울: 일조각, 1975/2005.

▶ 영문

Baird, Richard M.. *William M. Baird: A Profile*, 1968.

Clark, James I. and Remini, Robert V.. *We the People--A History of the United States*, 2vols., Beverly Hill, Calif.: Glencoe Press, 1975.

Grob, Gerald N. and Billias, George Athan. (eds.). *Interpretation of American History: Patterns and Perspectives*, vol II, New York: The Free Press, 1969.

Hopfe, Lewis M.. *Religions of the World*, New York: Macmillan

Publishing Co., 1989.

Hutchison, William R.. *Errand to the World--American Protestant Thought and Foreign Missions*, Chicago and London: University of Chicago Press, 1987.

Jones, George H.. "Open Korea and Its Methodist Mission," *The Gospel in All Lands*, 1898년 9월호.

Moore, S.F.. "An Incident in the Street of Seoul," *The Church at Home and Abroad*, 1894년 8월호.

Park, Chung-shin. *Protestantism and Politics in Korea*, Seattle and London: University of Washington Press, 2003.

Park, Yong-shin. "Protestant Christianity and Social Change," University of California (Berkeley), Ph.D. dissertation, 1975.

Robert, Randy and Olson, James S. (eds.). *American Experiences*, 2vols., Glenview, Ill. and London: Scott, Foresman/Little, Brown Higher Education, 1990.

Vidler, Alec R.. *The Church in an Age of Revolution*, 1789 to the Present Day, New York: Pelican Books, 1961.

윌리엄 베어드와 한국 선교

박용규 (총신대학교)

들어가는 말

한국교회사 전 역사에서 윌리엄 베어드만큼 한국선교에 지대한 공헌을 한 인물도 드물다. 1891년 3월 25일 입국해서 1931년 11월 29일 평양에서 세상을 떠날 때까지 40년간 그는 한국선교를 위해 자신의 온 생명을 불태웠다. 부산과 대구 평양 선교에 결정적인 역할을 했을 뿐만 아니라 1897년에 숭실학교를 세워 수많은 인재를 키우며 한국의 기독교 교육을 선도했고, 1920년대부터는 성서공회 성서출판위원으로 성서번역에 중요한 공헌을 하였다. 복음전도, 학교교육, 성경번역과 문서선교는 그가 일생동안 흔들리지 않고 일관되게 실천해온 세 가지 사역이었다.[1] 언더우드와 마포삼열이 그랬던 것처럼 베어드는 한국교회를 대변하는 복음전도, 기독교 교육, 문서선교와 성경번

1) 한국에 입국한 맥코믹신학교 출신 선교사들의 사역을 정리하면서 매코휘는 다음과 같이 베어드가 한국에서 이룬 그의 선교사역의 공헌을 집약했다. "He sailed December 18, 1890 as missionary to Seoul where he served for eight or nine years. In 1898, Rev. Baird began a school for boys in Pyengyang which in 1906 developed into Union Christian College, a union of Presbyterian North, and Methodist Episcopal North. He was president of the College from 1906-1916. He was a professor in the Theological Seminary, edited the Theological Review, conducted Bible Training Classes and Institutes. He translated many books: a member of Board of Translators of Bible Committee. In 1906 he returned home furlough and received a Ph.D., D.D. from his Alma Mater(Hanover College). He died at his post in Chosen, November 28, 1931." Robert C. McCaughey, A Survey of the Literary Output of McCormick Alumni in Chosen (Presbyterian Theological Seminary Chicago, B.D. Thesis, 1940), 35.

역 세 가지 측면 모두에서 한국선교의 개척자였고, 실제로 놀라운 영향력을 발휘하였다.

그는 여러모로 한국선교를 위해 어느 누구보다도 준비된 선교사였다. 아들 리차드가 아버지 베어드 박사야 말로 "방법과 재정이 계획되지 않고는 어떠한 일도 시작하지 않았던" "신중하고 보수적인 기질,"[2] "조용하고 내향적이고 규칙적인 사람"이라고 평한 것은 정확한 진단이었다.[3] 학적으로도 그만한 자격을 갖춘 인물도 드물지만[4] 그러면서도 그는 엘린우드가 예찬한대로 "성령이 충만한 사람"[5]이었다. 한국 선교 개척 4년 만에 엘린우드가 베어드를 마펫, 언더우드와 나란히 비견할 만큼 한국에서 주목을 받았다. 그런데도 베어드의 생애와 사역은 이 두 사람에 비해 한국교회사 속에서 제대로 평가를 받지 못했다.

베어드의 한국선교 사역은 그의 전 사역기간의 성격을 고려할 때 크게 세 기간으로 대별할 수 있다. 첫 번째 기간은 1891년 내한 한 후

---

2) Richard H. Baird, *William M. Baird of Korea*: A Profile, 배위량 박사의 한국선교, 김인수 역 (서울: 쿰란출판사, 2004), 135

3) Ibid.

4) 1903년에 하노버대학에서 철학박사 학위를 받았고 1913년에는 하노버대학에서 신학박사 학위를 수여 받았으며, 1925년에는 시카고대학, 히브리대학, 프린스턴 신학교에서 연구했다.

5) Ellinwood's Letter to Rev. J. E. Adams, March 8, 1895, Baird, 엘린우드는 한국선교를 지망한 제이 아담스에게 한국의 부산으로 임명되었음을 알리면서 베어드에 대해 이렇게 언급했다. "베어드 씨, 마펫 씨, 밀러 씨, 언더우드 박사, 그리고 그 외 다른 사람들이 보여주었던 정신이 당신에게도 함께하기를 간절히 바랍니다. ...당연히 목사님은 베어드 씨에 대해서 잘 알겠지만 베어드 씨는 친절한 동역자가 될 것이라고 확신합니다. 그는 성령이 충만한 사람입니다." Richrad Baird, 배위량 박사의 한국선교, 100-101에서 재인용.

부터 숭실학당을 설립하던 1897년까지이고, 두 번째 기간은 숭실학당을 설립하던 1897년부터 1916년 숭실학교 교장직을 사임할 때까지이며, 세 번째 기간은 1916년부터 1931년 세상을 떠날 때까지이다. 물론 획일화시킬 수 없지만 그의 생애와 사역을 고려할 때 그의 전 사역이 위 세 기간으로 뚜렷이 구분된다.

첫 번째 기간 동안 베어드는 북장로교 선교사로 내한하여 부산에서 선교사업을 개척하면서 전도여행을 통해 남해안, 경상도 등지에 복음을 확장했고, 예수교학당 및 곤당골 사립학교 교사를 겸직하며 부산과 대구 선교를 개척했다. 두 번째 기간에는 평북지방 선교를 시작으로 평양선교부로 이전하여 1897년에 숭실학당의 전신 사랑방학교를 개설하였고 1901년에 학교명을 숭실학당으로 개명하였으며, 1906년부터는 장 · 감이 협력하는 숭실대학으로 발전시키며 숭실을 한국교

---

6) Robert C. McCaughey, A Survey of the Literary Output of McCormick Alumni in Chosen, 35.

7) 베어드에 관한 자료가 생각 외로 많지 않았다. 그 중에서 몇 가지를 언급하면 다음과 같다. General Catalogue Presbyterian Theological Seminary, Chicago-Lane Seminary Affiliated (Chicago: Melton Printing Co., 1939); R. H. Baird, *William M. Baird of Korea, A Profile* (Oakland: Richard H. Baird, 1968); Minutes and Report of Annual Meeting, Korea Mission, Presbyterian Church in the U.S.A. for 1897, 1905; H. H. Underwood, *Modern Education in Korea* (New York: International Press, 1926) H. H. Underwood, A Partial Bibliography of Occidental Literature on Korea, 1931; Robert C. McCaughey, A Survey of the Literary Output of McCormick Alumni in Chosen (Presbyterian Theological Seminary, Chicago, B.D. Thesis, 1940), 35; 신학지남; 미국 필라델피아의 Presbyterian Historical Society의 마이크로 필름-Presbyterian Board of Foreign Missions, 1833-1911; Presbyterian Board of Foreign Missions Korea Mission Records 1903-1957; 숭전대학교 80년사, 1979; 숭실대학교 90년사, 1995; 숭실대학교 100년사, 1997.

회의 지도자를 양성하는 중심 기관으로 발전시켰다. 세 번째 기간에는 주일학교 공과교재 번역 및 편집 발간을 비롯한 문서선교와 기독교서회 편찬위원, 성서공회 성서출판위원으로 성서번역에 큰 기여를 하였다.[6] 본고는 이 점을 고려하면서 베어드가 한국선교에 미친 영향을 역사적으로 조명하려고 한다.[7]

❶ 베어드의 성장배경과 선교사로의 입국

윌리엄 베어드는 1862년 6월 16일 미국 인디애나주 클락 카운디(Clark County) 찰스턴에서 출생했다. 1885년 하노버 대학을 졸업하고, 곧 바로 맥코믹신학교 진학 3년 후 1888년 이 학교를 졸업했다. 그해 5월 뉴 알바니 노회(the New Albany Presbytery)에서 목사 안수를 받았다.[8] 그는 1889년에 칸사스 시에서 복음전도 사역을 하였고 1890년에는 콜로라도 델 노르트(Del Norte)에 있는 델 노르트 대학 학장이 되었다. 장로교 선교본부로부터 한국선교사로 임명받은 후 델 노르트 대학 학장직을 사임하고 1890년 12월 18일 한국을 향해 배에 올랐다.[9] 그는 한국으로 출발하기 바로 직전 1890년 12월

8) McCaughey, A Survey of the Literary Output of McCormick Alumni in Chosen, 34.

9) Ibid., 34-35.

10) 앤 베어드는 1864년 9월 15일 출생하여 웨스턴여자대학, 하노버대학을 거쳐 화쉬번대학을 다녔다. 1916년 6월 9일 암으로 세상을 떠날 때까지 남편과 함께 한국선교를 위해 혼신을 다했던 믿음의 여인이었다. Richard H. Baird, 배위량 박사의 한국선교, 20.

18일 앤 베어드와 결혼하였다.[10)]

베어드의 선교사 지망은 당시 맥코믹신학교 분위기 속에서는 자연스러운 일이었다. 학교 안에 어느 때보다도 선교의 붐이 강하게 일고 있었다.[11)] 맥코믹신학교는 신학적으로는 구학파의 영향이 강하면서도 부흥운동에 대해 상당히 열려 있는데다 무디 부흥운동과 그의 학생자원운동의 영향이 강하게 일었던 곳이다.[12)]

> "1870년, 80년대에 미국의 기독교인들은 무디와 샌키(Moody-Sankey)의 신앙부흥운동에 깊이 영향을 받고 있었다. 무디(Mwight L. Moody)가 창립하는데 도움을 준 학생자원운동(Student Volunteer Movement)은 대학생들과 신학생들에게 거대한 영향을 주었다. 시카고에 있는 맥코믹 신학교의 급우인 윌 베어드와 샘 모펫도 많은 학생자원집회에 참석하였고, 그들 클래스의 다른 학생들과 함께 바다 건너에까지 그리스도를 섬기기 위한 무한한 헌신을 다짐하였다. 그 한 클래스에서 4명이 한국에 왔고, 다른 사람들은 중국, 인도, 일본으로 갔다. 신학교뿐만 아니라 교회들도 이 운동의 강력한 흐름에 사로 잡혔다. 토페카에서 애덤스 집안은 해외선교 운동 증진의 중심지가 되었던 제일장로교회와 연

---

11) 이호우, 초기 내한 선교사 곽안련의 신학과 사상(서울: 생명의말씀사, 2005), 71-72. 1829년부터 1884년까지 55년간 617명의 졸업생 가운데 단지 7명만 해외선교사로 갔으나 1885년부터 1929년까지 45년 사이에 253명이 해외선교사로 나갔다. 1886년부터 1888년 3년간 17명이 해외선교사로 파송되었고, 1892년에는 46명의 졸업생 중에서 26명이 해외선교사로 나갔다. 1902년에는 44명의 졸업생 가운데 18명이 해외선교를 지망했고 그 모두가 한국을 원했다.

12) Ibid.., 68-72.

13) 리처드 베어드, 배위량 박사의 한국선교, 22. 동기생이 4명이라는 기록은 남장로교 선교사로 입국한 Lewis B. Tate를 포함한 것이다. 1888년 맥코믹신학교를 졸업하고 한국에 파송된 선교사는 D. L. Gifford, S. A. Moffett, W. M. Baird, Lewis B. Tate 등이다. McCaughey, A Survey of the Literary Output of McCormick Alumni in Chosen, 55-58; 이호우, 초기 내한 선교사 곽안련의 신학과 사상, 74.

결되었다. 1년 안에 이 교회에서 9명의 교인이 해외선교사로 나갔다. 이들 중 몇 명은 열정적이나 다소 성급했던 것 같다."[13)]

베어드의 한국선교 행은 이미 한국 선교사로 입국하여 한국선교를 불태우고 있던 신학교 동기 동창 기포드(Daniel Lyman Gifford)와 마펫(Samuel A. Moffett)의 영향도 컸다. 신학교 재학 시절 베어드는 동료 마펫, 기포드와 함께 학생자원운동에 참여하면서 선교열을 불태웠다.[14)] 이호우 교수가 지적한 것처럼 이들은 "신학교 시절 내내

---

14) 이들의 졸업년도는 다음과 같다. 기포드(Daniel L. Gifford, 1888년 졸), 사무엘 마펫(Samuel A. Moffett, 1888년 졸), 베어드(William M. Baird, Sr., 1888년 졸), 이길함(Graham Lee, 1892년 졸), 소안론(William L. Swallen, 1892년 졸), 무어(S. F. Moore, 1892년 졸), 아담스(James E. Adams, 1894년 졸), 로스(Cyril Ross, 1897년 졸), 번하이셀(Charles F. Bernheisel, 1900년 졸), 블레어(William M. Blair, 1901년 졸), 바레트(William M. Barrett, 1901년 졸), 피터스(Alexander A. Pieters, 1902년 졸), 컨즈(Carl E. Kearns, 1902년 졸), 곽안련(Charles Allen Clark, 1902년 졸). Cf. Robert Culver McCaughey, "A Survey of the Literary Output of McCormick Alumni in Chosen" (B.D. these, Presbyterian Theological Seminary, 1940), 87.

15) 이호우, 초기 내한 선교사 곽안련의 신학과 사상, 71.

16) 박용규, 한국기독교회사 (서울: 생명의 말씀사, 2004), 463-476. 한국의 일상생활(Every-Day Life in Korea, 1898)의 저자 다니엘 기포드(Daniel L. Gifford)를 비롯해 평양을 중심으로 크게 기여했던 선교사들은 사무엘 마펫(Samuel A. Moffett), 베어드(William M. Baird, Sr.), 이길함(Graham Lee), 소안론(William L. Swallen), 블레어(William Newton Blair), 헌트(William Hunt), 아담스(James E. Adams), 로스(Cyril Ross), 번하이셀(Charles F. Bernheisel), 바레트(William M. Barrett), 피터스(Alexander A. Pieters), 컨즈(Carl E. Kearns), 클락(Charles Allen Clark) 등 맥코믹 출신 미국 북장로교 선교사들은 신학적으로는 구학파 칼빈주의 전통에 확고하게 서 있으면서도 부흥운동에 대해 열려 있는 개혁파 복음주의자들이었다. 이들은 신학 교육, 성경 번역, 문서 선교, 미션스쿨, 그리고 순회전도를 통해 다방면에 걸쳐 한국장로교 형성에 지대한 공헌을 했다.

해외선교를 위한 기도 모임을 정기적으로 가졌다."[15] 훗날 이들 세 사람은 신학교 같은 급우들로 1888년 신학교를 같이 졸업하고 훗날 한국에 선교사로 파송되어 한국장로교 형성과 발전을 주도해 왔을 뿐 아니라 맥코믹학파를 형성하여 한국장로교 신학을 형성하는 데 가장 크게 기여한다.[16] 기포드는 1888년 졸업과 동시에 북장로교선교회 해외선교부로부터 한국선교사로 임명을 받고 세 명의 급우 가운데 제일 먼저 내한했다.[17] 그 뒤를 이어 마펫이 1889년 4월 한국선교사로 임명받고 그해 11월 한국으로 향했다.[18] 베어드 부부가 고베에서 제물포까지 8일이 소요되는 거리를 작은 기선 오와리 마루(Owari Maru)를 타고 부산에 도착한 것은 1891년 1월 29일이었고, 다시 제물포에 도착한 것은 2월 2일이었다.

베어드의 선교사로의 내한

베어드가 한국에 처음 입국했을 때 남장로교 선교사로 입국한 테이트를 포함한다면 이미 세 명의 동료들이 한국에서 선교사역을 감당하고 있어 한국이 조금도 낯설지 않았다. 그가 처음 한국에 도착했을 때 그를 환영하기 위해 북장로교 선교부 소속 9명의 선교사들이 모였을 때 이미 신학교 시절 3년 내내 함께 선교를 꿈꾸던 기포드와 마펫이 그를 기다리고 있었다.

---

17) McCaughey, A Survey of the Literary Output of McCormick Alumni in Chosen, 31.

18) Ibid., 33.

> "저녁에는 새로운 선교사를 환영하기 위해 전체 선교부가 모였다. 이때 선교부는 베어드 부부를 포함해서 9명으로 구성되어 있었다. 헤론 부인(의사인 남편이 몇 개월 전에 사망하였다), 언더우드 부부, 기포드 부부(Giffords), 도티 양(Miss Doty), 그리고 모펫이었다. 이 작은 그룹으로 기포드, 모펫, 베어드는 맥코믹신학교의 1888학년도 (졸업)동기생들이었다. 이방 땅에서 이 젊은 선교사들은 이방인들 가운데 있지 않았던 것이다."[19]

한국 내 베어드의 사역은 이미 미국을 출발하기 전부터 확정되어 있었다. "부산 선교부의 개설과 초기 역사"에서 베어드가 언급한 것처럼 엘린우드가 그를 한국에 파송하려고 했던 것은 부산선교부의 개설이었다.[20] 한국에서 가장 전략적으로 중요한 부산지역에 복음을 전해야 할 필요성이 제기되었고, 그 일에 베어드는 참으로 적격자였다. 북장로교 선교부는 베어드가 도착하자 연례회의를 열어 베어드의 부산행을 공식적으로 결정했다.

---

19) 리처드 베어드, 배위량 박사의 한국선교, 28.

20) Harry A. Rhodes, ed., *History of the Korea Mission*, Presbyterian Church, U.S.A., 1884-1934, 125. 베어드는 자신의 부산 파송과 관련하여 이렇게 회고한다: "나는 처음에 중국 닝포(Ningpo) 선교사로 임명되었다 나중에 한국 선교사로 임명이 변경되었다. 엘린우드(F. F. Ellinwood)가 나에게 이렇게 편지를 썼다. '우리는 한국에 새로운 선교부(a new station)를 열기를 원하고 있으며, 집중적인 선교 정책과 몇몇 중심지에서 기관적인 사역에 선교사 대부분이 종사하는 정책의 실시로 인해 몇몇 선교지에서 발생했던 실수들을 피할 수 있기를 희망하고 있습니다. 우리는 선교사들이 일반 민중들을 가까이 접하고, 전국(全國)이 더 속히 복음화될 수 있도록 하기 위해 전 선교지(throughout the whole field)에 선교사들을 골고루 파송해야 합니다. 우리는 남한에 또 다른 선교부를 열 계획을 세우고 있습니다. 당신이야말로 완전히 새로운 지역에 새 선교부를 여는 모험적인 일을 감당할 적격의 사람이 아닐까요?' 라는 한국 남부 부산에 새 선교부를 개설하는 제의를 받아들였고, 아내 베어드 여사와 나는 1890년 12월 한국을 향하는 배에 올랐습니다."

"베어드 부부는 월요일 서울에 도착하였다. 화요일에 선교회는 연례 모임을 시작했는데, 이 모임은 토요일까지 계속되었다. 이 모임에서 베어드 부부는 부산에서 사역을 개척하기로 결정되었다. 이것은 서울을 벗어난 최초의 항구적인 선교 센터였다. 2주 후에 베어드는 새로운 선교부 부지를 구입하기 위해 언더우드와 함께 부산으로 내려갔다."[21]

본래 부산선교부 개척은 알렌에게 할당된 몫이었다. 알렌이 부산 선교를 개척하면 베어드 부부가 그를 도와 부산선교부를 발전시키는 일이었다. 그러나 한국정부가 와싱톤에 공사관을 개설하면서 공사관 고문과 통역관을 맡아 달라고 제의하자 이 제의를 받아들였고 미국선교부는 알렌에게 2년간 선교사직 휴직을 결정했던 것이다.[22] 베어드의 한국선교는 쉽지 않은 환경 속에서 추진되었다. 그가 내한하던 1891년부터 1910년 일본에 의해 강제적으로 병탄을 당하기까지 한국은 가장 어두운 터널을 통과하고 있었다. 이 시대 조선의 역사는 한마디로 비운의 역사였다. 1873년 강화도 조약을 체결하고 한국을 영구적으로 식민지로 만들려는 일제는 1894년 청일전쟁으로 중국의 영향력을 제거하였고, 이듬해 1895년 명성왕후를 살해하고, 그로부터 약 10년 후에는 러일전쟁으로 러시아의 위협을 제거한 후 을사조약을 체결하였다. 다시 고종의 강제퇴위(1907)와 병탄(1910)이 이어졌다.[23] 이후 1931년 그가 세상을 떠나기까지 한반도를 둘러싼 국내외

21) 리처드 베어드, 배위량 박사의 한국선교, 28.

22) Ibid., 42.

23) Ibid., 31.

상황은 고난의 연속이었다. 바로 이 같은 시기에 베어드가 한국선교를 개척한 것이다.

❷ 베어드의 한국 선교 사역, 그 역사적 개관

1) 초기 부산, 대구선교의 개척(1891-1897)

한국선교사에서 그가 남긴 가장 큰 공헌 가운데 하나는 부산과 대구 선교의 개척이다. 1891년 2월 2일 서울에 도착한 베어드 부부는 25일 언더우드와 한국인 교사와 함께 부산으로 내려갔다.[24] 부산 선교는 북장로교 선교회로서는 일종의 개척이나 다름없었다. 베어드는 곧 바로 부산 선교를 착수하지 않고 여름을 지난 후 부산 선교를 본격적으로 착수하기 위해 부산으로 내려갔다. 1891년 9월 베어드는 미국 영사 허드(A. Heard)의 도움으로 부산에 선교부로 사용할 장소를 구입하는 데 성공했다. 9월 24일 선교 거주지 건립을 시작했고, 그 해 11월 부산으로 내려가 그곳에 정착했다.[25] 봄 원산부흥운동의 주역으로 널리 알려진 하디(R. A. Hardie)가 개항장 의사로 부산에 내려갔고, 그해 12월 휴 브라운 부부가 부산에 도착해 부산선교를 착수했

---

24) Harry A. Rhodes, ed., *History of the Korea Mission*, Presbyterian Church, U.S.A., 1884-1934, 125,

25) Ibid., 125-127.

다. 그해 10월 호주장로회 선교부 소속 일단의 선교사들이 부산에 도착해 훗날 부산선교 사역을 두고 북장로교 선교회와 호주장로회선교회가 갈등을 빚게 되었다.

부산은 전략적으로 중요한 요충지였다. 리차드 베어드가 지적한 것처럼 "항구로서의 전략적인 위치로 인해 부산은 이미 국제적으로 중요한 요지였다. 미국과 일본에서 북경으로 가는, 그리고 상해에서 서울이나 블라디보스토크로 가는 승객들과 수하물들은 모두 부산을 통과하였다. 심지어 서울에서 원산으로 가는 국내 여행도 내륙의 형편없이 나쁜 길과 여인숙을 이용하는 것보다 제물포에서 부산 혹은 원산으로 가는 증기선을 이용하는 것이 더 편리했다."[26)]

하지만 여전히 한국은 "중국의 속국"이었으며 따라서 중국의 영향력은 절대적이었다. 특히 부산지역은 그 영향이 더욱 심했다. 게다가 일본의 영향마저 대단해 베어드 입국당시 부산은 "한국인의 마을이라기보다는 일본인들의 마을이었다."[27)] 부산에 대한 인상을 베어드는 이렇게 집약했다. "전선 줄이 마을과 일본을 연결하였고 전보가 서울과 연결되었다. 일본우표를 파는 일본 우체국이 있었고 일본 돈으로 영업하는 일본 은행지국이 있었다."[28)]

9월 베어드가 부산에 내려왔을 때 하디 가족은 자신들의 임시 거주지를 베어드 부부를 위해 개방하였다. 미국 공사의 비서로 있던 알렌의 도움으로 베어드는 일본인 마을 밖 가까운 거리에 있는 항구를 마

---

26) 리처드 베어드, 배위량 박사의 한국선교, 41.

27) Ibid., 40.

28) Ibid.

주보는 절벽에 땅을 확보할 수 있었다.[29] 1892년 11월 하디 부부가 원산으로 거점을 옮기고, 호주 선교사들이 초량과 부산진에 있는 내륙에 자리를 잡으면서 베어드 부부는 항구지역에 남아 있는 유일한 선교사가 되었다.

주거 환경은 참으로 열악하기 그지없었다.[30] 1892년 2월 5일 베어드의 일기에 의하면 10피트도 안 되는 작은 방 4개에 하디 부부, 베어드 부부, 맥케이, 3명의 처녀 선교사들, 한국어 선생, 일본인 하녀가 거주했다.[31]

부산 선교는 매일 죽음과 사투를 벌이는 참으로 고된 삶이었다. 낭

---

29) Ibid., 43.

30) Ibid., 50-52. 1892년 7월 5일 낸시 로즈(Nancy Rose)가 태어났다. 총각이었던 마펫, 3명의 자녀들과 함께 에비슨 부부가 베어드 가정과 함께 1893년 여름을 보냈다. 훗날 에비슨은 이렇게 회고했다. "1893년 6월 16일 주일 오후였다. 베어드 목사의 집에 도착해서 나는 주일 예배를 드리기 위해 거기에 모인 몇몇의 외국인들을 만났다. 그들은 베어드 부부, 브라운 의사 부부, 선교부 사람들, 그리고 집과 약 2-3마일 정도 떨어진 호주 장로교 선교부 사람들이었다. 내가 생각하기에 매우 외로운 작은 모임에 분명한 그들에 의해 따뜻하게 환영받았다. 다음날 나는 배가 하루 이틀 더 항구에 머물렀기 때문에 아내와 어린애들을 베어드의 집으로 데려갔다. ... 베어드 박사는 '만일 박사님이 불편하겠지만 참으실 수 있다면 저희 집에 계서도 괜찮습니다"라고 말하였다. 그러나 그 집도 이미 꽉찬 것처럼 보였다. 의사인 브라운 부부는 자신들의 집을 짓고 있는 동안 베어드 부부의 집에서 방 2개를 쓰고 있었다. 그러나 베어드 부부는 그들이 복도 한쪽에 있는 두 개의 서재를 비울 것이며 그들이 할 수 있는 대로 우리의 편의를 봐 주겠다고 말했다. ...저녁이 되기 전에 에비슨 부인과 아이들, 그리고 우리의 모든 짐들을, 책상을 치우고 대신 침대가 놓여진 그 두 개의 방에 갔다 놓았다. 이러한 형편 가운데 한국에서의 우리의 선교활동이 시작되었다." 그해 여름에 내려온 마펫까지 가세했으니 베어드의 집에 4가정이 산 셈이었다. 베어드 부부의 다른 사람에 대한 깊은 배려와 사랑을 그대로 읽을 수 있다.

31) 초량교회 100년사, 56.

만과는 전혀 거리가 멀었다. 베어드가 자신의 일기에서 지적한 것처럼 당시 부산, 경남 지역에는 진성 콜레라가 창궐하여 "거의 매일 이 무서운 전염병으로 죽어 가는 사람을 화장하는 연기가 이곳저곳에서 하늘로 치솟았다."[32] 이 어려운 시기 베어드를 곁에서 도운 사람은 서상륜, 서경조, 고윤하씨였다. 베어드는 1892년 5월 18일 서상륜과 함께 부산과 남해안 지역을 순회하면서 전도를 했으나 뚜렷한 결실이 없었다. 1892년 보고서에 기록한 것처럼 베어드는 "한인사회에 우리가 천주교와 다른 새 종교를 전하러 왔다는 사실을 알리는 일밖에 더 하지 못했다."[33] 서상륜이 1개월 만에 건강상의 이유로 돌아간 후 마포삼열 선교사의 권유로 1893년 4월 그의 동생 서경조가 2개월 가량 베어드 선교사를 도왔다.[34] 서경조는 훗날 이렇게 회고 한다:

> 일천팔백삼년 춘에 고윤하의 솔권ᄒᆞ야 가는 륜션을 갓치 ᄐᆞ고 부산에 ᄂᆞ려가셔 수삭 동안 잇다가 젼도ᄎᆞ로 ᄇᆡᆨ목ᄉᆞ와 ᄀᆞᆺ치 량산으로 대구로 룡궁으로 안동으로 젼의로 경쥬로 울산으로 동ᄅᆡ로 도라오ᄂᆞᆫᄃᆡ 대구셔는 령째라 ᄎᆡᆨ 권이나 주엇스나 젼도는 ᄒᆞᆯ 수 업더라. 디명은 미샹ᄒᆞ나 부산셔 밋기로 작졍ᄒᆞᆫ 一人을 차즈니 셩명은 김긔원이라. 죵쳐병이 즁ᄒᆞᆫ 것을 보고 위로를 ᄒᆞ고 섭섭이 ᄯᅧ나니라. 샹쥬에셔 四五日 류ᄒᆞ며 젼도ᄒᆞᄂᆞᆫᄃᆡ 일일은 향교에 가셔 ᄌᆡ쟝의게 젼도ᄒᆞ고 덕혜입문 ᄒᆞᆫ 권을 주고 왓더니 그 이튼날 도로 가지고 와셔 잘 보앗노라 하고 도로 주고 가더라. 경쥬에셔도 四五日 류ᄒᆞᄂᆞᆫᄃᆡ 젼도는 잘 ᄒᆞᆯ 수 업고 구경군의 욕셜과 관인들의 놀님가음만 되고 도라오니라. 도라온 후로 별안

32) Baird, *William M. Baird of Korea*, 19-21.

33) Annual Report, the Korea Mission, PCUSA, 1892, 174.

34) 徐景祚, "徐景祚의 傳道와 松川敎會 設立歷史," 93.

간 집으로 올믐이 나셔 회심홀 수 업는지라.[35]

당시 전도가 얼마나 힘들었는지 서경조의 표현을 직접 빌린다면 "전도는 잘 홀 수 업고 구경군의 욕셜과 관인들의 놀님가음만"[36] 되었다. 서경조는 남아 달라는 베어드의 간청과 부산에 내려온 마포삼열의 간청도 뿌리치고 인천을 거쳐 소래로 돌아왔다. 복음의 불모지에서 인간적 한계를 절감한 그가 할 수 없이 선택한 길이었다. 서경조가 떠난 후 1893년 12월부터 황해도 해주 출신 고윤하가 베어드를 도와 복음을 전했다. 1892년 영선현을 중심으로 복음을 전해 오늘날 초량교회의 전신 영선현교회를 설립하고, 호주 선교회는 범일동 좌천동을 무대로 복음을 전해 부산진교회를 설립했다.[37]

부산에서 첫 번째 세례가 거행된 것은 1893년 여름 베어드의 사랑

35) Ibid., 93-4.

36) Ibid.

37) 부산진교회 100년사 1891-1991, 34-38; 초량교회 100년사 1892-1992, 57-58. 부산에 세워진 첫 네 교회와 관련하여 *History of the Korea Mission, Presbyterian Church, U.S.A., 1884-1934*는 이렇게 밝히고 있다. "부산시교회(the Fusan city church)의 첫 장로, 서동기(Su Tong Key)는 1903년에 장로로 피택되었으나 수년 후 장로직을 충분히 숙지한 후에야 임직을 받을 수 있었다. 1904년 9월에 두 번째 교회가 영도만(사승섬, Deer Island) 건너편에 세워졌다. 1905년에 선교회관 건물에서 모임을 가지고 있던 부산시교회가 자체 부지를 구입할 정도로 발전했다. 새 교회 건물은 1912년에야 현실화될 수 있었다. 1910년 3월 13일에 세 번째 교회(초량)가 선교지 분할 정책의 결정에 따라 호주 선교회로부터 이양되었다. 1913년까지 부산의 네 교회에 적어도 전체 400명 이상의 출석교인들이 있다는 사실과 더불어, 네 번째 교회가 보고 되었다." 이와 같은 기록에 의하면 부산의 초량교회는 부산에 세 번째로 세워진 교회라는 사실을 알 수 있다. Harry A. Rhodes, ed., *History of the Korea Mission, Presbyterian Church, U.S.A., 1884-1934*, 129.

채에서였다. 한국인들과 선교사들이 참석한 가운데 마펫이 낸시 로즈에게 세례를 주었고 베어드가 더글라스 에비슨에게 세례를 주었다. 그로부터 약 1년 후인 1894년 5월 13일 베어드는 사랑하는 딸 낸시 로즈를 잃었다. 사랑하는 딸이 사선을 넘고 있을 때 베어드는 어빈 박사와 함께 선교여행을 하고 있었다. 갑작스러운 딸의 죽음 앞에 복받치는 슬픔을 억제하기 힘들었던 베어드는 장례를 치른 후 그의 부친에게 인간적 약점을 솔직하게 고백했다. "제 안의 본성은 매우 강한 반면, 은혜는 매우 약하다."[38] 그로부터 5개월 후 태어난 아들 존 애덤스는 큰 위로가 되었다.

첫 신자 멘지(B. Menzies)의 어학 선생 심상현(沈相炫), 이 도념(李道恬), 귀주(貴珠, 성 미상) 등 3명이 1894년 4월 22일 베어드에 의해 세례를 받았다.[39] 1891년 부산선교를 시작한 그가 1894년에 가서야 첫 성인 세례를 베풀었다.[40] 베어드가 이렇게 신중하게 세례를 베푼 것은 지원자가 없어서가 아니라 진정한 동기를 가지고 있는지, 삶의 변화를 통해 진실된 신앙을 보여주고 있는지, 그리스도의 제자로서 살겠다는 결심이 있는지를 확인할 필요가 있다고 판단했기 때문이

---

38) 리처드 베어드, 배위량 박사의 한국선교, 49.

39) 백낙준은 1893년에 첫 세례를 베풀었다고 증언하고 있으나 이는 정확한 기록은 아니다. 白樂濬, 韓國改新敎史(서울: 연세대학교 출판부, 1990), 217. 이상규, 부산지방기독교전래사 (부산: 글마당, 2001), 86-87을 보라. 북장로교 선교 50년사도 부산에서 첫 세례를 베푼 것이 1894년 4월 23일이었다고 기록하고 있다. 이때 베어드로부터 세례를 받은 사람은 두 한국 여인과 호주 선교회가 고용한 심서방이었다.

40) 이상규, 부산지방기독교전래사, 85-87. 또한 Harry A. Rhodes, ed., *History of the Korea Mission, Presbyterian Church, U.S.A., 1884-1934,* 129을 보라.

다.[41] 4월 16일 일기에서 베어드는 두 세 사람이 주님께서 자신의 죄를 사해주시고 의의 길로 인도하신다는 믿음을 진심으로 고백하였음을 기술하고 있다.[42] 이들은 조상 숭배를 포기하겠다는 의사까지 밝혔다. 첫 세례와 관련하여 1894년 5월 3일자 베어드의 일지는 비교적 상세하게 기록하고 있다.

> "지난주일(4월 22일) 우리는 처음으로 세 명의 한국인에게 세례를 주는 기쁨을 가졌다. 그들은 부산에서 처음으로 세례 받는 사람들이다. 예배는 훌륭했고 이전에 드렸던 어떤 예배보다도 더욱 훌륭한 예배인 것 같았다. 그들은 심상형, 그리고 두 명의 노인들, 호주 숙녀들과 관계있는 이도념과 기주였다. 예배는 부산에 있는 그들의 집에서 거행되었다. 찬송, 기도, 성경을 읽고 우리에게 그와 같은 날을 허락하신 하나님께 감사를 드렸다. 심씨가 처음으로 세례를 받고 그 다음에 두 여인이 세례 받았다. 우리는 하나님께 감사하고 용기를 얻었다."[43]

1894년 7월 16일 서초시, 유모 곽수은이 세례를 받았다. 베어드는 단순히 복음만 전하지 않았다. 부산에 도착한 베어드 부부가 제일 먼저 한 사역은 부산 지역의 어린이들을 대상으로 학교를 시작했다. 1895년 1월에는 "한문학교"(Chinese School)가 문을 열었다. 학생들은 모두 한국인들이었지만 중국 고전 작품을 가르쳤기 때문에 붙여진 이름이었다. 학생들이 계속 불어나 1896년에 남학교 재학생이 100명이 되었고, 1897년 어빈(Bertha K. Irvin) 여사의 보고에 의하

41) 리처드 베어드, 배위량 박사의 한국선교, 77.

42) Ibid., 81.

43) Ibid., 82.

면 여자들을 대상으로 야간에 실시한 여학교에도 16명이 재학하고 있었다.[44]그 해 4월에 부산에서 첫 기독교 결혼식이 거행되었다. 여학교에 재학하는 나이 많은 여학생이 기독교 상인과 결혼한 것이다. 결혼식은 "한국의 관습과 미국의 관습이 혼합된 일종의 낯선 방식이었지만 그러나 예식의 방법은 분명히 기독교식이었다."[45] 세브란스(L. H. Severance), 갬블(D. B. Gamble), 호서방이라는 한 한국인의 기부금으로 1908년에 여학교 건물이 세워졌고, 1909년 가을에는 여자중학교가 시작되었다. 1909년에 20개 초등학교에 138명의 남학생과 142명의 여학생이 재학하고 있었다.[46]

부산은 여러 가지 점에서 한국선교의 가능성을 확인한 곳이었다. 선교사역이 쉽지 않았으나 베어드는 자신의 가정에서 그리스도의 향기를 드러냄으로 복음을 증거하는 일(the witness of the Christian home)을 통해, 사랑방전도를 통해,[47] 문서 선교를 통해, 그리고 답사 전도 여행을 통해, 그리고 의료 사업과 교육사업을 통해 부산선교를 개척해 나갔다.[48] 초기 사랑방은 복음전도에서 매우 중요

---

44) Harry A. Rhodes, ed., *History of the Korea Mission, Presbyterian Church, U.S.A., 1884-1934*, 131.

45) Ibid.

46) Ibid.

47) 리처드 베어드, 배위량 박사의 한국선교, 54. 사랑방은 한국의 독특한 제도이다. 그것은 초창기 복음 전파에 있어서 중요한 요소였다. 한국의 모든 양반들은 손님방이며 남성 구역인 사랑방을 가지고 있었다. 사랑방은 항상 거리나 길에서 바로 접근할 수 있었는데, 그렇게 함으로써 엄밀히 말해서 "여인들의 구역"인 안마당을 외부 사람들이 통과하지 않고도 직접 안으로 들어갈 수 있었다.

48) Ibid., 53.

한 수단이었다. 거의 매일 손님들이 사랑방에 찾아와 답사 여행을 하지 않을 때는 사랑방이 베어드의 모든 활동의 중심이었다. 일종의 복음의 접촉점이었다.[49] 베어드의 일지에는 1893년 9월 11일 사랑방을 방문한 부산에서 50마일 떨어진 김해에서 온 배씨 노인, 남쪽으로 100마일 떨어진 제주도에서 온 장님, 10마일 떨어진 동래에서 온 박씨 그리고 북쪽으로 400마일 떨어진 만주 국경에 있는 함경도에서 온 사람을 만났다고 기록하고 있다.[50] 이것은 마펫이 사용했던 방식이고 한국에 파송된 거의 모든 개척선교사들이 사용했던 방식이었다.

순회전도, 의료사역, 그리고 사경회

베어드는 부산을 거점으로 순회선교를 통해 그 주변 지역에 복음을 전하는 일에 대단한 노력을 기울였다. 순회전도를 실시해 광범위하게 복음을 전했다. 답사여행을 위해 그는 1년 중 7개월을 집을 떠나 있어야 했다.[51] 그의 일지에 담긴 그의 순회 여행의 기록은 너무도 대단했다. 매일 매일 초강행군이었다. 1893년 4월 17일부터 5월 20일까지 무려 한 달이 넘는 순회전도 여행 동안 그는 광범한 지역을 다니며 복음을 전했다. 4월 17일 월요일에 동래, 4월 19일 수요일에 가지원, 20일 목요일에 밀양, 21일에 삼구리(청도), 그리고 22일 토요일에 대

---

49) Ibid., 56.

50) Ibid., 56-57.

51) Harry A. Rhodes, ed., *History of the Korea Mission, Presbyterian Church, U.S.A., 1884-1934, 129.*

구에 도착하여 혼신을 다해 복음을 전했다.[52]

> "우리는 책에 대한 요청이 있기 전에는 거의 멈추지 않았고, 잠자리에 들 때까지 이 일은 계속되었다."[53]

그가 순회 선교한 지역은 광범위했다.[54] 1896년 보고에 의하면 그 한 해 동안 여덟 번의 순회선교를 실시했는데, 이는 279일을 요하는 것으로 1,000마일이 넘는 긴 전도여행이었다. 그는 마산포, 진주, 김해, 동래, 상주, 안동, 경주, 울산, 밀양, 대구, 전주, 목포, 그리고 공주에 이르는 광범위한 지역을 방문했다.[55] 이와 같은 순회전도 결과 부산 지역의 개척자 베어드는 김해, 동래, 울산, 밀양, 진주, 대구, 상주, 안동, 경주 등 경상도 지방과 전주, 목포 등 전라도 지역과 충청도 공주 지역에까지 순회전도를 실시해 이들 지역에 선교부가 설치되는데 결정적인 역할을 했다. 베어드는 노상에서 만난 사람들에게 복음을 전했고, 항구의 선원들에게도 기회가 닿는 대로 열심히 복음을 전했다. 이기풍 선교사가 제주도에 파송되기 전 부산항과 제주도간의 연락을 통해 "이런 방식으로 복음은 제주도에까지 전달되었다."[56]

사랑방, 문서선교, 순회전도외에도 베어드는 의료사업과 교육사업

---

52) 리처드 베어드, 배위량 박사의 한국선교, 59-61,

53) Ibid., 61.

54) Ibid., 59-66.

55) Harry A. Rhodes, ed., *History of the Korea Mission, Presbyterian Church, U.S.A., 1884-1934*, 129-130.

56) Ibid., 129.

을 부산에서 꼭 필요한 사역으로 인식하고 있었다. 베어드는 1892년 1월 연례모임을 위해 기록한 첫 선교보고서에서 부산에 의료선교사를 임명해 줄 것을 요청했다.[57] 브라운 의사 부부가 미국으로 돌아가고 어빈 의사 부부가 1893년 부산에 도착했다.[58] 어빈(Charles H. Irvin, 1862-1933)이 도착한 후 그가 추진한 의료 사역은 부산 지역에 너무 적절한 선교사역이었고, 또한 성공적이었다. 1901년 부산 선교부의 보고서에 의하면 지난 8년 동안 6만 명의 환자가 치료를 받았으며, 그 중 9천 명이 어린아이들이었으며, 이외에도 5,400번이나 환자들의 집을 직접 찾아가 방진을 했다.[59] 어빙은 고명호를 조수로 훈련시키고 세브란스 의전에 진학시켜 훗날 유명한 외과의사로 만들었다.[60]

선교 초기 전국 어디에서와 마찬가지로 이곳 부산에서도 네비우스 선교 정책은 중요한 선교 정책으로 실시되었다. 네비우스 선교 정책의 일환이었던 사경회는 처음부터 부산에서 중요한 선교 정책으로 자

57) 리처드 베어드, 배위량 박사의 한국선교, 75.

58) Harry A. Rhodes, ed., *History of the Korea Mission, Presbyterian Church, U.S.A., 1884-1934*, 128.

59) Ibid.

60) Ibid.

61) Ibid., 132. 1896년에 동래에서 남자들을 위한 첫 사경회가 11명이 참석한 가운데 개최되었고, Baird와 Adams가 교사로 수고했다. 사경회는 그 후 지속적으로 개최되어 1908년에는 500명이나 참석해 지금까지 부산 지역에서 실시된 사경회 가운데 가장 많은 사람이 참석했다. 부흥운동이 전국을 휩쓸고 지나간 1910년에 열린 사경회에서는 참석한 사람들이 한 명의 전도사가 9년 동안 해야 할 만큼 날연보(捐補)를 작정했고, 마가복음 8,500권이 반포되었다. 당시 부산에서도 사경회에 대한 열기는 대단했다. 8명의 남자는 이곳에서 열린 한 사경회에 참석하기 위해 75마일이나 되는 먼 거리를 달려왔다.

리 잡기 시작했다.[61] 네비우스 방법의 일환으로 시행된 사경회가 부산 지역에서의 처음으로 개설된 것은 1893년이었다. 그해 12월 베어드는 그 힘든 상황에서도 최초의 훈련반을 부산에서 개최하였다. 그러나 어느 만족할 만한 사경회는 그로부터 3년이 지난 1896년 7월에 가서야 열렸다. 베어드 박사는 그 해 보고서에서 이에 대해 언급하고 있다.

> "7월에 애덤스와 나는 동래에 있는 그의 집에서 열흘 동안 여름성경학교를 열었다. 모두 11명이 참석했는데, 기독교인들과 이전에 관심을 가졌던 사람들이 합해서 평균 6~7명이다. 매일의 강행군 속에서 우리는 마가복음을 거의 다 다루었다. 우리는 성경에서 총론적으로 하나님의 은혜에 관한 주요한 교리들 몇 가지와 기독교인의 주된 의무에 대한 몇 가지를 공부했다. 늦은 오후와 저녁에는 거리에 나가 전도했고, 만나는 모든 사람들과 종교적 주제에 관해 대화를 나누었다. 이것은 모든 사람들에게 아주 유익한 공부시간으로 여겨졌다. 나중에 어떤 사람은 이때부터 공개적인 고백을 할 결심을 하게 되었다고 고백했다."[62]

대구선교 개척

베어드는 부산에 거점을 두면서 대구 선교부를 개척하기 위해 1895년 대구로 올라갔다.[63] 마침 대구에 선교 거점으로 활용할 수 있는 좋은 주택이 매물로 나와 1896년 1월 그 집을 구입할 수 있었다.[64]

---

62) 리처드 베어드, 배위량 박사의 한국선교, 83.

63) Harry A. Rhodes, ed., *History of the Korea Mission, Presbyterian Church, U.S.A., 1884-1934*, 130.

1896년 베어드의 보고에 의하면 그는 1895년 북장로교 연례회가 끝난 후 다시 대구와 진주를 방문했을 때 장차 선교부를 개설할 것을 염두에 두었다가 울산이 아닌 대구에 217달러를 주고 집 한 채를 구입했던 것이다. 베어드는 대구에서 다른 집들도 구매해 줄 것을 제의받았다.[65] 베어드가 볼 때 이것은 장차 이 지역에서는 선교에 대한 반대가 없을 것을 예견해 주는 것이었다.

진주와 상주 그리고 대구를 방문하고 장차 선교부 개척으로서 세 곳의 강점과 단점을 면밀히 살핀 베어드는 대구에 선교부를 개척하는 것이 좋다는 결론을 내리고 이를 해외선교부에 알렸다. 베어드가 대구를 선교부 적격지로 선택한 것은 이유가 있었다. 1896년 윌리엄 베어드는 선교부에 보낸 보고서에서 대구를 선택한 이유 여섯 가지를 들었다. 첫째, 대구는 지리적으로 경상도의 거의 중심에 위치하고 있다. 둘째, 경상도에서 가장 큰 도시로 인구가 많은 촌락으로 둘러 싸여 있으며, 약 7만 5천명의 주민들이 살고 있다. 셋째, 대구는 서울과 부산 사이의 주도로에 위치하고 있어 교통이 편리했다. 대구에서 낙

---

64) 리차드 베어드, 배위량 박사의 한국선교, 98. 그 집은 정치적 격변기에 도시를 떠나 시골에 조용히 거하려는 어느 양반이 내 놓은 매물이었다. 당시 명성황후는 시해를 당하고, 국왕은 자신의 궁에 갇힌 신세였고, 서울 지역에서는 전투가 끊이지 않았다. 동학혁명이 전국에서 일어나고 있었다. 게다가 청일전쟁이 전국에서 벌어지고 있었다. "한국의 양반들은 마을의 집들을 팔기위해 내 놓았고 정치적인 격동기를 보내기 위해 시골에 있는 땅으로 슬그머니 들어갔다. 배어드 박사가 구입한 집이 바로 그런 집들 중의 하나라는 것은 분명하다. 매입은 중개인을 통해 이루어졌는데, 집 주인은 매입하는 사람이 외국인이라는 사실을 알고도 계약을 취소하거나 더 높은 가격을 요구하지 않았다. 그는 모든 면에서 " 신사처럼" 행동했다."

65) Ibid.

동강이 10마일 가량 떨어져 있어 선편으로 부산과 대구를 오갈 수 있다. 넷째, 대구는 경상도의 도청 소재지로 정치적으로도 중요한 위치에 있다. 다섯째, "령"이라 불리는 대규모 시장이 매년 봄과 가을에서 상업적으로도 매우 중요하다. 여섯째, 이미 거주할 집을 구입했고, 그 집을 수리하고 고치도록 허락할 정도로 특별한 반대가 없는 곳이었다.[66)]

본국 북장로교 해외 선교부도 내륙에 선교부를 개설하려는 베어드의 계획에 동정적이었다. 선교부 개설을 1년 후로 늦출 필요가 없었다. 대구에 선교부를 개설하려는 계획은 해외 선교부가 베어드의 대구 이주를 허락함으로써 구체화되었다.[67)] 베어드는 부산에 북장로교 선교부를 개설한 데 이어 대구 지역 복음화를 착수함으로써 개척정신을 유감없이 발휘했다. 베어드는 대구와 부산을 오가며 대구선교부 개척을 추진했다. 동학혁명, 청일전쟁, 명성황후 시해라는 불안한 시대적 상황 가운데서 베어드가 대구선교부를 개척한 것이다. 베어드는 1896년 한 해를 대구 선교부 개척에 쏟았다. 서울과 개항장 밖에서 외국인들이 거주하는 것을 국법으로 금하는 상황에서 대구에 거처를 마련한 것은 하나님의 특별한 은혜였다. 게다가 1891년 한 프랑스 사제가 공격을 받고 턱수염이 뽑히는 일이 발생한 상황에서 가족들을

66) Ibid., 94-95. "당시 베어드의 보고에 담긴 대구 지역에 대한 정보는 상당히 정확하고 구체적이었다. 지리적으로 인구가 집중되어 있어 하루 혹은 이틀 안에 대구 주변 지역을 순회전도할 수 있는 데다 대구가 부산과 서울의 도상에 있고 도로망이 잘되어 있어 접근이 용이하고 대구 서쪽 10마일에 낙동강이 있어 부산에서 배를 통해 접근이 가능하다는 사실도 정확히 파악하고 있었다."

67) Ibid.

데리고 대구로 이주한다는 것은 일종의 모험이었다.

베어드가 왜 그토록 애착을 기울여온 부산을 떠나려고 했는지는 불확실하다. 아마도 호주빅토리아 선교회가 부산을 거점으로 활발하게 선교하고 있는 상황에서 선교지 영역을 둘러싸고 호주선교회와 마찰을 피하면서 장차 부산과 서울 사이 내륙에 새로운 선교부를 개척할 필요성을 느꼈을 것으로 짐작할 수 있다.[68)]

1896년 지방 관리의 공식적인 허락 속에 대구에 거주하며 선교 거점을 확보한 베어드는 광범위하게 순회전도하며 대구 지역에 복음을 전했다. 그러다 베어드는 1896년 북장로교의 교육사업에 대한 책임을 맡으면서 서울로 옮겼고 1897년 부산에서 사역하던 처남 아담스(James Edward Adams)가 대구 선교부로 와서 베어드의 사역을 계승했다.[69)]

---

68) Harry A. Rhodes, ed., *History of the Korea Mission, Presbyterian Church, U.S.A., 1884-1934, 132-133.* 부산에서의 호주장로교선교회와 북장로교선교회와의 긴장은 그가 부산을 떠나오게 된 직접적인 원인은 아니지만 간접적인이었을 것으로 추론된다. 호주 선교회 소속 선교사들이 9명이 되면서 1902년에 이미 북장로교 부산선교부 문을 닫는 문제가 논의되었다. 북장로교선교회가 철수를 결정하자 성공적으로 의료사역을 하던 어빙은 1911년 4월 사임한다. 좀 더 구체적인 기록은 이상규, 부산지방기독교전래사, 77-82를 참고하라.

69) 아담스는 1898년 자신의 집에서 대구제일교회를 설립한 데 이어 그 해 10월에 제중원을 설립했다. 그 후 대구 지역에 수많은 교회들을 설립하는 한편 1902년 제일교회 안에 대남 남자소학교와 1906년 계성중학교를 설립해 교육사업도 게을리 하지 않았다.

2. 새로운 사명 : 평양으로의 부름과 숭실학당의 설립 (1897-1916)

베어드의 대구 선교부는 예상외로 순조로웠지만 이즈음 그의 주된 관심사는 장차 이 땅에 기독교 지도자들을 육성하려는 기독교 학교였다. 1897년 그의 보고서에는 대구 선교에 대한 보고는 찾을 수 없었다. 그는 한국에 부임한 아덤스에게 부산과 대구 사역을 인계하고 새로운 비전을 설계하고 있었다. 그것은 다름 아닌 기독교 학교였다. 기독교 학교를 전담할 선교사가 북장로교 선교회에서는 한 명도 없었다. 이미 대학 학장을 경험하고 다년간 학교교육 경험을 축적한 베어드는 기독교학교의 필요성을 더욱 더 절감하기 시작했다. 동료 선교사 밀러(F. S. Miller)는 1896년 11월 11일 선교부에 베어드가 그 일을 맡을 수 있도록 배려해 달라는 편지를 보냈다.

> "우리는 학교 사역에 경험 많은 영적인 사람을 오랫동안 찾아왔고 기도해 왔습니다. 그동안 주님께서는 내내 우리들의 현장에 한 사람을 준비하고 계셨던 것이 분명합니다. 베어드 씨는 미국에서 학교 사역에 경험을 가지고 있고, 그것에 대해 통찰력도 뛰어 납니다. 또한 그는 우리가 바라는, 학교를 영적인 중심지로 만드는 일에도 매우 적합하고, 복음사역에 대해 경험이 있기 때문에 복음전도자로 부름 받은 사람들을 충분히 훈련시킬 수 있을 것입니다. 그래서 저는 선교 본부가 예기치 않은 베어드 씨의 사역의 변화에-우리들까지도-현명한 태도를 보여주기를 기대합니다."[70]

70) 리차드 베어드, 배위량 박사의 한국선교, 104.

대구에서 올라온 베어드는 1897년 3월부터 5월까지 북부지역을 여행했다. 이것은 답사성격의 순회전도여행이 아니라 "평양 교회의 세례지원자들을 문답하는 것을 돕는 일"[71]이었다.

북장로교선교회 연례회를 끝낸 베어드는 1897년 10월 2일 가족과 함께 평양으로 임지를 옮겼다. 그가 숭실학당을 설립한 것은 바로 이 때였다. 1896년 북장로교 선교회 교육자문으로 임명받은 베어드는 1897년 교육 프로그램을 완성한 후 그 이듬해부터 1915년까지 개척 교육프로그램을 실행에 옮겼다. "이 프로그램에는 숭실학당과 숭실대학 개교가 포함되었다."[72] 베어드의 생애에서 그의 선교사역이 가장 놀랍게 결실을 맺기 시작한 것은 바로 이 때였다.

숭실학당의 설립과 운영은 쉽지 않은 일이었다. 베어드는 1896년 교육자문위원으로 임명되고 1897년 교육정책을 채택하고 그 실행을 수행하기 위해 평양에 왔지만 순회전도를 계속 감당해야 했다. 전도사역을 계속하면서 교육사업을 추진한다는 것은 힘겨운 일이었다. 베어드의 탁월한 역량은 여기서 발휘되었다. 감사하게도 최초의 일곱 명의 목사 안수자였던 방기창이 베어드의 순회선교사역의 공백을 성실하게 메꾸어 주었고, 당시 평양에 교육의 바람이 불고 있었다. 평양은 교육의 도시였고, 교육에 대한 관심이 어느 곳보다 높았다. 특별히 청일전쟁 이후 복음이 놀랍게 확장되면서 1897년부터는 "기존 교회와 새로 설립되는 교회로 몰려드는 남녀 새신자들을 위한 성인교육"[73]

71) Ibid., 107.

72) Ibid., 116.

73) Ibid., 204.

이 큰 문제였다. 또한 권서인, 선교사조사들, 전도자들, 학교 교사들과 전도부인들을 위한 교육도 시급한 과제였고, 30여개 이상의 교회 초등학교 졸업생들을 위한 그 이상의 교육이 절실하게 요청되고 있었다. 하지만 필요를 충족시킬 교육 여건은 열악하기 그지없었다.

> "이 현안에 대한 몇 가지 대안이 즉시 제시되기는 했지만 문제의 본질은 여전히 남아 있었고 계속해서 커져갔다. 선교 본부는 이러한 문제들을 해결하기 위해 추가할 수 있는 선교부의 예산은 없다고 답변해왔다. 확실히 절대적으로 필요한 다양한 교육기관들을 위해 땅을 구입할 돈도 건물을 지을 돈도 학교 교정을 넓힐 돈도 없었던 것이다."[74]

이런 상황에서 네비우스 선교정책의 채택은 가장 이상적인 방법이었다. 이 정책의 일환으로 시작된 교육은 누구나 참여할 수 있는 기초단계와 일주일 혹은 한 달이나 그 이상 계속되는 고등단계, 그리고 세 번째 단계로 대별되었다. 세 번째 단계는 권서인, 복음전도자, 또는 안수 받을 목회자들을 위한 신학반, 교사를 위한 교사 교육반, 교회 초등학교 졸업생이나 가능성을 충분히 인정받은 소년들을 위한 일반 교육 학급이 바로 그것이었다. 평양지역의 네비우스 사경회 반을 책임 맡고 있던 베어드는 장차 대학으로 발전시킬 비전을 갖고 "정규교육과 학원사업에 전적으로 매달렸다."[75] 그리고 그 많은 난제들을 극복할 수 있었던 원동력은 거룩한 사명감이었다. 그것은 1899년 그가

74) Ibid., 205.
75) Ibid., 207.

미국으로 안식년을 떠나면서 선교부에 다음과 같은 내용의 교육보고서에 그대로 나타난다:

> "저는 이 지역에서 가장 필요한 것은 기독교적인 교육 사업이라는 믿음을 가지고 들어왔습니다. 그리고 그것을 이루기 위한 열정도 함께 지니고 왔습니다. 교회들을 돌아보면서 이 신념은 더욱 확고해졌고 여기에 체류하면서 점점 커져갔습니다."[76) ·

장차 학교운영과 철학에 대한 비전도 분명했다. "우리의 선교 학교들은 (1) 기독교적이고 (2) 자국어를 사용해야 하고, 그리고 (3) 철저해야 한다"는 메티어(Dr. Mateer)의 교육이념은 베어드가 볼 때 가장 이상적인 것이다. 다만 여기에 한 가지를 추가한다면 "(4) 그들의 환경에 어울리지 않는 교육은 안된다"는 것이다.[77) 베어드가 볼 때 "종교적이고 영적인 영향력은 미션스쿨에서 가장 중요한 일이었다."[78) "미션스쿨의 주된 목적은 한국 백성들 가운데의 적극적인 기독교 사역을 위해 한국교회와 교회 지도자들을 발전시키는 데 있어야 한다"는 생각이었다.[79) 처음부터 기독교 정신이 숭실의 가장 중요한 설립이념 중의 하나인 것은 당연하다.

1899년 3월 베어드는 첫 번째 안식년을 미국에 가졌다. 안식년은 그에게 영적으로 육적으로 재충전을 받을 수 있는 좋은 기회였다. 이

---

76) Ibid., 215.

77) Ibid., 218.

78) Ibid.

79) Ibid., 116. 특별히 장로교에 국한된 현상이었다.

기간 무엇보다 의미 있었던 일은 1900년 4월 말에 뉴욕에서 열린 세계선교대회(Ecumenical Missionary Conference)에 참석한 일이었다. 이 역사적인 모임에서 그는 에비슨 부부, 밀러, 빈턴 부부, 언더우드와 조우했다. 북장로교선교회의 주요 지도자들이 모두 참석했다. 그는 동료들과의 만남, 세계적인 지도자들과의 교류를 통해 선교에 대한 비전을 새롭게 다질 수 있었다. 4월 23일 베어드는 흥분을 감추지 못하고 선교 본부에 다음과 같이 편지를 썼다.

> "우리는 이 회의가 말할 수 없이 좋습니다. 나는 뉴욕에서 여러 곳을 구경할 수 있고, 기독교 사상과 행동에 있어서 세계적인 지도자들을 만날 수 있다는 것이 기쁩니다. 오늘은 허드슨 테일러(Hudson Taylor)와 로버트 스피어(Robert Speer)의 연설을 들었고, 어제는 존 페이턴(John G. Paton)의 이야기를 들었습니다. 그들의 말은 모두 감격적이었지만, 로버트 스피어의 말보다는 덜했습니다."[80]

이름만 들어도 대단한 허드슨 테일러, 로버트 스피어, 존 패턴의 강의는 베어드의 시각을 완전히 바꾸어 주었다. 선교에 대한 사명과 비전도 새롭게 다질 수 있었다. 실제로 안식년을 마치고 돌아오면서부터 베어드는 한국에서의 제2의 선교사역을 너무도 성공적으로 수행했다. 1900년부터 1916년 숭실학교 교장직을 사임할 때까지 16년간은 베어드의 한국선교 사역의 황금기였다. 그는 이 기간 특별히 평양 외국인학교 설립, 숭실학당, 그리고 평양대부흥운동의 발흥과 확산 3

---

80) Ibid., 118.

가지 면에서 한국선교에 눈부신 업적을 남겼다.

평양 외국인학교 설립

잘 알려지지 않았지만 평양외국인학교는 베어드의 작품이었다. 일찍 교육에 관심이 있던 베어드는 자녀들이 있는 평양주재 선교사들을 자신의 집에 모아놓고 자녀교육의 필요성을 논하던 중 자녀들을 위한 외국인 학교가 필요하다는 사실에 모두 공감하였다. 안식년 기간 중 베어드는 칸사스 토페카의 제일장로교회 교인이자 공립학교 선생인 루이스 오길비(Louise Ogilvy)를 만나 한국에서의 외국인학교 설립의 필요성을 설명하고 그녀의 동의를 얻어내는데 성공했다. 베어드 부부가 안식년을 마치고 돌아오는 길에 오길비 양이 동행했다. 자녀들이 있는 스왈른 부부, 리 부부, 웰즈 부부, 베어드 부부, 그리고 노블 선교사 부부와 폴웰 선교사 부부까지 합류하여 평양외국인학교가 출발할 수 있었다.[81] 그 좋은 공립학교 교사직을 포기하고 3년 계약으로 한국에 온 오길비가 한국에 왔다는 사실이 놀랍다.

숭실학당의 확장과 발전

이 기간 베어드가 한국선교에 남긴 가장 큰 공헌은 역시 숭실학교의 확장과 발전이다. 휴가를 마치고 돌아온 베어드는 "서부지역"

81) Ibid., 119.

(Western Circuit)을 전담하면서 이 지역 순회전도와 학당운영을 동시에 맡아야 했다.[82] 베어드가 안식년을 떠난 동안 스왈른이 학당 감독을 맡았고 학생이 30명으로 증가했다. 1900년 9월 25일 30명의 등록생으로 학기를 시작했다.[83] 시기적으로도 교육에 대한 관심이 점증하고 있어 학교는 점점 더 발전했다. 학생이 늘어나면서 공간 부족으로 교사를 선교부 사랑방으로 옮겨야 했다. 숭실학교는 1901년 4월 11일에 독립된 건물을 건축했다. 그 건축은 노련한 건축가 그래함 리가 맡았다.[84] 외관은 한국적인 모양을 지니면서 서양식의 구조를 갖춘 당시 숭실학당 교사는 1901년 한국을 방문한 브라운이 "지금까지 내가 보아 온 뛰어난 선교 건축물 중에서도 최고의 건물"이라고 예찬할 정도로 아름다운 건물이었다.[85] 평양대부흥운동을 거치면서 숭실학당은 그 후 한국교회의 지도자들을 육성하는 최고의 고등교육기관으로 성장하였다. 필자가 볼 때 숭실학당은 몇 가지 면에서 한국사회와 민족 그리고 교회에 지대한 공헌을 하였다.

첫째, 연합운동이다. 당시 숭실학당은 한국교회 연합운동에 가장 이상적인 모델 가운데 하나였다. 1905년 봄 베어드는 서울에서 열린 감리교선교회 연례회의에 참석해 고등교육 분야에서 장로교와 감리교가 함께 사역할 것을 제안했다. 당시 한국에서 가장 크고 최고의 시

82) Annual Report, PCUSA, 1901-1902, 14-15.

83) Ibid., 29.

84) Ibid., 27.

85) Arthur J. Brown, Report of a Visitation of the Korea Mission, 1901, 28. 리차드 베어드, 배위량 박사의 한국선교, 222에서 재인용.

설을 갖춘 고등교육 기관이었던 숭실대학을 장로교와 감리교가 공동으로 운영한다는 것은 참으로 바람직한 일이었다. 그해 5명이던 이사를 북감리교 3명 북장로교 3명 합 6명으로 확대하였다.[86] 학교 운영에 참여하면서 물리학과 화학과목을 담당했던 감리교의 베커 목사(A. L. Becker), 역사학과 학과장을 맡았던 빌링스(Bliss Billings) 목사, 그리고 수학과 학과장을 맡았던 칼 러퍼스(Carl W. Rufus) 세 사람의 감리교 선교사가 합류했고 장로교에서는 베어드 부부, 조지 매큔, 엘리 모우리(E. M. Mowry)가 전임 교수로 숭실에서 강의를 담당했다.[87] 숭실학교는 감리교와 장로교가 공동으로 운영한다는 의미에서 영어로는 유니온 칼리지(The Union Christian College)로 불렸다. 비록 감리교가 철수하는 바람에 학교의 공동운영이 오래가지 못했지만 숭실학교는 장감의 연합을 대변하는 가장 좋은 모델이었다.

둘째, 한국의 지도자 양성이다. 1900년 30명으로 시작한 숭실학당은 학생이 증가하여 재학생이 1905년에 102명으로 다시 1910년에는 498명으로 증가했다.[88] 신사참배 문제로 숭실학당이 폐교하기 직전에는 520명의 학생이 재학하고 있었다. 다음 명단에서 볼 수 있듯이

86) 숭실대학교 90년사 편찬위원회, 숭실대학교 90년사 (서울: 숭실대학교 출판부, 1995), 195. 북장로교 선교회 소속으로는 배위량(W. M. Baird), 마포삼열(S. A. Moffett), 방위량(W. N. Blair)이 북감리교 선교회 소속으로는 노블(W. A. Noble), 모리시(C.M. Morrs), 백아덕(A. L. Becker)가 있었다.

87) Ibid., 148. Cf. 리차드 베어드, 배위량 박사의 한국선교, 224.

88) 숭실대학교 90년사 편찬위원회, 숭실대학교 90년사, 105. 재학생 통계는 약간 상이하다. 숭실대학교 90년사는 1905년 숭실중학교 재학생이 160명이었고, 1906년에는 225명이었다고 기록하고 있다. 대부흥운동의 저변확대와 장감의 연합 사업으로 학교를 운영하자 장로교와 감리교 내에서 우수한 학생들이 숭실에 진학하면서 학생 수가 급증한 것으로 보인다.

1회부터 4회까지 숭실학당의 졸업생들은 독립운동가, 상업, 목사, 농업에 이르기까지 직업이 다양했다.

숭실학당 졸업생 명단

회수	성명	원적	현주소	직업	비고
1회	노경오(盧敬五)				사망,전남 목포에서 교육활동
	차이석(車利錫)	평북 선천	상해	독립운동가	임시정부활동
	최광옥(崔光玉)	평남 중화			사망(1910년)
2회	김인식(金仁湜)	경성	경성	教員	
	김종렬(金鍾烈)	평남 평양	함남 원산	상업	
	김두화(金斗和)	평남 평양	경북 안동	상업	대학1회 졸업
	장혜순(張惠淳)				사망
3회	김영서(金永瑞)	평북 의주	경북 대구	教員	대학3회 졸업, 전 숭실중 교사
	김상은(金相殷)				사망
	변인서(邊麟瑞)	평남 평양	평남 평양	목사	대학1회 졸업, 전 숭실중교사
	한준겸(韓俊謙)	평남 평양	평북 선천	사무원	선천읍 美東病院 사무원
4회	길진형(吉鎭亨)	평남 평양			사망, 대학3회 졸업, 전 숭실중 교사
	김윤실(金允實)	평남 평양	전남 목포	상업	
	김선두(金善斗)	평북 대동	만주 奉天	목사	대학2회 졸업, 전 숭실중 교사
	김형재(金亨哉)	평남 평양	평남 순천	목사	대학2회 졸업, 전 숭실중 교사

회수	성명	원적	현주소	직업	비고
4회	김인준(金仁俊)	평남 평양	평남 평양	목사	대학3회 졸업, 전 숭실중 교사
	김이곤(金二坤)	평남 평양	함남 원산	목사	대학3회 졸업, 전 숭실중 교사
	김의찬(金義燦)				사망, 대학3회 졸업
	김극행(金克行)	未詳	평북 정주	未詳	
	김창국(金昶國)	전북 전주	전남 광주	목사	
	노형렬(盧亨烈)				사망, 대학3회 졸업, 전 숭실중 교사
	이기종(李基鍾)	未詳	블라디보스톡	未詳	대학2회 졸업
	이근식(李根軾)				사망, 전 숭실중 교사
	이석원(李錫源)	평북 대동	미국	상업	대학7회 졸업
	정인두(鄭麟斗)	未詳	未詳	未詳	
	정인과(政仁果)	평북 순천	경성	목사	대학3회 졸업
	조용림(曹用霖)	未詳	未詳	未詳	전 숭실중 교사
	백신재(白信在)				사망
	최후빈(崔厚彬)	평남 순천	평남 순천	전도사	대학2회 졸업
	최진백(崔珍伯)	평남 용강	평남 용강	농업	
	한성원(韓聖源)	평남 평원	중국	醫業	
	한승곤(韓承坤)	평남 평양	평남 평양	목사	
	홍성익(洪成益)	평북 정주			사망

출처: 숭실대학교 100년사, 1권 116.

1908년 첫 졸업생을 배출한 숭실대학은[89] 그해 18명이 재학하고 있었고 1910년에는 54명의 재학생이 있었으며, 폐교할 때 160명의 학생들이 재학하고 있었다. 졸업 후에 사회 각 분야에서 숭실대학을 졸업한 사람들은 훌륭한 리더십을 발휘하고 있었다. 1915년에 발간된 숭실학보 제 1호에는 1회부터 5회까지 졸업생들의 명단과 직업이 나타나 있는데 다음과 같다.[90]

	졸업생 명단	졸업 회기	직업		졸업생 명단	졸업 회기	직업
1	변인서(邊麟瑞)	1	교회장로	16	나송덕(羅頌德)	4	숭실중 교사
2	김두화(金斗和)	1	농업	17	이영휘(李永徽)	4	학교 교사
3	김선두(金善斗)	2	목사	18	이성휘(李聖徽)	4	숭실중교사
4	김형재(金亨哉)	2	숭실중 교사	19	오천경(吳天卿)	4	정신여교교사
5	박영일(朴永一)	2		20	장 근(張 根)	4	보광학교교사
6	이기종(李基鍾)	2	상업	21	장신국(張信國)	4	숭실중 교사
7	최후빈(崔厚彬)	2	농업	22	최응칠(崔應七)	4	신성학교교사
8	길진형(吉鎭亨)	3	유학	23	김정은(金正殷)	5	숭실중 교사
9	김영서(金永端))	3	계성학교교사	24	김성찬(金聖讚)	5	숭실중 교사
10	김의찬(金義燦)	3		25	김성호(金成鎬)	5	배재학교교사
11	김인준(金仁俊)	3	숭실중 교사	26	김찬근(金燦根)	5	신학생
12	정의종(鄭顗鍾)	3	유학	27	김창준(金昌俊)	5	광성학교교감
13	노형렬(盧亨烈)	3	학교 교사	28	양성하(梁成河)	5	상업
14	김이곤(金二坤)	4	보광학교교사	29	김인환(金仁煥)	5	숭실중 교사
15	변성옥(邊成玉)	4	배재학교교사	30	박윤근(朴潤根)	5	숭실중 교사

출처: 숭실대학교 90년사, 117-118.

89) Ibid., 107. Horace H. Underwood 역시 1908년에 숭실대학이 첫 두 명의 졸업생을 배출했다고 기록하고 있다. Horace H. Underwood, *Modern Education in Korea* (New York: International Press, 1926), 126-129.

90) Ibid., 117-118.

특별히 졸업생들의 교계 진출이 눈에 띄었다. 숭실학당을 졸업한 사람들이 평양신학교에 재학하여 한국교회는 비로소 대학을 졸업한 수준 높은 학생들을 받을 수 있었다. 당시 평양신학교 교수들과 숭실대학 교수들이 겹치는 경우가 많았고, 적지 않은 졸업생들이 평양신학교에 진학하였다. 박형룡 박사처럼 숭실을 마치고 평양신학교를 진학하지 않고 중국 금릉대학을 거쳐 미국 프린스톤으로 유학을 떠났고, 한경직 목사 역시 숭실을 졸업하고 미국으로 유학을 떠나 한국교회의 훌륭한 지도자가 되었다. 박윤선이나 방지일 목사의 경우는 또 어떤가.

셋째, 민족운동의 구심점이었다. 평양숭실학교는 선교사들이 설립 초기 독립운동을 독려하거나 배려한 것은 아니었다. 1905년 을사늑약 때는 시위에 참여하기 위해 서울로 올라간 12명의 학생들을 정학 처분을 내린 적도 있었다.[91] 그럼에도 불구하고 민족운동은 숭실학생과 졸업생들 가운데 강하게 일고 있었다. 1911년 총독 살해음모라는 일제의 의해 날조된 소위 105인 사건이 발생했을 때 여러 명의 숭실학교 졸업생들이 포함되었다. 1심에서 징역 7년을 언도 받은 변인서, 6년 징역을 언도 받은 김두화, 5년 징역을 받은 길진형 등은 숭실중학과 숭실대학을 졸업한 졸업생이었고 1심에서 7년 징역을 언도받은 차이석, 5년 징역을 언도 받은 윤원삼 모두 숭실중학 출신이었다.[92] 비밀결사조직이었던 조선국민회와 광복회에도 숭실졸업생들이 동참

91) "Pyeng Yang Academy," KMF II: 12 (October 1906), 221.
92) 숭실대학교 90년사 편찬위원회, 숭실대학교 90년사, 300.

했으며,[93] 1919년 3.1독립운동에는 숭실 출친 변인서, 김선두, 윤원삼이 중요한 역할을 감당했다. 3.1독립선언서에 서명한 33명 중 박희도와 김창준은 숭실출신이었다. 33명의 민족대표 박희도는 숭실중학을 졸업하고 서울에서 협성 보통학교 부교장, YMCA 청년회 간사로 3.1운동에 적극 가담하였고, 숭실을 졸업하고 감리교 협성신학교와 일본의 청산학원을 수학한 김창준은 북감리교 전도사로 사역 중에 3.1운동을 주도하였다. 이들은 일경에 체포되어 박희도는 2년을 복역했고 김창준은 1년 6개월을 복역했다.[94] 이들 외에도 얼마나 많은 숭실학교 출신들이 전국에 흩어져 3.1운동을 주도했는지 모른다. 그 외에도 1926년 6월 10일 6.10만세운동, 1929년 11월 3일 광주에서 일어나 순식간에 전국으로 확산된 광주학생만세시위운동에도 숭실학생들이 대거 참여하였다.[95] 후자의 경우 평양에서 검거된 173명의 학생 가운데 숭실전문학교 학생이 67명이었고 숭실중학 학생이 40명이나 되었다.[96] 숭실학교는 평양이라는 지역적인 위치, 그리고 민족운동의 중심지에 위치해 있어 민족의식이 학생들 가운데 강하게 일고 있었다.

---

93) Ibid., 303-307.

94) Ibid., 307-322.

95) Ibid., 322-334.

96) Ibid., 329.

평양대부흥운동의 발흥과 확산

마지막으로 1900년부터 1916년까지 베어드의 한국선교 공헌은 부흥운동의 발흥과 저변확대이다. 한국교회사에 별로 이 부분에 대한 주목이 없지만 베어드가 1907년 평양대부흥운동에 미친 영향은 매우 크다. 1907년 1월 평양대부흥운동이 장대현교회에서 발흥하고 2월에 그 부흥의 불길이 전국으로 확산되고 있을 때, 그 기폭제가 된 것이 평양숭실학교 개강수련회였고, 그 중심에는 교장 베어드와 그의 동료 베커 선교사였다.

1907년 2월 숭실학교는 개학하자 학교 전체가 성령의 불길에 휩싸였다. 숭실대학의 북감리교 선교사 베커는 1907년 2월 개학하자 성경 사경회에서 있었던 놀라운 성령의 역사를 이렇게 보고했다.

> 그 해 가장 중요한 특징은 봄 학기 초에 발흥했던 부흥운동이었다. 2월 학교가 개강하기 바로 직전 장로교 (겨울 남자) 사경회에 성령께서 권능으로 임하셨는데, 우리는 우리 학교에도 그 같은 축복이 임하기를 원해 이미 도착한 교사들과 학생들을 모아 오후 및 저녁 기도회를 시작했다. 바로 첫 집회 때부터 성령께서 현시하셨음을 자세히 설명할 필요는 없을 것 같다. 거의 모든 교사들이 학교가 개강하기 전 사죄의 불을 경험하였다.[97]

앤 베어드(Annie A. Baird)는 코리아 미션 필드에 "평양학생들 가운데의 성령의 역사"라는 기사를 통해 얼마나 놀랍게 성령의 역사가

---

97) Becker, "M. E. North Report for 1907," 52.

평양숭실대학과 숭실중학교 학생들 가운데 나타났는가를 증언해 준다. "기숙사에 거주하는 몇몇의 학생들은 매우 놀라운 체험을 경험했다. 종종 며칠 동안 계속되는 무시무시한 죄의 탄식 후 용서, 평안의 느낌, 대단한 기쁨이 찾아들었고, 중보기도 가운데 권능의 세례가 찾아왔다."[98]

성령의 역사를 사모한 것은 학생들만이 아니었다. 오히려 학생들을 가르치는 선교사들이 학생들 가운데 성령의 역사가 있기를 간절히 원했다. 개학 첫 주에 열린 오전 기도회가 수업 중에 열리고 있을 때 학교를 책임 맡은 "두 선교사가 다른 방에서 자신들의 가슴을 내리누르는 학교에 대한 무거운 짐들로부터 구원을 얻기 위해 무릎을 꿇고 기도하고 있었다. 즉시 응답이 왔다."[99] 이 두 선교사는 오랫동안 평양숭실학교에서 함께 사역하면서 협력을 아끼지 않았던 장로교의 베어드(William M. Baird)와 감리교의 베커 선교사였다.[100]

성령의 역사를 고대하는 학생들과 선교사들의 간절한 기도를 하나님이 받으신 것이다.[101] "수업 중에 가진 그 기도회에 하나님의 성령이 임재하여 그 교실은 통회의 외침과 흐느낌으로 가득 찼고, 그것은 학

98) Mrs. W. M. Baird, "The Spirit Among Pyeng Yang Students," KMF III:5(May, 1907), 65-67.

99) "The Revival," KMF IV: 6 (June 1908), 84.

100) George Heber Jones & W. Arthur Noble, The Korean Revival: An Account of the Revival in the Korean Churches in 1907, (New York: The Board of Foreign Missions of the Methodist Episcopal Church, 1910), 13..

101) Ibid.

102) "The Revival," 84.

생들이 자신들의 죄의식으로 압도되고 전율할 때까지 계속되었다."[102] 1907년 6월, 베커는 숭실학교에 임했던 오순절의 역사를 이렇게 보고하였다:

> 그러나 성령의 능력이 너무 분명하여 심지어 회의적이고 비웃던 이들조차도 죄를 통회하고 애통하였다. 나는 한번은 여러 시간 동안 서 있으면서 죄의 무거운 짐을 벗어 버릴 수 있는 기회를 얻으려고 기다리다 시간이 너무 늦고 집회가 끝나는 바람에 만족을 얻지 못한 상태에서 할 수 없이 억지로 돌아가야 하는 30명 이상의 학생들을 헤아린 적도 있었다. 우리는 시간을 지킬 수 없었다. 집회가 끝났다고 여러 차례 말했음에도 불구하고 몇몇 학생들은 애통하고 절규하면서 "제발 제게 고백할 수 있는 기회를 주십시오"라고 부르짖었고, 어떤 때는 우리가 온종일 집회를 가졌지만 학생들이 자정이 되어 우리가 집으로 돌아갈 때까지 따라오며 자신들과 함께 그리고 자신들을 위해 기도해 달라고 우리에게 간청하는 때도 있었다. 학생들의 약 10분의 9가 이때에 성령의 깊은 감동을 받았고 중생의 은혜를 경험하였다.[103]

첫 주 동안 그들 가운데 감동이 너무 깊어 학교 수업을 시작하는 것이 사실상 불가능했다.[104] 하나님의 영이 학생들을 너무도 강하게 감동시켜 그들이 수업에 집중하는 것이 불가능하였다. 방위량 선교사의 말대로 "학교에서는 심지어 학생들이 울면서 그들의 잘못을 서로 나

---

103) Becker, "M. E. North for 1907," 52. 이것은 KMF의 보고와 정확히 일치한다. "고등학교에서의 부흥운동은 모든 학생들이 부흥운동의 능력을 경험할 때까지 계속되어 학생들 10분의 9가 중생함을 의식적으로 경험하였다. "The Revival," 84.

104) Jones, The Korean Revival, (Topeka, Kansas: H. M. Ives and Sons, 1957), 12-13.

누느라 수업을 중단하기까지 했다."[105] 그 후 2주간 성령의 역사는 숭실학교 학생들 가운데 계속되었다:

> 그 후 2주간은 무시무시하고 놀라웠다. 예비 시험 때가 되자 오후 네 시에 어떤 지도자(any leader) 없이도 자율적으로 학생 집회를 갖기로 정해졌다. 그러나 우리의 지도자(the Leader)이신 하나님께서 능력과 권능으로 그곳에 계셨으며, 그의 임재의 현시는 무시무시했다. 마치 이들은 사람이 하나님의 현시 속에 발가벗겨져 죄의 무시무시함이 적나라하게 드러난 듯이 행동했다. 먼저 육체적인 비통 가운데 손과 머리로 바닥을 치며 통회하였고, 마치 군대 마귀가 그를 찢듯이 울부짖으며 부르짖었고, 이어 죄악되고 정결치 못한 삶에 대한 뉘우침으로 흐느껴 울며 회개하였다.[106]

학생들은 자신들의 "두드러진 잘못들, 학교에서 학생들이 너무도 쉽게 범하는 작은 죄들, 시험 부정, 도둑질과 거짓말, 욕설과 원한들을 고백하고, 고백함으로써 심령의 정결함을 얻었다."[107]

부흥운동은 학생들의 삶에 엄청난 변화를 가져다주었다. 학생들의 경건생활이 달라졌고 기도생활에 더 많은 투자를 하기 시작했으며 예외 없이 전도열로 불타올랐다. 베커는 부흥운동 이후 학생들의 생활에 나타난 이 같은 세 가지의 뚜렷한 영적 변화를 다음과 같이 기술한다:

> 그러나 부흥운동의 깊이는 학생들의 변화된 생활과 습관을 통해

---

105) Blair, Gold in Korea, 65

106) Ibid. cf. Jones & Noble, The Korean Revival, 14.

107) "The Revival," 85.

> 측정될 수 있다. 나는 왜 내가 이번 부흥운동이 심령을 정결케 하는 부흥운동이었는가를 알 수 있는 몇 가지 이유를 들겠다. 첫째, 주간 기도회가 실제적인 기도회로 변했다. 모든 학생들이 실내에 들어가자마자 곧 기도하기 시작했고 간증과 고백이 일상적인 논제의 위치를 대신하였다고 진실된 마음으로 느껴졌다. 둘째, 거의 모든 학생들이 충실하게 아침과 저녁 개인 경건회를 계속해서 갖고 있으며, 전체 학생 3분의 2 이상이 학교의 기도실을 찾는다. 셋째, 대규모의 학생들이 십자가의 열정으로 불타는 전도사가 되어 시내와 인근의 시골 교회들에 부흥의 불길을 전하였을 뿐만 아니라, 몇몇 학생들은 제물포와 공주에까지 부흥의 불길을 전하였다.[108]

확실히 부흥운동이 "학교생활에 미친 결과는 즉각적이고 급진적이었다."[109] 과거 구원의 확신이 없었던 학생들이 구원의 확신을 가졌고, 위에서 언급된 것처럼 기도생활과 경건생활이 이전과 비교할 수 없을 정도로 깊어졌다.[110] 은혜를 받은 학생들 가운데 "많은 사람들이 설교자로 부름을 받았고, 학생들의 각 주일 그룹이 전 도시와 가까운 시골 마을에서 복음을 전하는 것을 발견할 수 있었다. 많은 자원자들이 여름 방학 동안에 복음을 전하고 가르치는 사역에 시간과 힘을 쏟고 있다."[111] 성령의 은혜를 경험한 후 학생들의 장래 비전이 달라졌다. 평양의 노블이 보고한 대로 "그리스도를 증거하기 위해 신학교에 들어가는 것이 학생 대다수의 비전이 되었다."[112] 성령이 임하자 "많

---

108) Minutes of Korea Mission, Methodist Episcopal Church, 1907, 53.

109) Ibid., 69.

110) Jones, The Korean Revival, 37.

111) "The Revival," 85

112) Ibid.

은 학생들이 십자가의 도리를 전하는 열정적인 전도인이 되어서 이 부흥의 불길은 온 성내와 인근 촌락에 전파되었을 뿐만 아니라 멀리 제물포와 공주에까지 전파되었다."[113)]

부흥운동을 통해 학생들에게 나타난 변화는 이뿐만이 아니었다. 수업 분위기가 이전과 비교할 수 없을 정도로 진지해졌고, 교사를 바라보는 태도도 이전의 자세와 달랐다. 따라서 교사들의 입장에서 볼 때 부흥운동 이후 학생들에 대한 훈련이 이전보다 더 쉬워졌다. 베커가 지적한 것처럼 "2년 동안의 훈련으로도 성취할 수 없었던 어떤 특성들을 부흥운동이 성취하였다."[114)]

이 나라 젊은이들을 양성하기 위해 숭실중학교와 숭실대학은 1907년에 3년제 고등학교 과정과 4년제 대학 과정으로 교과 과정을 조정하여 새로운 도약을 다졌다. 1907년 6월 14일 평양의 방위량, 매큔, 번하이셀, 노블, 존 무어, 베커, 재령의 헌트, 그리고 선천의 휘트모어(N. C. Whittemore)로 구성된 교육 위원회가 평양의 숭실대학과 숭실중학교 사역을 논의하고 새로운 교과 과정을 인준하였던 것은 시의적절한 것이었다.[115)]

113) Becker, "M. E. North Report for 1907," 419.

114) Minutes of Korea Mission, Methodist Episcopal Church, 1907, 53.

115) Ibid., 51.

❸ 새로운 사역으로의 부름: 문서선교와 성경번역

1916년 베어드는 숭실학당 교장직을 사임하고 그 이듬해 1917년 세 번째 안식년을 떠났다. 그가 교육 사업에서 손을 뗀 것은 연희전문학교 설립을 둘러싼 본국선교부와 갈등이 중요한 요인이었다.[116] 연희전문학교 설립을 두고 해외선교부와의 오랫동안 의견 대립을 해 온 상황에서 숭실학교 교장직을 계속 맡는 것은 힘겨웠을 것이다. 일단 연희전문학교가 설립된 후 베어드가 숭실학교운영에서 손을 뗀 것도 그 때문이다. 숭실학교 교장직을 사임하고 1-2년은 그에게 가장 힘들었던 기간이었다. 리차드 베어드는 이렇게 기록하고 있다:

> "1916-1917년 보고서를 보면, 이 시기가 그의 40년 한국 사역에서 가장 침울한 시기임을 알 수 있다. 이 기간에 제출된 보고서에서는 보통 때 가졌던 용기, 낙천주의와 신앙 대신 괴로워하고, 힘들어하고, 낙담하는 몇 가지(단지 몇 가지이기는 하지만) 기록들을 볼 수 있다. 베어드 박사는 지난 15년 동안 엄청난 양의 사역을 감당해 왔다. 육체적으로 거의 기진했음에 틀림없다. 또한 그가 체계를 세웠고, 어떤 면으로 보아도 분명히 매우 성공적인 교육 사업이 위원회에 의해 거부되었다. 최근에는 부인이 사망함으로써 부인이 얼마나 커다란 힘의 원천이었는지를 새로이 깨닫게 되었다. 물론 항상 알고는 있었지만 말이다. 그는 추억으로 가득 찬 오래된 집에

116) 리차드 베어드, 배위량 박사의 한국선교, 152. 리차드 베어드는 이렇게 기술한다. 제2부에서 "대학문제" 라는 제목으로 기술된 사건과 그의 교육프로그램이 위원회에 의해 거절된 것에 실망해서, 그는 1916년에 숭실대학장 자리를 사임했다. 선교부는 그에게 문서 사역(Literary work)과 성경공부반, 그리고 순회전도 사역을 맡겼다.

서 혼자 지냈다."[117]

설상가상으로 1916년 6월 19일 그의 사랑하는 아내가 세상을 떠났다. 그에게 아내의 빈 자리는 너무도 컸다. 베어드 박사의 1916~1917년 보고서가 힘이 없었던 것은 당연하다. "작년에 부여된 사역의 일부로 문서 사역이 주어졌는데, 여러 가지 이유로 지금까지 번역하는데 많은 시간을 들이지 못했고, 계획한 만큼 성취하지도 못했다."[118] 1896년부터 1916년까지 한국 선교를 주도했던 베어드답지 않는 보고였다. 그는 그만큼 힘을 잃고 있었다. 비록 교육 사역에 완전히 손을 뗀 것은 아니지만 어디까지 자원하는 마음은 아니었다.

이제 그는 한국에서의 사역에 또 하나의 새로운 의미 있는 사역을 감당해야 할 시점에 왔다. 그것은 그가 오랫동안 하고 싶었던 문서사

117) Ibid., 154.

118) Ibid., 153.

119) Ibid., 152-153. 리차드는 이렇게 기록하고 있다. "베어드 박사가 선교사로부터 새로운 사역을 부여받았을 때, 문서사역을 '새로이 시작하게' 되었다고 말한 것은 올바른 것이 아니다. 그는 이미 그 일을 해오고 있었다. 문서 사역 중의 하나인 대학 교재를 준비하고 발간하는 일은, 숭실대학을 다룬 장(章)에서 논의하였다. 초기 개척시절에도 베어드 박사는 항상 부산과 대구 현장을 여행할 때에 몇 권의 문학책을 가지고 다녔는데, 남는 시간에는 이 일에 몰두하였다. 비가 와서 여행을 못하게 되거나 날이 저물어서 초라하고 조그마한 여관을 찾게 될 때, 베어드 박사와 그를 동행한 교육받은 한국인들은 문서 사역과 번역 사역에 시간을 보내었다. 그런 일들에 집중함으로써 그들은 당시 여관의 아주 형편없는 식사와 벼룩과 빈대가 득실거리는 마루를 잊을 수 있었다. 베어드 박사는 아도니람 저드슨(Adoniram Judson)이 미얀마어로 쓴 「천국에 이르는 확실한 길」(Sure Guide to Heaven)이나 선교사들이 중국어로 쓴 「진실한 구세주」(The True Savior)를 한국말로 번역했다. 이것은 동양인들에게 기독교를 설명하는 데 효과적인 책들이었다.

역과 성경번역이었다. 1916년 숭실학교 교장직을 사임한 베어드는 문서선교에 집중하기 시작했다. 문서사역은 그에게 새로운 일은 아니었다. 처음부터 그의 일지에 나타난 대로 그는 기회 있는 대로 한글로 문서를 번역하였었다.[119] 그가 볼 때 한국선교지에서 문서선교는 새로운 영역으로 누군가가 감당해야 할 중요한 사역이었다. 그는 1917년 선교보고를 하면서 문서사역 가운데 진행하고 있는 번역작품들을 열거하고 있다.[120] 교장직을 사임한 후 2년 후에 창간된 〈신학지남〉

---

120) Ibid., 155-156. 1916~1917 기간에, 베어드 박사는 다른 사역들 때문에 계획했던 일들을 끝내지 못했다고 하면서 다음과 같이 중요한 성과를 보고했다. 1. 사도행전으로부터 1년 과정의 주일학교 교재의 절반을 편집하고 번역했다. 2. 한국어 신문인 The Christian Messenger 에 54개의 기사를 번역했다. 3. 인디애나 주에 있는 고등학교들의 성경공부 강의요강을 번역했다. 4. 성경의 여러 책들의 개요 학습. 5. 몇 권의 기독교인 전기 6. 몇 가지 소책자. 7. 「그리스도의 사역에 관한 기본적인 진리들」(Fundamental Truths Concerning the Work of Christ) (속죄)-중국어로 된 개정판을 번역했다. 8. 지금은 존 버니언의 「풍성한 은혜」(Grace Abounding)와 「성전」(The Holy War)을 번역하고 있다."

121) 베어드는 1918년 신학지남이 창간되자 활발하게 기고하기 시작했다. 그 후 1927년까지 집중적으로 기고했으며, <신학지남>에 나타난 베어드의 글은 다음과 같다. ᄇᆡ위량, "요한 번연 傳," 신학지남 1.1 (1918. 3): 74-87; ᄇᆡ위량, "윌렴 캐리 傳," 신학지남 1.2 (1918.7): 73-84; ᄇᆡ위량, "요한 엘니옷전, 신학지남 1.3 (1918.10): 42-49; ᄇᆡ위량, "고 신학박사 원두우씨 略傳," 신학지남 4.1 (1921. 10): 70-79; ᄇᆡ위량, "미국쟝로교회사기," 신학지남 4. 2(1922. 1): 43-255; ᄇᆡ위량, "가정기도의 十條理由," 신학지남 4.2 (1922.1): 83-84; ᄇᆡ위량, "오스틀렐냐 長老敎會 史記," 신학지남 5.2 (1923. 4): 52-56; ᄇᆡ위량, "가나다에 在ᄒᆞᆫ 長老敎會史記," 신학지남 5.1 (1923.1): 82-87; ᄇᆡ위량, "밋음," 신학지남 6.2 (1924.4): 41-54; ᄇᆡ위량, "신도중 몇 사ᄅᆞᆷ의 임죵유언," 신학지남 6.2 (1924.4): 133-139; ᄇᆡ위량, "스바느롤나젼," 신학지남 6.2 (1924.4): 100-109; 연보하는 여러 가지 법, 신학지남 6.2 (1924.4); 편집인, "그리스도인이 특별히 이스라엘민족을 위하야 기도할 까닭," 신학지남 6.2 (1924.4): 123-124; 편집인, "그리스도신자 신앙의 적요," 신학지남 6.2 (1924.4): 140-142; ᄇᆡ위량, "촬쓰 시머온의 ᄉᆞ적," 신학지남 6.2 (1924.4): 108-115; 편집인, "하ᄂᆞ님 ᄭᅴ셔 죄를 곳치ᄂᆞᆫ 방칙," 신학지남 6.1 (1924.4): 142-145; ᄇᆡ위량, "일흔 은젼 비유," 신학

은 베어드에게 또 하나의 훌륭한 문서선교의 장이었다. 1918년 〈신학지남〉이 창간되자 그는 여러 편의 글을 〈신학지남〉에 기고했다.[121] 주석, 설교, 정치, 역사에 이르기까지 다양한 주제와 다양한 관심사의 논고들을 신학지남에 기고하는 한편 다수의 책을 저술했고[122] 상당한 책을 번역했다.[123] 그 중에서 확인된 몇 가지 한글번역 책들은 다음과 같다: 텬로지귀(A. Judson), 1893; 구세진쥬(G. John), 1895; 만국

지남 6.2 (1924.4): 62-64; 편집인, "로세아에서 하ᄂᆞ님의 말ᄉᆞᆷ을 갈망ᄒᆞᆷ," 신학지남 6.3 (1924.7): 126-128; ᄇᆡ위량, "영국 알프렛대왕은 영문성경 번역자라, 신학지남 7.2 (1925.4): 57-64; ᄇᆡ위량, "웰니암 틴덜 씨는 성경을 영문으로 번역한 ᄀᆡ조(開祖)라," 신학지남 7.2 (1925.4): 64-69; 편즙인, "성경번역," 신학지남 7.2 (1925.4): 55-64; 편즙인, "창동교회 창립20주년기념식," 신학지남 7.3 (1925.7): 86-88; ᄇᆡ위량, "말틴, 누터의 ᄉᆞ적," 신학지남 7.3 (1925.7): 73-85; ᄇᆡ위량, 역 "십계명에 범과와 리ᄒᆡᆼ에 대ᄒᆞᆫ 마틴 누터의 주ᄒᆡ," 신학지남 7.3 (1925.7): 59-72; ᄇᆡ위량, "쥬의 셩만찬," 신학지남 7.4 (1925.10): 142-148; ᄇᆡ위량, "출애굽 대지," 신학지남 7.4 (1925.10): 68-79; ᄇᆡ위량, "로마인셔 대지," 신학지남 8.1(1926.1): 42-55; ᄇᆡ위량, "쵸ᄌᆞ연에 ᄃᆡᄒᆞᆫ 강화," 신학지남 8.1 (1926.1): 136-145; ᄇᆡ위량, "에베소 대지," 신학지남 8.2 (1926.4): 37-56; ᄇᆡ위량, "부활쥬일 작뎡ᄒᆞᄂᆞᆫ 법," 신학지남 8.2 (1926.4): 153-163; ᄇᆡ위량, "뎨삼강화 유대인과 저희 역사에 관한 예언으로 초자연을 설명함," 신학지남 8.3 (1926.7): 138-152; ᄇᆡ위량, "그리스도교의 특ᄉᆡᆨ," 신학지남 8.4(1926.10): 133-149; ᄇᆡ위량, "초자연을 메시야에 관한 예언으로 설명함, 신학지남 8.2 (1926.4): 154-167; ᄇᆡ위량, "뎨ᄉᆞ강화, 다른나라에 관ᄒᆞᆫ 예언으로 쵸ᄌᆞ연을 증명ᄒᆞᆷ," 신학지남 8.4 (1926.10): 153-173; ᄇᆡ위량, "빌닙보대지," 신학지남 9.4 (1927.10): 59-64.

122) ᄉᆞ복음대지, 1912; 셩경첩경, 1921; 이긔ᄂᆞᆫ ᄉᆡᆼ활, 1919; 우유장ᄉᆞ의 딸, 1920; 신ᄒᆡᆼ록, 1921; 쥬ᄌᆡ림론, 1922; 그리스도 예수안에 생활, 1925; 령리론, 1925; 신도쾌락비결, 1925; 예수ᄒᆡᆼ젹, 1932; 전도방침과 부흥, 1936; An English-Korean and Korean-English Dictionary of Parliamentary, Ecclesiastical and Some Other Terms, Seoul, 1928; Catalogue of the Union Christian College and Academy, Pyengyang, 1913.

123) McCaughey, A Survey of the Literary Output of McCormick Alumni in Chosen, 57.

통감, 1911; 그리스도의 사업, 1917; 그리스도교의 신앙(金森通倫), 1922; 텬로지명, 1922; 하ᄂᆞ님씌로 가는길, 1922; 평민의 복음(山室軍平), 1925; 긔독청년의 실싱활, 1931.[124)]

그가 이토록 방대한 책들을 한글로 번역할 수 있었던 것은 그를 돕는 훌륭한 조력자들이 있었기 때문에 가능했다. 그는 신중하고 사려깊고 친화적이었기 때문에 주변에 그를 돕는 유능한 한국인들이 많았다. 베어드 박사의 생애 후기에 함께 동역했던 문서팀(literary staff)은 대표적 케이스이다. 여기에는 서당 훈장 출신부터 한국에서 대학과 신학교를 졸업하고 미국에 유학을 다녀와 영어를 자유자재로 구사하는 김인준, 일본어에 능통한 사람들에 이르기까지 다양한 사람

---

124) Ibid. 그는 베어드가 한글로 번역한 책들을 정확히 밝혀주고 있다. 그것들은 다음과 같은 영문 책들이다. 자료의 정확성을 기하기 위해 영문으로 여기 그대로 적어 놓는다. 베어드가 한글로 번역한 영어 원서들은 다음과 같다: 1) *Fundamental Truths Concerning the Work of Christ*, by Dr. Ward; 2) *The Victorious Life*, by C. F. Trumbull; 3) *Grace Abounding*, by John Bunyan. 1921; 4) *Aesop's Fables*, translated in 1921; 5) *Perseverance in the Right*, Dr. Nevius; 6) *Why I Left Buddhism and Became a Christian*, by Rev. K. Imai; 7) *Men of the Bible*, by D. L. Moody; 8) *The Way to God*, by D. L. Moody; 9) *The Holy War*, by John Bunyan; 10) *Keys to the Word*, by Dr. Pierson; 11) *The Christian Belief*, by Rev. Paul Kanamori; 12) *The Common Peoples' Bibe*, by Gunpai Yanamuro; 13) *Prevailing Prayer*, by D. L. Moody; 14) *Plain Guide to Heaven*, by G. John, translated from Chinese. '22; 15) *Christian Belief*, by P. M. Kanamori, trans. '22; 16) *Popular Astronomy*, by J. D. Steele, trans. '08; 17) *Ancestral Worship*, by Rev. K. Imai; 18) *The Confessions of St. Augustine*; 19) *The Lord Jesus Christ is Coming*, by Mrs. Hugh W. White; 20) *Essentials*, by Albert C. Munger; 21) *In Christ Jesus*, by Dr. Arthur T. Pierson; 22) *He that is Spiritual*, by L. S. Chafer, trans. in 1925; 23) *Till He Come*, by Rev. James H. Brookes; 24) *The Universal Bible Dictionary* in part only.

들이 포함되어 있었는데 이들은 각기 자신의 전공어로 자료를 "현대적이고 이해 가능한 한국어로 번역했다."[125] 그는 영어로도 국내외 여러 저널에 여러 편의 글을 기고했다.[126]

베어드의 아내 애니 베어드 역시 찬송가와 문서선교에 지대한 공헌을 이룩했다. 애니 베어드(Annie L. Baird)는 밀러(F. S. Miller), 스왈른(W. L. Swallen), 피터스(A. A. Pieters)가 찬송가 발전에 크게 기여했다. 통일 찬송가가 완성되었을 때 찬송가 위원회를 대변하는 이들은 밀러(F. S. Miller)와 애니 베어드(Annie L. Baird)였다. 그녀는 1897년에 초보자를 위한 한국어 회화 50문형(Fifty Helps for Beginners in the Use of the Korean Language)을 출판했고

125) 리차드 베어드, 배위량 박사의 한국선교, 155. 베어드가 영어는 물론 일어, 중국어 원서를 한글로 번역하여 출간할 수 있었던 것도 그 때문이다.

126) 그가 각종 책과 저널에 기고한 영어 논문들은 다음과 같다: "Two Continents United by an Unseen Bond," Church at Home and Abroad (May, 1892); "The Fusan Circuit," Church at Home and Abroad, N.Y., Oct, 1892; "Romanization of Korean Sounds," Korea Repository II, 1895; "Should Polygamists be Admitted to the Christian Church," Korean Repository, 1896; "Review of the Gospel of Mark," Korea Repository III, 1896; The Korean Verb "To Be", Korea Repository V, 1898; "History of Educational Work," Quarto Centennial paper read before The Korea Mission of Presbyterian Church of U.S.A. Annual Meeting at Pyengyang, August of 1909. p. 60; "Our Mission in Korea," Women and Missions, Feb, 1927; "Principles and Methods of Christian Work in Korea (with Clark, Holdcroft, Moffett)," China Sunday School Journal, vol.16 1927; "Incidents of Early Missionary Life," XXVI: 8(August 1930): 156-160); "Incidents of Early Missionary Life," Part II. K.MF XXVI: 9 (Sept., 1930): 177-181; "Syllabus of Bible study for the Public Schools of Indiana," Indiana state Board of Education; Also was on the Bible Revision Board and translated the whole Old Testament along with Pieters and Others.

이어 한국의 새벽(Daybreak in Korea, 1909)과 선교사 삶의 내면(Inside View of Missionary Life, 1913)을 저술, 한국의 문학 발전과 근대화에 적지 않게 공헌했다. 그녀는 또한 남편과 함께 미션스쿨에서 사용할 교과서와 신학 교재 그리고 성경공부 관련 서적들도 출간했다.

베어드의 성경번역위원 합류는 시의적절한 부르심이었다. 언더우드가 세상을 떠나고 게일이 번역위원들과 의견이 맞지 않아 위원장직을 사임하면서 구약성경의 개역 작업은 큰 장벽에 부딪히고 말았다.[127] 1924년 레이놀즈가 위원회에 다시 합류하고, 1926년 유태계 러시인 피터스, 남궁혁(南宮爀), 김관식(金觀植), 그리고 베어드 조수(助手) 김인준(金仁俊)이 위원으로 추가 임명되면서 구약성경 번역의 진척을 빠르게 진행되었다. 특히 베어드가 1925－1926년의 안식년 동안 프린스톤신학교와 시카고대학에서 히브리어를 연구하고 돌아와 번역 작업을 추진하면서 개역 작업은 가속도가 붙기 시작했다.[128]

> "1925~1926년의 또 다른 휴가 동안에, 베어드 박사는 시카고대학과 프린스턴신학교에서 히브리어를 공부했다. 그리고 나서 성서개역에 시간을 들였다. 그는 최초로 성서를 한국어로 번역하는 일에 참여했는데, 그 번역은 아주 초기에 이루어졌다. 그렇지만 20세기가 되어서는, 헬라어와 히브리어를 배워서 자신들의 언어로 성서를 더 좋게 번역(rendition)하는 한국인들이 더러 나타나 성경 전체의 개정이 착수되었다. 그는 학자적인 취미가 있었고 성경을 깊이 사랑했기 때문에, 한국에서의 사역 마지막 수년 동안에 이 일보

---

127) W. D. Reynolds, "Fifty Years of Bible Translation and Revision," KMF 31:7(July, 1935), 154.

128) Richard H. Baird, *William M. Baird of Korea: a Profile*, 92.

다 더 베어드 박사의 시간과 재능을 차지하는 즐거운 일은 결코 없었다."[129]

1926년부터 평양 지구에 거주하는 번역자들은 매일 오후 2-4시에 모임을 갖고 오전에 베어드와 그의 조수 김인준이 히브리어 성경, 일본어 및 영어 개역성경과 비교하면서 만든 개역 원고를 오후 그 시간에 다른 위원들이 있는 자리에서 읽고 토론에 붙이는 과정을 통해 개역 작업을 진행해 나갔다. 그 후 개역 작업은 빠르게 진행되었다. 당시 구약성경번역을 주도한 그룹은 평양신학교와 숭실대학교 교수로 재직하고 있던 레이놀즈, 남궁혁, 엥겔, 베어드로 주로 평양 지역에 거주하는 번역위원들이었다. 구약 개역작업을 전담했던 "성경 개정위원회의 평양 그룹"의 노고와 활동에 대해 리차드 베어드는 이렇게 기술하고 있다.

"평양 그룹은 성경 개정위원회의 구약 부분을 담당했다. 이 그룹원들에게는 각기 다른 사역들이 있었는데, 신학교에서 가르치거나 문서 출판 등이었지만, 한국어 성경을 현대 번역으로 개정하느라 매일 아침에 두 시간씩 쏟아 부었다."[130]

이렇게 해서 1926년에는 창세기, 출애굽기, 레위기 개역 작업이 끝났고, 1930년에는 구약 39권 중 17권의 개역 작업을 완성할 수 있었

129) Richard H. Baird, 배위량 박사의 한국선교, 154-155.

130) Ibid., 152-157.

131) 이덕주, "초기 한글성경번역에 관한 연구", 한글성서와 겨레문화, 448.

다.[131] 1931년 갑작스러운 죽음으로 구약번역작업을 끝까지 완성할 수 없었지만 베어드가 번역위원에 합류한 후 수년 사이에 구약번역이 놀라운 속도로 진척되었다. 그 이면에는 물론 베어드의 숨은 노력이 컸다.[132]

❹ 맺는 말

지금까지의 단편적인 연구를 통해 우리는 베어드의 한국선교 사역을 1891년 한국에 입국한 이후부터 1931년까지의 시기 별로 구분하여 살펴보았다. 그의 한국에서의 사역이 확실히 3단계로 뚜렷이 구분되는 것을 발견할 수 있었다. 이 기간 그는 한국선교에 다음과 같은 뚜렷한 공헌을 이룩했다.

첫째, 부산선교와 대구선교의 개척이었다. 훗날 이 두 지역에서의 선교사역의 결실은 상당부분 베어드의 헌신의 결과였다. 베어드는 화려하지는 않았지만 한국에서의 첫 사역을 훌륭하게 감당했다. 한국선교의 개척자 부산과 대구 선교의 개척에 헌신했던 1891년부터 1896년까지 베어드는 한국에서의 첫 선교사역을 감당하면서 한국 문화와 언어 그리고 한국의 시대적 흐름을 읽을 수 있는 안목을 갖출 수 있었다. 베어드는 무엇이 필요한지 자신이 어디에 서야 할지 잘 분별했다. 자신의 딸을 잃으면서도, 그 좁은 집에 세 가정 네 가정이 함께 어울

---

132) Harry A. Rhodes, ed., *History of the Korea Mission, Presbyterian Church, U.S.A., 1884-1934*, 413.

리면서도 한국선교에 대한 꿈을 포기하지 않았다.

둘째, 베어드는 한국의 기독교학교의 아버지라 불려도 손색이 없는 인물이다. 그것은 단순히 평양외국인학교와 평양숭실학당이 그의 손을 거쳐 설립되었기 때문이 아니라 분명한 교육철학과 이념을 가지고 학교를 운영했기 때문이다. 그 결과 장로교 선교회의 한국 선교 방향을 완전히 바꾸어 놓았다. 평양을 일약 교육의 도시로 변모시켜 준 것이다. 만약 숭실학당과 평양외국인학교가 없었다면 평양선교는 그렇게 놀라운 결실을 맺지 못했을 것이다. 연합운동의 보루로서, 인재양성의 센터로서, 기독교민족운동의 보루로서 평양숭실은 전국적인 기독교학교로 부상했고, 한국교회의 지도자 양성의 중심지가 되었다. 베어드는 단순한 학교 경영자가 아니라 현대적인 표현을 빌린다면 비전 메이커였다. 그는 기독교 학교는 기독교 정체성을 분명히 하면서 대 사회적 민족적 책임과 시대적 사명을 구현할 지도자들을 양성해야 할 책임을 부여받았다는 사실을 깊이 인식하고 있었다.

셋째, 1907년 대부흥운동의 발흥과 발전에 중요한 공헌을 한 점이다. 1907년 1월 장대현교회에서 평양대부흥운동이 발흥하고 그해 2월에 시작된 개강수련회 사경회 기간에 숭실학교는 놀라운 영적각성을 경험했다. 그 일에 가장 선두적인 역할을 감당한 인물은 바로 교장 베어드였다. 한국에 입국한지 불과 4년 만에 본국선교부 엘린우드가 "성령이 충만한 사람"이라고 베어드를 예찬했던 것은 정확한 진단이었다. 마치 2차 대각성운동 당시 예일대학이 영적각성운동의 중요한 진원지 역할을 감당했던 것처럼 평양숭실학교는 평양대부흥운동의 발흥과 저변확대에 중요한 몫을 감당했다. 그 후 얼마나 많은 숭실 졸업생들이 평양신학교에 진학했던가! 한국교회의 놀라운 성장, 특별히 장로교회의 놀라운 성장은 돌이켜 볼 때 평양숭실학교에서 훌륭한 졸업생들을 배출했기 때문에 가능했던 것이다. 대부흥운동 당시 졸업생들의 75%가 목회를 지망했다는 것은 놀라운 일이다.

마지막으로 베어드가 한국문서선교와 성경번역에 미친 영향을 결코 과소평가할 수 없다. 그가 신학지남과 국내외 영문저널에 기고한 수많은 논문들, 그가 저술한 여러 권의 기독교 서적들, 그리고 방대한 번역서들은 한국교회의 질적 수준을 한 단계 업그레이드시켜 주었다. 그는 무슨 책이 필요한지, 어떤 책을 한국교회 지도자들과 기독교인들이 읽어야 할지 잘 알고 있었다.

이처럼 부산과 대구선교, 평양외국인 학교와 숭실학교 설립, 평양대부흥운동의 발흥과 확산, 그리고 문서선교와 성경번역에 이르기까지 베어드는 한국선교 전반에 놀라운 공헌을 이룩했다.

돌이켜 볼 때 확실히 베어드는 여러 가지 면에서 준비된 사람이었다. 입국 전 그는 목회 현장의 경험, 기독교 교육을 현장에서 경험한 노련한 경험자였다. 비록 동료들보다 2-3년 늦었지만 오히려 동료들이 갖추지 못한 경험과 추진력과 상황 판단력을 갖추고 있었다. 그러면서도 친화력이 있었다. 비록 연희전문학교 설립으로 인해 본국선교부와 갈등이 있었지만 그것은 개인의 욕심 때문이 아닌 한국교회와 학교교육을 위한 소신 때문이었다. 그런 인물을 한국에 파송해 주신 하나님께 감사할 뿐이다.

참 고 문 헌

리처드 베어드, 배위량 박사의 한국선교, 김인수 역, 서울; 쿰란출판사, 2004

Richard H. Baird, William M. Bard of Korea: A Profile, California, 1968,

An English-Korean and Korean-English Dictionary of Parliamentary, Ecclesiastical and Some Other Terms, Seoul, 1928; Catalogue of the Union Christian College and Academy, Pyengyang, 1913.

Becker, "M. E. North Report for 1907

Blair, Gold in Korea

Ellinwood's Letter to Rev. J. E. Adams, March 8, 1895

H. H. Underwood, Modern Education in Korea, International Press, N.Y., 1926

H. H. Underwood, A Partial Bibliography of Occidential Literature on Korea, 1931

Jones, The Korean Revival

Minutes and Report of Annual Meeting, Korea Mission, Presbyterian Church in the U.S.A. for 1897, 1905

Minutes of Korea Mission, Methodist Episcopal Church,

1907

Robert C. McCaughey, A Survey of the Literary Output of McCormick Alumni in Chosen (Presbyterian Theological Seminary Chicago, B.D. Thesis, 1940),

R. H. Baird, William M. Baird of Korea, A Profile, Oakland, 1968.

Robert C. McCaughey, A Survey of the Literary Output of McCormick Alumni in Chosen (Presbyterian Theological Seminary, Chicago, B.D. Thesis, 1940)

윌리엄 베어드와 숭실대학

김명배 (서울장신대학교)

❶ 들어가는 말

❷ 평양 숭실대학 사역 이전의 베어드

1) 베어드의 초기교육: 서당과 예수교학당

2) 베어드와 선교부의 교육정책

❸ 베어드와 평양숭실대학

1) 베어드와 사랑방 학급

2) 베어드와 숭실학당

3) 베어드와 합성 숭실대학

4) 베어드와 대학문제

❹ 베어드의 신학과 교육 사상이 숭실에 미친 영향

1) 베어드와 숭실의 복음전도운동

2) 베어드와 숭실의 민족운동

3) 베어드와 숭실의 교회연합운동

4) 베어드와 숭실의 과학기술교육

❹ 나가는 말

들어가는 말

조선에서의 근대교육에 대한 연구는 흔히 서울의 배재학당과 경신학당으로 대표되는 교육활동과 이에 맞서 평양에서 펼쳐진 숭실학당의 교육활동이 비교 연구되어 왔다. 1885년 조선에 들어온 언더우드와 아펜젤러는 복음전도의 자유가 허락되지 않았지만, 그해 곧바로 서울에서 교육사역을 시작하였다. 감리교의 아펜젤러는 1885년 11월 고종황제로부터 학교설립 허가를 얻어 2명의 학생으로 한국근대교육의 효시인 배재학당을 시작하였고, 장로교의 언더우드는 1886년 5월 11일 고아원 형태의 교육사업인 '예수교학당'을 시작하였다.[1)]

한편 평양에서는 청나라와 일본이 조선을 전쟁터로 삼아 벌인 청일전쟁이 일어나고, 1897년 10월에서야 베어드가 사랑방학급으로 불리는 평양학당을 시작하였다.[2)] 이후 베어드의 평양학당은 숭실학당으로, 1906년에는 숭실대학으로 발전하여 한국 최초의 근대대학이 되었다. 서울에서건, 평양에서건 이들 기독교 교육기관들은 조선 최초의 근대교육기관이요 모델학교라는 점에서 특별한 가치와 의의를 지니고 있다.

이 두 지역의 교육기관 가운데 이 논문은 평양의 대표적 교육기관이었던 숭실대학과 그 설립자 윌리암 베어드를 다룬다. 그 이유는 평

1) 한국기독교사연구회, 『한국기독교의 역사 Ⅰ』 서울: 기독교문사, 1991, 197쪽.

2) 박정신, "기독교와 한국역사-그 만남, 물림 그리고 엇물림의 사회사," 『한국의 기독교』, 서울: 도서출판 겹보기, 2001, 41쪽.

양의 교육기관과 그 설립자 베어드에 관한 연구가 서울의 교육기관 설립자인 언더우드나 아펜젤러에 비해 매우 미미하기 때문이다. 그동안 언더우드와 아펜젤러에 관한 연구는 이 두분이 장·감을 대표하는 최초의 내한 선교사들이라는 점에서 관심이 집중되어 왔고, 많은 연구자들의 축적된 연구논문과 저서들이 있다. 그러나 일부의 선교사들은 한국 개신교 선교사에서 매우 중요한 위치를 차지함에도 불구하고 아직까지 제대로 된 학문적 연구와 평가가 이루어지지 않고 있다. 이런 선교사 가운데 한분이 평양선교부에서 교육전담 선교사로 사역했던 윌리암 베어드이다.

베어드는 한국에 건너와 40여년 동안 이 땅의 복음전도와 문명계도를 위해 헌신해 왔다. 1891년 1월 29일 부인과 함께 일본을 거쳐 부산에 도착한 후, 부산, 대구, 평양에서 전국을 순회여행하면서 선교와 교육에 헌신해왔다. 부산에서 선교지부를 조직하고 다시 대구 선교지부를 옮겨 개척하였고, 서울에서 1년 사역한 뒤, 1897년 평양에 정착하여 본격적으로 교육선교사역에 투신하였다.[3] 1897년에서는 숭실대학전신인 평양학당을 설립하여 한국에서 근대대학 교육을 개척하였고, 성서, 교리서를 서술하여 기독교 문서출판에도 공헌하였다.[4]

특히 베어드의 사역 중 가장 중요한 것은 1897년 북장로교 선교부의 교육고문으로 임명받아 조선선교부의 기독교 교육의 기본정책인

3) 이인성, 『한국선교와 숭실』 서울: 숭실대학교기독교박물관, 2007, 59쪽.
4) 최병헌, 위의 책, 4쪽.

"우리의 교육정책"의 수립이었다. 이 정책은 토착적 기독교 교육을 내용으로 하는 근대 조선 최초의 초등학교부터 대학교를 총망라한 교육시스템을 창출이었다. 이 베어드의 기독교 교육 정책은 평양 및 그 주변의 교회 형성을 발전시키는 기능을 하였고, 그의 노동, 과학 교육의 중시는 근대교육의 보급이라는 관점에서 조선, 특히 서북지방의 근대화의 원동력이었으며, 그가 설립한 숭실대학은 이 교육시스템의 정점에 있었다. 그러나 이러한 그의 사역과 업적이 그동안 제대로 알려지지 않았으며, 매우 저 평가되어 있다. 그러므로 본 논고는 아직까지 한국교회에 제대로 알려지지 않은 베어드의 사역, 특히 평양의 숭실대학을 중심으로 한 그의 교육사역을 소개하는 데에 그 일차적 목적과 의미를 두고자 한다.

그러므로 이 글은 베어드의 여러 사역 중 평양의 숭실대학에서의 그의 교육사역을 중점적으로 다룬다. 특히 조선선교부의 요청으로 네비우스의 선교방법론을 적용하여 작성한 베어드의 〈우리의 교육정책〉이 무엇이며, 거기에 나타난 교육이념이 무엇인지를 살펴 본다. 아울러 이 〈교육이념〉이 그가 설립한 숭실학당과 숭실대학에 어떻게 구체적으로 적용되었으며, 어떤 영향을 미쳤는지에 대해 살펴본다. 특히 숭실의 복음전도 운동, 민족운동, 연합운동, 과학기술교육에 어떻게 투영되었는지에 관하여 살펴보고자 한다.

❷ 평양 숭실대학 사역 이전의 베어드

1) 베어드의 초기 교육: 서당과 예수교학당

베어드는 1891년 2월 2일 서울에 도착하여 3일부터 7일까지 개최된 조선선교부 연례회의에서 동료들에게 공식 인사한 후, 25일 언더우드와 함께 선교지부를 구입하기 위해 잠시 부산을 방문했다. 그 후 다시 서울로 올라와 조선어를 배우면서 서울과 남한삼성에서 휴가를 보낸 뒤, 베어드는 1891년 9월 9일 정착하기 위해 부산으로 돌아와 9월 24일 선교부지를 짓는 것으로 사역을 시작하였다.[5)]

부산선교지부에서 베어드가 최초로 실시한 교육사역은 1895년 1월 베어드의 사랑방에서 문을 연 서당(Chines School)이었다. 베어드가 일본인 정착촌에 살고 있었기 때문에 학생들은 주로 한국인 하인들, 부두 노동자, 그리고 일본인을 섬기는 사람들의 자녀들이었다. 커리큘럼은 주로 한문교육이었고, 조선인 교사가 한문을 가르치는 것으로 학생들을 유도한 뒤, 성서, 산수, 지리 등을 함께 가르쳤다. 학생들은 매일 예배에 참석하였고, 주일 예배도 그 참석이 장려되었다. 수업료는 없었지만, 예배의 한 부분으로 헌금을 드려 이를 자선의 목적으로 사용하였다. 베어드는 대부분의 시간을 밖에서 보내 베어드 부인, 어빈 부인과 조선인 교원이었던 서초시, 그리고 후에 애덤스 부부가 운

---

5) Richard. H. Baird, *William M Baird of Korea: A Profile California*, 1968, 20쪽.

영하였다.[6] 당시 서당은 교육기관이라기 보다 자선기관이며 전도기관이었다.[7]

한편 베어드는 위험이 따른다는 미국선교본부의 반대에도 불구하고, 1896년 1월 내륙지방 선교를 위해 대구에 가옥을 매입하고 선교지부를 개설하였다. 그 후 베어드는 그해 10월까지 부산과 대구를 왕래하며 제임스 애덤스(J. E. Adams)와 선교사역을 감당하였다. 그러나 베어드의 주거와 부여된 사역에 변화가 일어나게 되었다. 그것은 당시 북쪽에서 일어난 사건 때문이었다.[8] 1894년 청일전쟁 이후 기독교에 관해 호기심을 가지는 사람들이 점차로 증가하였다. 새로운 기독교인 집단들이 평양에 만들어져서 선교사들이 방문해 주기를 바랬다. 1896년 정기연례회의가 열렸을 때 엄청난 토착운동(Indigenous movement)이 이미 시작되었다.[9]

사역이 급속하게 발전함에 따라, 1896년 10월에 열린 정기 연례회의는 대구 선교지부를 애덤스에게 맡기고 베어드를 조선선교부의 교

6) Richard. H. Baird, 위의 책, 45, 그리고 이성전 저, 서정민,가미야 미나코역, 「미국선교사와 한국근대교육」, 서울: 한국기독교역사연구소, 2007, 63-64쪽.

7) Richard. H. Baird, 위의 책, 44쪽.

8) 김권정, "평양대부흥운동의 전국화" 「1907년 평양, 2007년 서울」 숭실대학교 개교 110주년 1907년 평양대부흥운동 100주년 기념 전국학술대회 자료집, 숭실대학교인문과학연구소, 74쪽. 치열한 청일전쟁의 와중에서 교회는 피난민들의 수용소가 되어 평양주민의 생명과 재산을 보호해 주었다. 이는 평양주민들이 기독교에 대한 호의적인 인상과 태도를 갖게 하는 계기가 되었다. 뿐만 아니라, 지역의 탄압과 전쟁의 극한 상황 속에서 교인들은 절대자에 의존하는 신앙이 더욱 깊어져 신앙이 견고해지고 그것으로 전도의 가능성이 훨씬 증대되었다. 이는 외지 사람에 대해 배타적이고 드센 평양지역에서 기독교가 빠르게 수용될 수 있는 배경이었다.

9) Richard. H. Baird, *William M. Baird of Korea: A Profile*, 61쪽.

육고문으로 임명하여 서울로 이주케 하였다. 애덤스는 베어드의 전임의 이유를 "서울의 소년학교의 확장과 발전"이라 말하였고, 밀러(F. S. Miller)는 선교부에 보낸 보고서에서 그 경위를 다음과 같이 기록했다.

> 우리는 오랫동안 학교 업무에 경험이 많고 선교부 전체의 교육업무에만 책임질 수 있는 영적인 사람을 원하며 기도해 왔습니다. 베어드씨는 미국에서 교육경험이 있고 또 그에 대한 관심도 있어서 그렇게 결정된 것입니다. 그는 우리가 바라는대로 그 학교를 영적인 중심지로 만드는 일에도 매우 적합하고, 복음사역에 대한 경험이 있기 때문에 복음전도자로 부르름받은 사람들을 충분히 훈련시킬 수 있을 것입니다. 그래서 저는 선교본부가 예기치 않은 베어드씨의 사역의 변화에 현명한 태도를 보여주기를 기대합니다.[10)]

그런데 밀러는 선교부가 자기의 학교업무에 협력하도록 베어드를 서울로 이동시킨 것으로 알았다. 그러나 선교부의 계획은 베어드를 교육사역에, 밀러를 서울 남부지방의 전도사역에 임하도록 한 것이었다. 이러한 오해로 두 사람 모두 교육과 전도사역에 임해야 했고, 베어드는 서울에서 교육고문 직무와 곤당골과 연못골 교회의 목회책임을 겸임하는 바쁜 나날을 보내야 했다.[11)] 서울의 예수교학당에서는 밀러와 함께 5개월간 교육에 관여하고 교재작성도 시작했다. 그러나 선교부의 교육정책이 뚜렷하지 못하여 학교의 성격이 고아원도 학교도 아닌 상태에서 적당한 교사(校舍)와 예산의 미비로 북장로교 선교

---

10) Richard. H. Baird, 앞의 책, 62쪽에서 재인용, 1896년 12월 11일자.

11) 『숭실대학교백년사』 제 1권, 서울: 숭실대학교출판부, 48쪽.

부는 1897년 10월 이 부실한 학교를 폐쇄하였다.[12]

베어드는 예수교학당이 폐쇄되기 전에 곤당골에 새로운 학교를 세웠다. 이곳에서 베어드는 최초의 교원양성반을 개설하였는데 평양, 서울, 안악, 창녕 등으로부터 교사 15명 정도가 참석하여 연수를 받았다. 그러나 선교부의 교육정책이 확립되어 있지 않은 단계에서 지원을 받을 수 없었을 뿐만 아니라, 이렇다 할 성과를 거두지 못하였다. 결국 베어드는 자기가 시작했던 학교와의 관계를 끊었다.[13] 베어드는 1897년 예수교학당에 대한 보고서에서 다음과 같이 말하였다.

> 만일 다른 곳에 적당한 기지를 잡을 수 있고 조선어를 교육용어로 하여 기독교교육을 받으려고 지망하는 적당한 수의 학생을 확보할 수 있다는 믿을 만한 전망이 보이고, 선교사로서 교육사업에만 전적으로 봉사하여 좋은 성과를 기대할 수 있다면 나는 본래 서울로 올라 올 때에 나의 희망으로 되었던 그 사업을 다시 시도하여 볼 기쁨을 갖고 싶다.[14]

이 보고서에서 베어드는 조선어로 하는 토착적 기독교 교육(Christian Vernacula Education)의 필요성을 주장하며, 비기독교인 가정에서 요청하는 영어교육을 통한 통역, 관리의 양성을 주안으

12) 「숭실대학교백년사」 제 1권, 49쪽.

13) 이성전 저, 서정민 · 가미야 미나코역,「미국선교사와 한국근대교육」, 64쪽.

14) William M. Baird, Report on Boy's Seoul, 1897. 3. MSS Report Presbyterian Board of Foreign Missions, N. Y. 186. *The Korean Repository for September*, 1897, 342쪽. 그리고 백낙준 「한국개신교사」, 연세대학교출판부, 1991, 331쪽.

15) 이성전, 「미국선교사와 한국근대교육」, 65쪽.

로 하는 학교교육을 거부했다.[15] 예수교학당에서의 짧은 교육경험은 후에 평양에서의 교육에 충분히 반영되었다. 특히 초등학교교육은 조선교회가 담당하고, 중등교육 이상은 선교부가 담당한다는 방침은 이후 조선에서의 기독교 교육의 방향성을 가르키는 것이었다.[16]

2) 베어드와 선교부의 교육정책

조선이 1884년 개신교 선교사들에게 개방 되었을 때, 인도와 미얀마에서는 개신교 선교활동이 1세기 이상 되었고, 중국과 일본에서도 선교사들이 반세기동안 활동하고 있었다. 이런 현장에서 얻은 경험으로부터 한국에 적용시킬 만한 교훈이 도출되었다. 당시 선교본부 총무인 엘린우드 박사(Dr. F. F. Ellinwood)는 알렌(H. N. Allen)으로 하여금 한국 개척 사역으로 나가도록 했고, 언더우드, 마펫, 베어드, 그 외 모든 초기 선교사들을 선발하고 지시를 내리는 책무를 맡고 있었다. 그는 한국에서는 다른 현장에서 저지른 실수들을 되풀이해서는 안 되고, 새로운 생각을 시험하고 새로운 방법론을 발전시켜야 한다는 점을 강조했다.[17] 베어드는 이 새로운 방법을 다음과 같이 기록하였다.

> 우리는 한국에 새로운 선교지부 개척을 원하고 몇몇의 선교지에서 한 실수들-과도한 중앙집중화 정책, 몇몇의 중심적인 지역에서 행

---

16) 이성전, 위의 책, 66쪽.

17) Richard. H. Baird, *William M. Baird of Korea: A Profile*, 103-104쪽.

> 하는 기관사역에 대부분의 선교사들을 투입하는 정책 등—을 되풀이하지 않기를 바랍니다. 우리는 선교사들을 선교지 전체에 골고루 분산시켜서 선교사들이 사람들과 쉽게 접할 수 있고, 전체 나라가 좀 더 빨리 복음화 되었으면 합니다.[18]

이런 선교정책은 선교부가 가진 강력한 반기관적 태도(Anti-institutional attitude)를 말해준다. 먼저 나라 전체에 걸쳐 토착교회가 세워져야 하고, 그런 다음 여러 기관들이 교회의 필요에 맞게 발전해 가야한다는 것이다. 교회가 실제 기반을 잡기 전에는 선교사들의 시간과 재원이 고아원, 학교, 심지어 병원이나 다른 좋은 목적에도 쓰여서는 안 된다. 이런 선교철학은 엘린우드가 발표하고 선교부가 수용한 것인데, 네비우스 (Dr. Nevius)에게서 얻은 것이었다.[19]

그러나 네비우스의 글에는 교육사역이나 교육기관에 대한 분명한 정책이 없었다. 중국에서 네비우스는 개교회의 발전 이후를 바라보고, 개교회의 어린이들과 그 장래의 지도자들에 대한 초등, 중등, 고등교육을 생각하지 못했다. 1896년 조선선교부는 이 분야에서 사역이 시작되어야 한다는 점을 확신하였고, 교육정책에 대하여 자신의 힘으로 무엇인가를 만들어야 했다. 그러므로 그 해에 베어드는 선교부의 교육자문(Educational adviser)이 되었고, 부산과 대구에서 하고 있던 개척복음전도 사역에서 서울로 옮기게 되었다.[20]

1897년 8월 선교본부의 총무 스피어(Robert E. Speer)가 참석한

18) Richard. H. Baird, 위의 책, 104쪽에서 재인용.
19) Richard. H. Baird, 앞의 책, 105쪽.
20) Richard. H. Baird, 위의 책, 107쪽.

가운데 조선선교부 연례모임이 열렸고, 이 모임에서 베어드가 입안하여 상정한 교육정책인 〈우리의 교육정책〉(Our Educational Policy)이라는 논문이 심의되고 채택되었다. 이 교육정책은 베어드가 장로교 선교부의 선교정책과 자신의 그동안 선교와 교육에 관한 경험, 그리고 한국의 실정을 토대로 선교와 교육에 대한 경륜을 밝힌 것이었다.[21] 따라서 이 정책은 그동안 표류해온 선교부의 교육정책의 확고한 방안으로, 선교부의 선교정책인 네비우스 방법을 교육부분에 입안한 교육정책이었다. 그 내용은 다음과 같다.[22]

> "우리의 기본 규칙과 세칙인 제 C항. 제 3조로부터 인용하겠다."
> 모든 학교에는 두가지 주요정신이 반영돼야 한다.
> (1). 학교의 설립과 운영의 기본적 이념은 학생들에게 유용한 지식을 다양하게 교수하여 학생들이 앞으로 실생활의 여러 부분에 책임 있는 일꾼이 되도록 한다. (2). 학교가 해야 할 가장 중요한 일은 학생들에게 종교적, 정신적 역량을 함양시키는 것이다.
> "이것에 전적으로 동의하면서 나는 세 번째 항을 덧붙이려 한다."
> (3). 미션 스쿨(mission school)의 주된 목적은 그들 국민들에게 적극적인 선교활동을 위하여 토착교회(native church)의 육성과 그 지도자들을 양성하는 일이다.

여기에서 중요한 것은 베어드가 추가한 제(3)항인데, 그에 의하면,

---

21) 「숭실대학교백년사」 제 1권, 52쪽.

22) Our Educational Policy, Read in the Mission in Seoul, 1897. 그러나 이 논문은 사실 조선선교부가 1891년 2월 연례모임에서 조선선교부 기본규칙과 세칙(Standing Rules and By Laws of the Korea Mission)으로 채택했던 것이었다. 그리고 Richard. H. Baird, 앞의 책, 116쪽과 「숭실대학교백년사」 제 1권, 52-53쪽.

"미션스쿨은 토착교회의 발전과 그 지도자를 훈련시키기 위해 세워진 것"이다. 요컨대 베어드의 교육정책은 토착교회의 설립을 목적으로 하는 자립적인 '네비우스 선교방법'의 교육방면에 대한 적용이었던 것이다.[23] 그러므로 미션스쿨은 "교회의 필요를 충족시키고, 교회를 강화시키고, 교회를 진보시키는데 도움이 되는 한에서 발전되어야 한다."[24]

한편 베어드는 〈우리의 교육정책〉에 대한 부연 설명에서 학생들의 졸업 후의 생활 방식에도 관심을 기울인다.

> 이상적인 학교는 마치 우물이 바닥에서부터 오염되지 않도록 계속적으로 기독교인 학생이 주류를 이루도록 함과 동시에 무엇보다도 토착교회(Native church)를 훈련할 수 있도록 설립 되어야 한다. 학생들에 대한 교육이 이와같을 때, 만약 그 학교의 제일 원칙이 진실이라면, 그들이 농부가 되든, 대장장이가 되든, 의사나 교사 혹은 정부의 관료가 되든 모두가 적극적으로 복음을 전하는 자가 될 것이다. 선교교사(missionary teacher)는 무엇보다도 학생들을 복음전파자로 만들어야 한다. 이 일에 실패 한다면, 그가 아무리 유능한 교육자라 하더라도 선교교사로서는 실패인 것이다.[25]

이와같은 맥락에서 베어드는 미션스쿨의 운영과 설립의 목적이 후일 학생들이 사회에 나가 그 사회의 지도자로서 활동할 때, 그들이 어

---

23) 박은구, "숭실대학교의 첫 장을 연 배위량", 「인물로 본 숭실 100년」 제 1집, 숭실대학교출판부, 1992(1), 1995(2), 467쪽.

24) Richard. H. Baird, 위의 책, 107쪽.

25) Our Educational Policy, Read in the Mission in Seoul, 1897.「숭실대학교백년사」 제 1권, 53쪽. 그리고 Richard. H. Baird, William M. *Baird of Korea: A Profile*, 116쪽.

느 분야에서 일하든지 확고한 신념과 열정을 가진 복음의 전파자로서, 적극적인 설교자로서의 자질을 갖추어야 한다는 점을 나타내고 있다.[26] 이러한 베어드의 교육정책은 교육기관을 선교현장의 여왕의 자리에서 교회의 시녀로 끌어내렸기 때문에 혁명적이었다. 강력한 토착교회가 능동적인 기독교 학교들과 왕성한 기독교 교육 프로그램들을 보장 할 수 있는 최고의 가능성이라는 것이었다.[27]

한편 베어드는 이 논문에서 조선의 미션스쿨의 현상을 분석하고, 향후 과제를 지적하기도 하였다. 그러면서 베어드는 조선에서의 미션스쿨은 크게 2개 부문으로 이루어져야 한다고 보았다. 첫째 부문은 선교사 관할 하에 조선인에 의해 자립적인 교회경영으로 운영되는 초등학교[28]이다. 두 번째 부문은 선교사를 중심으로 하는 중등교육 및 고등교육[29]이다. 또한 베어드는 소규모 학급 교육의 필요성과 교육기자재의 준비, 도서관 서적과 실습 훈련소의 필요성, 남자 기숙학교의

---

26) 『숭실대학교백년사』 제 1권, 53쪽.

27) Richard. H. Baird, 위의 책, 118쪽.

28) Our Educational Policy, Read in the Mission in Seoul, 1897. 그리고 이성전,『미국선교사와 한국근대교육』, 68쪽. 초등교육은 선교사가 조선인 교원을 선발하여 커리큐럼을 정하고 평가한다. 그러나 학생들에게 읽기, 쓰기를 가르치는 것은 조선인 교원에게 그 권한을 맡긴다. 그리고 이 초등교원 육성을 위한 단기 사범과를 설치하여 유망한 조선인을 교원으로 양성한다.

29) Our Educational Policy, Read in the Mission in Seoul, 1897. 그리고 이성전, 앞의 책, 68쪽. 중등교육 과정은 초등학교에서 선발된 학생들을 철저히 교육시키는 방법론이다. 이 교육과정은 학생들의 진보의 단계에 맡긴다. 교과목은 산수, 지리, 철학, 생리학, 역사, 조선어 문법이며, 서서히 고등수학, 화학, 그리고 학생들을 유능하고 지적이며, 적극적인 기독교인으로 양성하기 위해 다른 유익한 학문들도 병행해 가르친다. 성경은 단지 교재로만 쓰는 것이 아니라, 모든 교육이 성경을 의지할 수 있도록 하며, 기독교식의 이웃사랑으로 가득 차 있어야 한다.

폐쇄, 그리고 기독교교육의 장소로 서울보다 평양을 제안했다.[30)]

그러나 기본적으로 베어드의 교육정책은 단순히 학교를 몇 개 설립하는 것이 아니라, 학교를 설립하기에 앞서 확실하고도 광범위한 교육제도를 수립하는데 있었다. 이에 대하여 1909년 베어드는 교육 초창기를 회고 하면서 다음과 같이 말하였다.[31)]

> 선교지부에서 선교사업의 일환으로 교육부문에 착수할 때에 당면한 문제는 학교를 한 둘 설립하는 문제가 아니라, 우리 교회 청년자제를 양성 할 수 있는 광범위한 교육제도를 수립함에 있었다. 이 목적을 달성하기 위해 다음과 같은 방법이 채택되었다. 첫째 각 지교회 지역 초등학교를 설립 발전시킨다. 둘째 이 초등학교 교원 확보를 위하여 특별 단기사범과정을 운영하며, 재직교원과 기타 유능한 인재들을 모아 교원을 양성한다. 셋째 특별히 선발한 학생들을 중학교와 나아가서는 전문학교(대학교)에서 철저한 교육을 받게 한다. 넷째 각급 과정에 맞는 한국어 교과서를 준비한다.[32)]

이 교육정책이 의도한 대로 학교제도는 교회와 함께 성장하였다. 일본이 한국을 병합한 1910년까지 그 어떤 선교지도 한국의 학교제도만큼 크고, 잘 진행되고, 토착화된 학교제도를 가진 곳은 없었다. 이는 베어드가 설립자이자 초대교장인 평양 숭실대학(The Union Christian College)에서 그 절정에 달하였다.[33)] 그러나 뉴욕에 있던

30) 이성전, 앞의 책, 69쪽.

31) 백낙준, 『한국개신교사』, 서울: 연세대학교출판부, 1991. 332쪽.

32) W. M. Baird, "History of the Educational Work," *Quarto Centennial Paper* read before the Korea Mission of the Presbyterian Church in the U. S. A(1909), 64쪽.

33) Richard. H. Baird, *William M. Baird of Korea: A Profile*, 108쪽.

선교본부 쪽에서 이러한 교육정책은 1903년 엘린우드 박사가 은퇴함으로써 끝이 났다.[34)]

3 베어드와 평양 숭실대학

1) 베어드와 사랑방 학급

1886년 선교부가 베어드를 교육자문으로 임명하고, 1897년 그의 교육정책을 채택하고 그 실행을 위해 그를 평양으로 파송했지만, 순회전도는 여전히 그의 주된 임무였다.[35)] 그러나 1897년이 되면서 교육사역은 더 이상 미룰 수 없는 절실한 현안이 되었다. 이때 선교부가 직면한 교육문제는 세 가지로 요약된다. 첫째 남녀 새신자들을 위한 성인교육의 문제이다. 둘째는 권서인, 조사, 전도사, 교사, 전도부인 등 일선 전도요원을 위한 수준 높은 교육이다. 셋째는 초등학교 졸업생들을 위한 중등교육 실시의 절박성이다.[36)] 이 세 가지는 모두 긴급한 것이었으나, 선교부는 이러한 문제를 해결할 수 있는 예산이 없었다.[37)]

그러나 늘어나는 초등학교 졸업생들과 순회전도로 인한 교회 수의

34) Richard. H. Baird, 앞의 책, 109쪽.

35) Richard. H. Baird, 앞의 책, 125쪽.

36) 『숭실대학교백년사』 제 1권, 56쪽.

37) Richard. H. Baird, 앞의 책, 126쪽.

증가는 교회를 이끌어갈 지도자를 공급할 중등교육을 절실히 필요로 했다.[38] 그리하여 평양 선교부는 베어드의 중등교육반의 시작을 의결하였다. 그러나 아무런 시설도 없고, 준비도 없었으므로 우선 그의 사택 사랑방에서 평양 선교부 주변의 초등학교 졸업생들과 교회청년들을 대상으로 하나의 중등반을 만들어 학교를 시작할 수밖에 없었다. 이것이 1897년 10월 초 '사랑방 학급'으로 불리는 중등 교육반으로 숭실학당의 출발이었다.[39]

평양에서의 초기 중등 교육반에 관하여 베어드는 1899년 보고서에 자세히 기록하고 있다. 1899년 보고서에서 베어드는 토착교회를 위한 교육기관들의 모델로 미국의 파크대학(Park College)과 이와 유사한 학교들을 제시하면서,[40] 자신의 교육사역의 원칙에 대하여 다음과 같이 말하고 있다.

> 저는 중국 산동성 등주의 마티어(Calvin Mateer) 박사가 가리킨 교육 사역의 원칙만큼 좋은 것은 없다고 생각합니다. 박사님이 말하기를 '우리의 미션 스쿨은 1. 기독교적이고, 2. 그 나라의 말로 사용해야 하고, 3 철저해야한다. 저는 여기에다 4. 그들의 환경에 어울리지 않는 것은 안 된다는 것을 추가하고 싶습니다.[41]

38) 「숭실대학교 백년사」 제 1권, 57쪽. 당시 평양에 소재하는 초등학교는 4개 학교로, 그 가운데 남학교는 2개교에 재적수가 72명이었으며, 여학교는 2개교에 재적수는 48명이었다. 그중에 베어드는 남학교 2개교의 책임을 맡았는데 중등학교는 아직 충분하게 제도화 되어 있지 못했다.

39) 「숭실대학교백년사」 제 1권, 59쪽.

40) William M. Baird, "Educational Report" for 1899, 그리고 Richard. H. Baird, 앞의 책, 132쪽.

41) William M. Baird, "Educational Report" for 1899. 그리고 Richard. H. Baird, 앞의 책, 134쪽.

이것은 베어드가 칼빈 마티어의 기독교 토착교육론의 영향을 받아 그것을 조선의 실상에 맞게 발전시킨 것으로, 장로교회가 전도론 뿐만 아니라 교육론에서도 중국 선교의 영향을 받았음을 말해주는 것이다.[42] 베어드는 위의 1-4의 원칙을 다음과 같이 부가 설명하는데 내용을 요약하면 다음과 같다.[43]

> 1. 비기독교인을 받아 들일 수도 있지만 기독교인 학생의 숫자를 넘어서는 안된다. 미션스쿨의 주요목적은 인격교육, 지적교육을 통한 기독교인과 교회 형성을 위한 공식으로 인정받는 일꾼들의 육성이기 때문이다.
> 2. 그 나라의 말을 매체로 쓴다. 조선인으로부터 학생들을 너무 분리시키면 안된다. 전국 사람들이 이해하는 조선어로 된 책들, 문학 발전에 공헌 할 수 있어야 한다.
> 3. 조선의 전통적 학교에는 완전성을 추구할 수가 없다. 교사는 많은 시간을 교육에 바치고 날마다 학생들과 접해야 한다. 오랜기간(학당은 5년) 계속해서 학교에 재학해야 한다.
> 4. 지도자는 지도받는 사람들로부터 멀리 떨어지면 안된다. 지도자는 새로운 생각을 가져야 하지만 생활양식, 생활습관을 많은 사람들이 사는 곳의 수준으로 멀리 떨어지면 안된다. 따라서 교육은 조선인의 현상을 밟으며 거기서 출발해야 한다. 그래서 커리큘럼도 미국 아카데미에서 실시하는 것을 그대로 모방해서는 안되고 준비가 안된 조선인들에게 그것을 부담시켜서도 안된다. 조선인의 지력, 가능성, 필요에 따라 앞선 학문으로 인도해야 한다.

1897년의 베어드의 논문인 〈우리의 교육정책〉이 조선선교부의 공식적 교육정책이었다면, 1899년 보고서에 나타난 교육사역의 원칙은

---

42) 이성전, 『미국선교사와 한국근대교육』, 86-87쪽

43) 이성전, 위의 책, 73쪽.

교육현장에서 실제적이고 구체적인 실천 방안이라고 할 수 있다. 베어드는 이 보고서에서 미션스쿨은 첫째 교회의 일꾼을 양성하기 위하여 기독교인이 다수를 차지하여야 하고, 둘째 그 나라의 말, 즉 조선어로 교육이 이루어져야 하며, 그러기 위해 조선어로 된 책의 필요성, 셋째 5년을 기간으로 하는 완벽한 교육, 넷째 조선인에게 맞는 교육 등을 말하고 있다.

한편 베어드의 이 보고서에 의하면, 평양에서의 초기 교육사역은 부산에서와 마찬가지로 서당식 교육으로부터 시작 할 수 밖에 없었다. 박자중이 조사를 맡아 학생지도와 교과지도의 책임을 졌다. 1년을 보내면서 베어드는 중등교육의 제도화를 구현하기 위해 1898년 가을 학기가 되자, 학생모집을 공고하였다. 60여명의 지원자가 몰려들었고, 이 가운데 학력, 건강상태, 경제상황 등을 고려하여 학업을 성취할 수 있는 능력이 있는 18명을 선발했다.[44] 교과목은 성서, 지리, 산수, 역사 등을 가르쳤다. 그러나 주요 교과목은 성서이며 가장 오래 재학한 학생은 지도교사와 주석서 등의 도움을 받아 가며 신약성서를 거의 다 독파했다. 또 도서관이 설치되어 중국, 조선의 각종 서적들을 약 60여권 갖추어 학생들이 잘 읽도록 하였다.[45] 이렇게 베어드는 초기 단계부터 명확한 교육이념과 확고한 방법론으로 평양의 중등교육 확립을 위하여 힘을 다하고 있었다.[46]

---

44) 『숭실대학교백년사』 제1권, 74쪽.

45) William M. Baird, "Educational Report" for 1899. 그리고 Richard. H. Baird, *William M. Baird of Korea: A Profile*, 133-34쪽.

46) 이성전, 위의 책, 74쪽.

2) 베어드와 숭실 학당

베어드의 사랑방 학급은 평양학당으로 불리워졌는데, 1901년에 가서야 숭실 학당이라는 이름을 짓게 되었다. 이 학교명은 베어드의 의뢰로 그와 함께 교육을 담당한 한학자인 박자중이 고안하였다. 베어드는 숭실의 의미를 '진리의 숭상, 진실의 숭상'의 의미로 풀이하고, 이를 'The Venerate Truth School'이라고 번역했다. 그 진리란 무실한 한국인을 진실한 한국인이 되도록 교육하는 정신이었다.[47] 그러나 실학자였던 박자중은 이 '숭실'의 의미를 '허에 대한 실'의 숭상이라는 평면적 이해보다 조선 왕조 후기부터 주자학을 내재적으로 비판하고 서학의 영향을 받아 실사구시를 표방한 바 있는 실학의 숭상이라는 당시의 시대 사상을 반영시킨 것이었다.[48]

숭실학당은 베어드의 교육계획대로 발전해 나갔다. 베어드의 교육정책이 교회성장과 불가분의 관계에 있었기 때문에, 평양에서의 기독교 선교활동의 성공과 숭실학당의 성장은 밀접한 관계가 있었다. 1898년 전체교회의 신도수가 약 7,500여명이었고, 그 중에 서북지방(평안도, 황해도)이 약 5,950명이고 전체의 79.3%를 차지했다.[49] 북

---

47) 『숭실대학교백년사』 제1권, 68쪽.

48) 『숭실대학교백년사』 제1권, 69쪽.

49) 이성전, 『미국선교사와 한국근대교육』, 74쪽. 그리고 한국기독교사연구회, 『한국기독교사연구』 I, 기독교문사, 1989, 258쪽. 평양선교지부 이외에 선천(1901), 재령(1906), 강계(1908) 등에 북장로교 선교지부가 확대 되었고, 1910년 장로교회의 경우 교회의 수만 보더라도 683개 교회 중 조선 북부(관서, 해서)가 362개 교회로 전체의 과반수를 차지하였다.

부지역에서 장로교회의 급속한 교세확장과 비례하여 초등학교 또한 확대되어갔다. 이러한 초등학교의 성장과 비례하여 숭실학당의 재적 수 또한 늘어났다.[50] 18명으로 시작한 학생 수는 진급과 신입생의 증가로 1902년에는 72명, 1903년에 86명이 되었다. 1904년에는 드디어 102명이 되었고, 1906년에는 감리교회와의 연합이 이루어지면서 재학생 수가 367명이나 될 정도였다.[51]

1900년 가을부터 숭실학당은 수업년한 5년제로 발전하였다. 학교는 학생들을 선발할 때, 5년 동안 교육과정을 완벽하게 마칠 수 있는지, 그리고 지원자가 기독교인으로서 도덕적, 정신적, 육체적인 점에서 충분한 자격을 갖추었는지를 보았다.[52] 초기 입학자는 연령제한이 없어 선발된 학생들의 나이가 한결 같지 않았다. 1900년대 중반까지 학생의 평균연령이 20세 전후였다. 학생들의 출신지도 초기에 평양을 중심으로 하였던 학생들이 점차 평안남북도와 황해도, 그리고 함경도와 그 북부지역까지 확대되어 갔다. 심지어 1904년에는 전라북도 전주에서 온 학생이 나타났고, 그 후에는 전국에서 학생들이 몰려오기 시작했다.[53]

학생 수와 학급 수가 증가하자, 베어드의 사랑방으로는 도저히 감당할 수가 없었다. 1899년 선교지부는 700원을 지원하였으나, 이것은 학당 건물을 마련하기에는 너무도 적은 금액이었다. 그러나 1901

50) 이성전, 앞의 책, 75쪽.
51) 「숭실대학교백년사」 제 1권, 74-75쪽. 그리고 이성전, 앞의 책, 75쪽.
52) 「숭실대학교백년사」 제 1권, 76쪽.
53) 「숭실대학교백년사」 제 1권, 77쪽.

년 스왈렌(W.L. Swallen)이 그의 부친으로부터 받은 유산 1,800원을 기부함으로, 1901년 4월 11일 새로 구입한 신양리 39번지의 학교 부지 위에 7개의 큰 교실을 배치할 수 있는 교사를 건립하게 되었다.[54)]

한편 베어드의 교육정책대로 중등교육기관인 숭실에는 여러 선교사가 교사들로서 적극 관여했다. 1898년 가을 학생 선발 때에는 교장에 베어드, 교사에 박자중이 있었다. 그러나 그해에 베스트 양과 그레함 리 부부가, 1899년에는 소왈렌 등이 학교에 가세하였다. 그리하여 1901년 베어드를 제외한 여러 교사들은 헌트여사(Mrs. W.B. Hunt, 음악,수학), 웰즈(Dr. J. H. Wells, 위생학), 블레어(Mr. Blair,미술, 체육), 블레어 여사(Mrs. Blair,음악), 하우엘(Miss Howell,음악), 베어드 여사(Mrs. A. A. Baird,식물학), 스왈렌(Mr. Swallen, 성경, 천로역정), 마펫(Dr. A. S. Moffet,성경,천로역정), 번하우젤(Mr. Bernhesiel, 지리, 산수) 등 이었다.[55)]

학당 설립 초기 적당한 교과서가 부족하자, 1900년 전후에는 선교사들이 교과서의 번역과 제작을 추진하였다. 베어드는 자신의 교육철학을 반영하여 교육언어를 한국어로 정하였고, 교과서 또한 한국어로

---

54) *The Annual Report of the Board of Foreign Mission of the Presbyterian Church in the U. S. A.* for 1905, 259. 백낙준, 「한국개신교회사」, 334쪽에서 재인용. 『숭실대학교백년사』 제 1권, 101쪽, 한국식 건축양식을 이용하여 지은 2층으로 된 이 교사의 건축은 이길함 선교사가 담당했는데, 베어드는 1901년 보고서에서 이 교사 건물은 '이씨가 최고의 기술을 발휘한 결과' 라고 썼다.

55) 『숭실대학교백년사』 제 1권, 81쪽.

결정하였다. 그는 성서를 비롯한 인문과목을 그의 부인은 동물학, 식물학, 생물 등 과학 과목 교재를 준비했다. 당시 교재들은 주로 미국에서 사용하던 중등교육 교과서를 번역하였고 한국의 실상에 맞추어 편집하였다.[56]

베어드가 생각한 학교 경영 모델은 미국 미주리주의 장로교계 학교인 파크대학(Park College)과 포이넷 아카데미(Poynette Academy)였다. 이 학교에서는 학교가 설치 및 운영하는 학생 자조기관이 있었는데, 베어드는 학생들의 자조를 격려하기 위해서 조선과 숭실학당의 사정에 맞추어서 이 제도를 도입하였다.[57] 베어드에 의하면 자조학생들의 작업 종류는 다음과 같다.

> 그 초창기에 자조학생부 학생들은 인쇄, 학교농장 경작, 새끼꼬기와 미투리삼기, 정원작업과 도로수축, 교실소제, 선교사들의 비서역, 지도제작, 제본, 제모작업, 악보, 식물도본, 천문도 그리기, 초등학교와 야학교와 맹인학교에서 수업하는 일들이었다.[58]

베어드는 학교가 자선단체가 되어선 안 된다는 기본 방침을 세웠는데, 숭실학당에서는 학생들이 수업 등록비와 일정한 경비를 부담하는 것이 원칙으로 되어 있었다. 학생의 반 정도가 전체 등록비를 지불하

---

56) 「숭실대학교백년사」 제 1권, 93-95쪽.

57) 「숭실대학교백년사」 제 1권, 111쪽.

58) William M. Baird, "History of the Educational Work,", 73쪽. 그리고 *The Annual Report of the Board of Foreign Mission of the Presbyterian Church in the U. S. A.* for 1906, 259쪽. 그리고 H. H. Underwood, *Modern Education in Korea*, 112쪽.

면서 재학하였고, 나머지 반 정도가 하루 중 반을 노동하여 그 수입으로 등록해 공부했다.[59] 1900년에는 숭실학당에 인쇄기가 설치되어 평양시내의 교회 주일학교 교재, 전도지, 교회통신 등 인쇄에 공헌하였다. 1902년에는 미국의 재목 상인 사무엘 데이비스(Samuel S. Davis)가 베어드의 취지에 감명을 받아 5,000달러를 기부하였고, 이 자금으로 학교 내에 공장을 건설할 수 있었다. 이 공장은 사무실과 공작실로 나뉘어져, 공작실은 목공실, 인쇄실, 주물실, 철공실로 되어 있었다. 이곳은 '안나데이비스공작소' (The Anna Davis Industrial Shop) 혹은 '숭실 기계창' 으로 불리며 학생 자조사업이 이곳을 통해 다시 한번 비약적으로 확충 될 수 있었다.[60]

3) 베어드와 합성 숭실대학

19세기말부터 대각성 운동과 선교운동의 영향으로 하나의 개신교회를 향한 에큐메니칼 운동이 본격화 되었다. 그리하여 1900년 뉴욕, 1910년 에딘버러에서 에큐메니칼 선교대회가 개최 되었고, 교육사역을 포함한 피선교지에서의 개신교 교파 합동사업의 추진이 강력하게 장려되었다.[61] 조선에서도 대부흥운동 준비기간 중에 선교사단체들과 교인들 사이에 긴밀한 접촉이 있었고, 관서지방의 급속한 사업발전에 의해 연합이 의식적으로 추진되었다. 당시 평양에 감리교 계통

59) 「숭실대학교백년사」 제 1권, 111쪽, 이성전, 「미국선교사와 한국근대교육」, 78쪽.
60) 「숭실대학교백년사」 제 1권, 112-114쪽.
61) 이성전, 위의 책, 79쪽.

의 중등학교가 없음으로, 신자들 간에 실업계 고등학교 설립을 청원하는 진정서를 선교본부에 자주 제출하였다. 이러는 동안 선교사들 간에 교육사업 연합안이 점차로 표면화 되었다. 이 연합안의 필요성은 이렇게 표현되었다.

> 선교사 교육인들의 교육활동을 최고도로 활용하고 더 광범위하고 효과적인 교육사업을 달성한다는 견지에서 우리들은 이 선교지역(평양)안에 연합대학의 설립을 찬동한다. 그해에 장로교선교지부는 카나다 장로교선교부와 또 감리교선교부와 합동하여 연합교육사업의 추진을 찬성하는 뜻을 표했다. 여러 선교부가 서로 협력할 수 있는 현안이 안출되어, 각선교부가 연합하여 최소한의 노력과 경비로서 최대한의 능률을 낼 수 있는 강력한 단일교육기관이 창설될 희망이 굳어지고 있다.[62)]

그리하여 1905년 6월 북감리교 선교부 총회가 서울에서 열렸을 때, 총회는 교육문제 토론회에 다른 교파의 선교사들도 참석하도록 초청하였다. 이 총회에서 베어드는 조선내 고등교육에 있어서 장로교와 감리교와의 협동 방안을 제의하였다.[63)] 이 흐름 속에 1905년 9월 감리교와 장로교가 합동하여 '한국복음주의 선교연합공의회'(The General Council of Protestant Evangelical Missions in Korea)를 결성하여 "선교지역의 분할, 교회학교의 커리큘럼 제작, 병원 경영, 기관지 출판(The Korea Mission Field), 찬송가 편집"

62) *The Annual Report of the Board of Foreign Mission of the Presbyterian Church in the U. S. A.* for 1906. 260쪽.

63) 백낙준, 『한국개신교사』, 396-97쪽.

등의 합동 사업을 진행하였다.[64)]

베어드는 이 연합사업에 대해 브라운(A. J. Brown)에게 보낸 편지에서 자신의 견해를 다음과 같이 밝혔다.

> 연합은 그 어떤 분야보다도 교육사역에서 가장 쉽게 이루어 질 수 있을 것이다. 그것은 의문의 여지가 없다. 교과목에서는 원칙적으로 교파적 차이가 존재하지 않는다. 장로교와 감리교 두 선교 학교는 이제 연합하기에 가장 적절한 상황 앞에 놓여 있다. 평양의 상황은 더욱 그러하다. 감리교는 학교를 창설할 계획이 있지만 현재 학교 건물은 존재하지 않는다.[65)]

이 편지에서 베어드는 "연합은 성숙해 졌을때 이루어지는 것이며, 억지로 되는 일이 아니다"라고 말하면서도 연합을 시작한다면 교육사업이 최적이라고 말하고 있다. 게다가 평양에서는 "지역적 조건 및 교육에 대한 절망이 보통이 아니다"라고 말한 뒤 "평양선교지부도 그 필요성과 대학창설을 향한 준비에 착수했다"고 대학창설을 향하여 적극적인 의견을 피력했다.[66)] 한편 그는 일제의 보호국이라는 새로운 상황의 출현을 맞이하는 조선을 언급하면서 학교연합의 필요성을 주장하였다.

> 일본인들이 유입해 오기에 더욱 새로운 상황이 출현하여 연합의 필요성이 더욱 높아져 있다. 교육을 받은 일본인들이 유입되는데

---

64) 백낙준, 앞의 책, 399쪽.

65) William M. Baird to A. J. Brown, 1905. 9. 15. 이성전, 앞의 책, 79쪽에서 재인용.

66) 이성전, 앞의 책, 79쪽.

그들은 상급학교의 창설을 꾀하고 있다. 일본인들이 미칠 영향은 반선교사적이며 반기독교적이다. 교육을 못 받으면 조선인들이 이번에 도래할 새로운 영향과 상황에 대처해 나갈 수 없다. 기독교인들의 지도적 지위를 확보하고자 한다면 조선의 기독교인들은 이전보다 훨씬 더 좋은 교육을 받아야 할 것이다. 그러면 조선의 청년들은 가장 좋은 시설과 설비가 갖추어진 학교에 가야 할 것이다.[67)]

베어드는 이 편지에서 "조선이 일본의 보호국가가 되는 새로운 상황에 대응하기 위해 선교부가 조선 청년들에게 더 많은 교육기회를 제공해야 한다"고 강조하고 있다. 또한 "연합에 의해서만 효율성이 높아지고 최소한의 경비로 최대의 성과를 얻어 낼 수 있을 것이며", 동시에 "이교세력들 앞에서 효율성과 힘이 증강된 연합 전선을 펼쳐 보일 수가 있다"고 선교본부에 강력하게 호소했다.[68)]

이러한 베어드의 노력의 결과 1906년 합성숭실대학(The Union Christian College)이 감리교회와 연합으로 출범하게 되었다. 이렇게 관서지방에 있는 2개 선교지부는 교육사역에 합작하였다. 베어드는 이 합작이야말로 "그해의 특기할 사항중의 하나"[69)]라고 말하였다. 그러나 숭실대학의 경영은 북장로교와 감리교회 뿐만 아니라, 1912년 남장로교와 호주장로교도 참여하였고, 몇 년 뒤 카나다 장로교도

67) W. M. Baird to A. J. Brown, 1905. 9. 15. 이성전, 「미국선교사와 한국근대교육」, 80쪽에서 재인용.

68) 이성전, 위의 책, 80-81쪽.

69) William M. Baird, "Pyeng Yang Academy." *The Korea Mission Field.* Vol. 2, No. 12, 221쪽.

70) 「숭실대학교백년사」 제 1권, 132쪽.

참여하였다.[70)]

장 · 감 양 선교부의 연합사업으로 숭실 중학 학생 수가 증가하기 시작하여 1905년에는 160명이었던 학생이 1906년에는 225명으로 늘어났다. 학생 수가 증가하고, 교사 증축의 필요성이 대두되자, 평양 시내의 교인들과 주민들은 과학, 산업교육관의 신축을 위하여 6,000원을 모금하였다. 또한 캔자스(Kansas)주 위치타(Wichita)에 있는 제일감리교회는 이 건물의 신축비로 2,500달러를 기부하였다. 이리하여 감리교회에서 세운 첫 번째의 학교건물이 낙성되어 과학관, 즉 격물학당이라 명명되었다.[71)] 1909년에는 장로교 선교부가 7,00달러를 들여 대학건물을 짓기 시작하여, 1911년에 미국교회의 도움을 받아 중학교 동편에 3층 벽돌 양옥을 기공하여 1912년에 준공하였다.[72)]

숭실대학 초창기 수업연한에 대하여 원한경은 2년 과정의 대학으로 시작되었다고 하나[73)], 숭실대학의 수학 연한은 4년이었다. 1907년 장로교 연례보고서에 의하면 그해에 숭실학교 대학부 3학년이 5명이며 2학년이 7명이라고 하고 있어 1908년 4년제 대학으로 첫 졸업생을 배출했음이 명백하다.[74)] 숭실대학 초기인 1909-1910년의 교과목은 성서, 수학, 물리학, 자연과학, 역사학, 인문과학, 어학(영어), 변론, 음악 등이었다. 그러나 1912-1913학년도 교과과정을 보면, 자

---

71) 『숭실대학교백년사』 제 1권, 133쪽.

72) Richard. H. Baird, 앞의 책, 139-140쪽

73) H. H. Underwood, *Mordern Education in Korea*, 1926. 126쪽.

74) *The Annual Report of the Board of Foreign Mission of the Presbyterian Church in the U. S. A.* for 1907.

연과학분야에서 물리, 생물, 화학, 농학, 임학, 지질학, 광물학 등의 강의 개설되었고, 사회과학분야에서는 경제학, 경제사, 사회학, 민법 등의 강의가 개설되었고, 어학분야에서는 영어, 조선어 고전, 논어 등의 한문이 첨가되었고, 새로 일본어가 개설 되었으며, 그 밖에 실과에서 공작 시간이 배정되었다.[75] 이는 대학의 교과과정이 이전에 비해 많이 정비됐음을 보여준다.

합성숭실대학이 출범하자, 감리교회는 교수진으로 최고수준의 세 사람을 지원하였다. 베커(A. L. Becker) 목사가 학교의 서기 겸 회계로 물리학과 화학과 학과장 맡았다. 블리스 빌링스(Billss Billings) 목사는 수학과 학과장을 맡았다. 장로교 측에서는 베어드가 교장, 조지 맥큔과 엘리 모우리, 베어드 부인이 전임교수로 일했다. 기계창(안나 데이비스 숍)에서 일하는 로버트 맥머트리(Robert McMutrie)는 대학과 학당의 근로 학생들을 지도하였다.[76] 한국인 교수는 1905년 3명이었으나, 1909년에는 모두 6명이 되었다. 이것은 한국인 교수의 비중이 점점 높아지고 있음을 말한다.

이렇듯 숭실대학은 1897년 10월 10일 베어드의 사랑방에서 '중등반' 으로 시작되어, 1901년 숭실학당으로 발전하였고, 1904년 5월 15일 3명의 첫 중학교 졸업생을 배출하였다. 1905년에는 실질적으로 대학과정의 교육이 시작되었고, 1906년 8월에는 장로교 선교부로부터 숭실대학교 내에 대학부 설치를 허가 받았다.[77] 그리고 1906년 8

---

75) 『숭실대학교백년사』 제 1권, 147-149쪽.

76) Richard. H. Baird, *William M. Baird of Korea: A Profile*, 139쪽.

77) Richard. H. Baird, 위의 책, 67쪽.

월에 감리교 선교부에서 숭실대학 대학부의 경영에 참여하게 되었고, 아울러 1906년 가을에 합성숭실대학의 교명으로 정식출범하게 된 것이다. 1908년에는 대한제국 정부 아래에서 조선 최초의 4년제 대학, 합성 숭실대학으로 인가되었고, 그해에 대학부 졸업생 2명을 배출하였다.[78] 이리하여 10년이라는 짧은 기간에 초등학교로부터 대학부까지 일관한 기독교학교체제가 관서지방에 건립되었다.[79]

4) 베어드와 대학문제

에큐메니칼 흐름에 의해 '조선에 하나의 연합대학' 구상이 떠 오른 것이 1912년의 일이다. 하지만 그 설치 장소에 대해서는 평양이 좋은지 서울이 좋은지의 여부가 초점이 되어 미국의 각 선교본부와 조선에 있는 각 선교부에서 대 논쟁이 일어났다. 이것이 바로 '대학문제'(College Question)이다. 이 '대학문제' 는 설치 장소 뿐 아니라 교육이념과 성격을 둘러싸고 심하게 의견이 대립하였다. 선교사들 사이에는 '평양이 복음적' 이고 '서울은 세속적인 교육' 을 중요시 한다는 이해가 있었다.[80]

이 문제의 발단은 1912년 3월 서울에서 열린 감리교 선교부 연례회의의 결의에 있었다. '전 한국에 하나의 대학을 설립하여 운영하되 그 대학의 위치는 서울로 한다' 는 내용을 담은 이 결의는 재한 선교

78) 「숭실대학교백년사」 제 1권, 131-132쪽.
79) 백낙준, 「한국개신교회사」, 338쪽.
80) 이성전, 「미국선교사와 한국근대교육」, 81-82쪽.

부 교육위원회[81)]에 상정되었다. 감리교의 이러한 결정은 숭실대학의 폐교를 의미하는 것이었다.[82)] 이 결정의 배경에는 신학적으로나 교육적으로 아주 보수적인 베어드에 대한 불만이 있었다. 그러나 가장 결정적인 이유는 감리교의 선교의 방법과 정책 때문이었다. 감리교는 토착교회를 세우는 느린 과정을 진행하지 않고, 서울에 최고의 대학을 세우고자 했다. 총무인 프랑크 메이슨 노스 박사(Dr. Frank Mason North)는 "기독교의 이상으로 사회에 영향을 미치는 대학을 세우고자 한다"고 말했다.[83)] 어쨌든 감리교가 한국에 하나의 연합기독교 대학을 설립하고 그것을 서울에 두기로 결정하였고, 사태는 극도로 악화되었다.[84)]

교육위원회가 선교부의 의견을 조사하자, 1912년 10월에 열린 교육위원회에서 북장로교, 남장로교, 호주 장로교 선교부는 모두 서울에 다른 대학을 설립하고 평양의 숭실대학을 폐교하려는 감리교 선교부의 주장을 극력 반대하였다. 그러므로 교육위원회는 한국에 하나의

---

81) Richard. H. Baird, 앞의 책, 157-158쪽. 이미 1909년 베어드는 한국에 있는 각 선교부를 대표하는 교육위원회(Educational Senate)를 구성하는데 견인차 역할을 했다. 교육위원회의 규약이 작성되어서 각선교부와 본국선교본부의 승인을 받았다. 규약의 내용은 "위원회에 속해 있는 선교부가 설립되거나 유지하는 고등학교, 기술대학, 실업학교, 특수학교의 위치, 서로 간의 상호관계, 각각의 담당 지역의 경계는 위원회가 결정한다"는 것이었다. 규약은 또한 미국에 있는 각 선교본부가 서로 합동위원회(Joint Commitee)를 구성하는 것을 규정했다. 이 합동위원회는 어떤 권한도 없었다. 합동위원회는 단지 교육위원회가 한국에 세울 대학들의 이익을 장려하고 재정적인 지원을 하는 역할이었다.

82) 「숭실대학교백년사」 제1권, 175-176쪽.

83) Richard. H. Baird, *William M. Baird of Korea: A Profile*, 153쪽.

84) Richard. H. Baird, 위의 책, 154쪽.

대학만을 갖는다는 원칙을 가결하고, 이어서 평양의 숭실대학이 기존의 대학이기 때문에 서울에 새로운 대학을 세울 것인지 여부에 대한 토론을 거부하였던 것이다. 그러나 감리교측이 주장을 철회하지 않고 교육위원회의 탈퇴를 통보하자, 교육위원회는 12월에 이 문제에 대한 투표를 하고, 그 결과를 미국 각 선교본부의 대표로 구성된 합동위원회에 보고하면서 합동위원회의 결정에 맡기기로 하였다.[85)]

교육위원회로부터 대학문제를 위임받은 합동위원회는 1913년 2월 25일 이 문제를 검토하고 대학의 위치를 서울로 한다는 건의안을 채택하였다. 이어 합동위원회는 1914년 1월 12일에 대학 위치를 서울로 지명했고, 북장로교 선교본부는 2월 2일에 이를 승인했다. 길고도 격렬한 항의와 대답으로 점철된 1914년을 넘기면서 선교본부는 본부서한 249호를 통해 두 대학을 허용하지는 않지만 한 대학과 반(半)대학을 허가한다는 것으로 결정했다. 사실상 숭실대학을 초급대학으로 운영할 것을 조건으로 대학의 존치를 승인한 것이었다.[86)] 이것은 숭실대학의 존망의 위기에 관한 문제였다. 그러나 조선선교부는 이러한 상부의 결정을 받아들이지 않았다.[87)]

베어드는 개인보고서(Personal Report, 1914-1915)에서 당시에 겪었던 자신의 고민과 피로에 대해 다음과 같이 기록했다.

> 오랫동안 나는 교육 사업에 가해진 중책으로 피곤했다. 나는 교육

---

85) 「숭실대학교백년사」 제 1권, 176-177쪽.

86) 「숭실대학교백년사」 제 1권, 182-183쪽.

87) Richard. H. Baird, 앞의 책, 149-184쪽.

> 사역이 그 작은 시작부터 확고한 미래를 약속할 수 있게 되기까지 지켜왔다......나는 자신을 희생시켜 가며 몇 년에 걸쳐 나중에 반드시 이룩할 세속적 시스템, 세속적 대학교육으로 인한 사악한 영향에 대항하는 교육 시스템을 여기에 창설하고자 하는 희망을 갖고 온갖 고생을 거듭해 왔다. 이미 알게 된 결함에도 불구하고 발족된 교육 시스템에 따라 많은 사악한 시도들이 사라지고 교회에 많은 선한 일이 생겼다고 믿고 있다. 하지만 나는 쉬고 싶었다. 어떤 결정이 나와도 다른 사람에게 책임을 맡기고 나는 쉴 수 있게 대학문제가 결론지어 질수 있기를 기다리고 있었다.[88]

또 베어드는 "조선의 교육사역은 내 양심을 걸고 협력 할 수 없는 내용들이다. 그 방법과 정책, 목적, 행정 등은 내가 일생을 바쳐 걸어왔던 길과는 정반대이다. 이후의 교육 분야에서 진행될 정책은 내가 자신 있게 지지할 수 있는 성질의 것들이 아니다"라고 말하고 선교본부의 교육정책에 반대한 입장을 명확히 밝혔다. 게다가 "이러한 점들을 고려한다면 나는 교육사역에 관한 모든 사업으로부터 손을 뗄 것이다"라고 말하였다.[89]

1915년이 되면서 숭실을 완전한 대학으로 부활시켜 운영 할 수 있는 총회의 보장을 받기 위한 선교부의 노력이 시작되었다. 선교부는 대학문제의 최종해결책으로 총회에 호소하였다. 총회는 이 문제의 중재인으로 의장이었던 굿(Thomas R. Good)을 임명하고, 1920년 여름에 선교본부와 선교부의 대표들로부터 이 문제에 대한 보고를 받고

---

88) Personal Report of William M. Baird for the year, 1914-1915. 그리고 이성전, 「미국선교사와 한국근대교육」, 83쪽에서 재인용.

89) 이성전, 「미국선교사와 한국근대교육」, 83쪽.

또 많은 서신들을 검토하였다. 그 결과 총회는 서울과 평양에 대학의 설립을 승인하여 선교본부와 선교부 모두에게 만족할 만한 답을 제공하였다.[90)]

감리교는 1914년에 평양에서의 교육 사업을 이탈하고 1917년 서울에서 조선 기독교대학(연희전문학교)을 연합대학으로 발족시켰다. 숭실은 감리교의 이탈 이후에도 남장로회, 카나다 장로회, 호주장로회의 지원으로 계속 존속하였는데, 신사참배 강요 등 조선총독부의 황민화 정책에 의해 기독교 교육기관으로서의 존속이 불가능하다는 조선선교부의 판단에 따라 자주적으로 폐교하기에 이른다.[91)]

베어드는 1916년 3월 31일 숭실대학 교장을 사임하고 그 후엔 기독교서회 편집위원, 성서공회 성서출판위원 등을 역임하고 주일학교 교재 및 성서번역 등 주로 문서 사업에 종사했다. 베어드는 40여년 동안 조선 선교에 종사하고 1931년 11월 28일 임종을 맞아 인생의 막을 내렸다. 그 때가 향년 69세였다. 장례식은 학교, 교회 연합장례로 장례위원장을 마펫이 담당했다. 마펫, 언더우드 등 조선에서 활약한 선교사들의 대부분이 본국에 귀국하여 일생을 마쳤는데 베어드는 조선인들로부터의 존경을 받으며 평양 교외에 있는 장산 묘지에 매장되어 조선의 흙이 되었다.[92)]

90) 『숭실대학교백년사』 제 1권, 186-187쪽.

91) 이성전, 앞의 책, 83-84쪽.

92) 이성전, 앞의 책, 84쪽.

❹ 베어드의 신학과 교육 사상이 숭실에 미친 영향

1) 베어드와 숭실의 복음전도운동

1891년 29세의 나이로 조선에 온 베어드는 그의 신앙과 신학에 있어서 크게 두 가지의 영향을 받고 있었다. 첫째는 무디(D. L. Moody)의 신앙부흥운동의 영향이었다. 1870,80년대에 무디는 "영국과 미국을 순회하면서 도덕적인 죄와 음주 등에 대하여 설교했으며, 이성주의와 과학주의 사조에 대하여 성경의 무오류와 권위를 주장하였다. 그는 열정적인 기도회, 성경연구모임, 부흥사회를 조직하면서 교파를 초월하였으며, 세계 선교에 있어서 연합적인 사역을 환영했다."[93] 특히 무디의 영향을 받아 창립된 학생자원운동(SVM)은 대학생들과 신학생들에게 큰 영향을 주었다. 시카고에 있는 맥코믹 신학교의 급우인 베어드와 마펫도 학생자원운동집회에 참석하였고, 그들 학급의 다른 학생들과 함께 바다 건너에까지 그리스도를 섬기기 위한 헌신을 다짐하였다.[94]

두 번째 요소는 맥코믹 신학교의 신학이었다. 1892년 하노버 대학의 신학부로 출발한 맥코믹 신학교는 "종교개혁적 복음주의 전통과

---

93) Clyde L. Manschreck, *A History of Christianity in the World*, 「세계교회사」, 심창섭, 최은수 역, 총신대학출판부, 1991, 518쪽.

94) Richard. H. Baird, *Willam M. Baird of Korea,: a Profile*, 2쪽.

영국 청교도의 웨스트민스터 신앙고백과 교회정치원리를 기반으로" 목회자와 선교사 양성을 목적으로 설립된 신학교였다.[95] 뿐만 아니라 무디에 의해 주도된 복음주의 운동의 중심지로[96] "매일 같이 수업이 시작할 때마다 찬송가를 부르고, 성경을 읽고 기도로 시작하고, 또한 주일날 아침에는 주일학교에서 교수들이 가르치고, 오후 예배는 학장이 인도하는 전형적인 기독교 학교"로, 그 훈련과정은 "철저한 보수주의, 청교도적인 엄격성 그리고 불굴의 기상을 불어 넣어 주는 동시에 경건성"을 위주로 실시되었다[97] 이러한 맥코믹 신학교의 보수적이고 복음적인 신학은 조선에서 평양신학교의 신학을 좌우하고 지도했으며,[98] 조선의 세례후보자들에게는 "철저한 안식일 준수, 조상숭배, 축첩, 음주, 흡연, 도박 금지" 등 엄격한 신앙적, 윤리적 기준을 요구하였다.[99]

그러므로 이러한 신앙적, 신학적 배경을 가진 베어드는 맥코믹신학교의 보수적인 정통칼빈주의 신학과 청교도적 경건주의에 입각한 신앙적, 윤리적 엄격성 등을 지니고 있었으며, 대부분의 학생자원운동

95) Le Roy Halsey, *A History of the McCormick Theological Seminary of the Presbyterian Church*(Chicago: McComick Theological Seminary, 1893), 2, 5-6쪽.

96) 박은구, "숭실대학교의 첫 장을 연 배위량", 「인물로 본 숭실 100년」 제 1집, 숭실대학교출판부, 1992(1), 1995(2), 457쪽.

97) 마포삼열 박사 전기편찬위원회, 「마포삼열박사전기」, 대한예수교장로회 총회교육부, 1973. 59쪽.

98) Havie M. Conn, *Studies in the Theology of the Korean Presbyterian Church*, 「한국장로교신학사상」, 개혁주의신행협회, 2007. 23.

99) 류대영, 「초기미국선교역사연구」, 한국기독교역사연구소, 2003, 105-110쪽.

출신의 선교사들과 마찬가지로 개인구령과 복음전도에 대한 열정, 성경중심적, 부흥회적 신앙의 모습을 지니고 있었다.[100)]

이와같은 베어드의 보수적이고 복음적 신앙과 신학은 필연적으로 조선에서 그의 〈교육정책〉에 그대로 반영 될 수밖에 없었다. 1897년 조선선교부의 제안으로 장로교의 공식적 교육정책인 〈우리의 교육정책〉을 입안하였을 때, 그는 미션스쿨의 목적을 토착교회의 설립과 교회를 섬길 복음전도자 양성에 두었었다. 이러한 내용의 〈교육정책〉은 열정적 복음전도를 이상으로 하는 베어드의 보수적인 신앙과 신학에 깊은 영향을 받았던 것이다. 그리고 복음전도를 최고의 이상으로 하는 그의 교육이념은 그의 생애의 황금기를 몸담아 온 평양 숭실대학의 교육현장에서 구체적으로 실천되었던 것이다. 일찍이 수많은 숭실의 학생들과 졸업생들이 목회자로 혹은 평신도 지도자로 복음전도 운동에 선구적으로 헌신하여 왔던 것은 이와 같은 그의 교육이념과 영향 때문이었다.

우선 한일합방이전 숭실대생들은 졸업도 하기 전에 교회의 전도사 등 교회의 일꾼으로 불려갔다. 1905년 한일합방을 전후하여 복음전도사역은 개인전도에서 탈피하여 단체전도에 힘쓰는 경향이 나타났다. 1907년 조선장로교회는 전도국을 설치하고 제주도에 이기풍 선교사를 파견했다. 이때 숭실대학, 숭실중학 기독교학생회는 1909년

100) 박용규, 『한국장로교사상사』, 총신대학출판부, 2002, 71쪽. 초기의 서양 장로교 선교사들은 "거의 모두 구학파 사상이 지배하던 신학교 출신이었다." 따라서 그들은 흔히 "극단의 보수주의자 또는 근본주의자"라고 불리워졌고, 전혀 의심없이 다섯가지 근본 교리들-처녀탄생, 대속의 죽음, 육체적 부활, 그리스도의 역사적 재림, 그리고 성경 무오성-을 확신했다.

에는 김형재를 제주도에 파견하여 숭실대학 전도사업의 본격적인 출발을 고했으며, 우리나라 학생전도활동의 새로운 장을 열었다.[101)]

1909-1911년 합일합방을 전후해서는 한국의 모든 기독교교파가 연합하여 백만인 구령운동을 전개했다. 이때 숭실대학과 중학교는 연합 부흥대를 조직하여 방학기간동안 전국 각지에 전도대를 파견하여 전도활동을 벌였다.[102)] 1912년 조선장로회총회가 평양신학교에서 결성되어 총회의 첫 사업으로 중국산동성에 선교사를 파견함으로써 장로교 교단 해외선교가 시작되었다. 그러나 이보다 앞서 숭실대학과 숭실 중학의 학생전도대는 스스로 모금한 전도비로 1910년에는 손정도를 중국에 파송하였고, 1911년에는 박영일을 일본에 파송하여 우리나라 해외 선교활동의 첫 문을 열었다. 이처럼 숭실대학, 숭실중학 연합 전도대는 열정적으로 전도활동을 전개했으며, 1913년 당시 대학과 중학을 합하여 숭실학교 학생수는 400여명이었는데 전교생의 4분지 1이 복음전도운동에 참가하였다.[103)]

3 · 1운동이후 1920년대에는 전도강연을 통하여 〈독립사상〉을 고취함은 물론 〈음악 전도대〉를 통하여 전도활동에 나섰다. 1920년 3월 숭실대학 전도대원 16명은 1개월간 남한일대 전도에 나섰으며, 같은 해 여름 방학에 20여명의 숭실음악전도대가 평북 안주에서 전도강연을 하기도 하였다. 이처럼 우리나라의 음악전도는 1920년대와

---

101) William Newton Blair, *God in Korea*, 김승태 역, 『속히 예수 믿기를 원하나이다.』 두란노, 1995, 109쪽.

102) 유영렬, 『민족과 기독교와 숭실대학』, 숭실대출판부, 1998, 24쪽.

103) 유영렬, 위의 책, 25쪽.

1930년대 숭실대학 음악전도대에서 시작되었다.[104)]

한편 베어드의 교육이념에 영향을 받은 다수의 숭실인들은 학교를 졸업하고 신학교에 입학하여 한국기독교계의 기라성 같은 지도자가 되었다. 숭실에서 배출한 대한 예수교장로회 총회장만도 김선두, 정인과, 한경직, 명신홍, 강신명, 김형모, 안광국, 신후식, 방지일, 이수연, 박종순 등이 있으며, 이외에도 박형룡, 정일선, 김성락, 박윤선, 강태국, 김양선, 신태식 등이 기독교계의 지도자로서 활약했다. 현재도 전국적으로 활동하고 있는 숭실 출신의 목회자가 600여명을 상회하고 있다는 사실에서 한국 기독교계에서 숭실의 비중을 짐작할 수 있다. 이같이 숭실이 복음전도 운동에 헌신하고 다수의 한국기독교계의 지도자를 배출할 수 있었던 것은 복음전파와 복음전도자 양성이라는 숭실의 설립자 베어드의 교육이념에 기인한바 크다 하겠다.

2) 베어드와 숭실의 민족운동

베어드는 일찍이 1897년 〈우리의 교육정책〉에서 "미션스쿨의 목적을 조선교회의 발전과 조선인들에게 적극적으로 기독교인으로서의 사명을 다할 수 있도록 하는 지도자를 양성하는 일"이라고 말하였고, '토착적 기독교 교육', 즉 조선어로 하는 교육의 필요성을 강조하였다. 그리고 1905년 을사조약으로 대한제국이 일본의 보호국이 되자, "반선교사적이고 반기독교적인 일본에 대항하기 위해 선교부가 교육

104) 유영렬, 앞의 책, 26-27쪽.

사업의 강화를 시도해야 하며 그 일환으로 교파연합의 숭실대학의 개교를 주장"하였다.[105] 이러한 베어드의 언급은 그가 신앙과 선교정책상 반일(反日)의 감정을 지니고 있음을 보여준다. 이 베어드의 반일(反日)의 감정은 결과적으로 그의 교육이념 가운데 하나인 조선어 사용의 교육방법과 더불어 자연스럽게 숭실인들에게 민족의식과 국가의 자주, 독립사상을 고취시켰으며, 숭실을 민족운동의 본거지가 되도록 만들었다.

그리하여 1910년 조선이 일제에 합병되자, 베어드의 교육이념에 영향을 받은 숭실의 민족정신은 항일 독립운동의 형태로 나타났다. 1910년에 일어난 105인 사건은 기독교인들을 중심으로 한 비밀결사인 신민회를 뿌리 뽑기 위해 날조한 사건이었다.[106] 일제가 신민회의 와해를 위해 꾸민 이 조작사건에는 평양 숭실대학의 교사들이 다수 연루되어 있었다. 숭실학교 교장인 베어드, 교사인 마펫, 스왈렌, 번하우젤, 벡커, 맥쿤, 휘트모어, 그레엄 리, 블레어를 포함하여 총 21명이었다.[107] 당시 숭실과 관련된 선교사들이 105인 사건에 직접 연루된 것은 베어드를 비롯한 교사들이 반일적이었음을 보여주며, 숭실이 민족 독립운동의 근거지의 역할을 했음을 말해 준다.

신민회 이후 기독교민족운동은 조선국민회로 나타났다. 조선국민

---

105) 이성전, 『미국선교사와 한국근대교육』, 188-189쪽.

106) 김영한, "숭실 2세기와 한국교회", 『숭실대학교 개교 101주년 기념 한국기독교문화연구소 특별 세미나 자료집』, 1998, 6쪽.

107) 윤경로, "105인 사건과 기독교의 수난", 이만열외 7인 지음, 『한국기독교와 민족운동』, 도서출판보성, 1986, 320쪽.

회는 1910년 한일합방 이후 3 · 1운동 이전까지 숭실학교의 재학생과 기독교청년들로서 구성된 비밀결사조직이었다.[108] 숭실중학 출신 장일환은 국권회복을 목적으로 배민수, 김형직 등과 모의하고 숭실중학 교사 안세환, 숭실대학 졸업생 김인준 등을 규합하여 1917년 3월에 조선국민회를 조직하였다. 그러나 1918년 일경에 조직이 적발되었고, 당시 평안남도 경무부장은 이 사건을 보고하면서 숭실을 "불온사상이 횡일하는 집단"으로 표현하였다. 이처럼 숭실대학과 숭실 중학 출신들은 민족의 독립을 위한 비밀결사에 참여하여 1910년대의 민족 독립운동을 이끌었다.[109]

1919년 3 · 1운동 당시 숭실중학 출신의 선우혁은 1919년 2월 상해에서 내한하여 서북지방의 기독교지도자들을 만나 서북지방의 3 · 1 독립운동을 준비시켰으며,[110] 숭실중학 졸업생 박희도와 숭실대학 졸업생 김창준은 민족대표 33인으로 서울의 3 · 1운동 계획에 참여했다. 뿐만 아니라 당시 숭실대학생들은 평양의 만세운동을 주도했으며, 숭실대학의 교장이었던 마펫과 미국인 교수들은 시위주동자들을 숨겨주는 등 만세운동을 도왔다.[111] 이처럼 숭실중학과 숭실대학의 재

108) 김형석, "한국 기독교와 3.1운동", 앞의 책, 344쪽.

109) 유영렬, "최초의 근대 대학: 숭실대학" 「전환의 시대 대학은 무엇인가」, 한길사, 2000, 96-97쪽.

110) 김형석, "한국 기독교와 3.1운동", 앞의 책, 346쪽.

111) 강동진, 「일제의 한국침략정책사」, 한길사, 1980. 94책. , 김영한, "숭실 2세기와 한국교회", 7쪽. 그리고 김형석, "한국 기독교와 3.1운동", 368-69쪽. 마펫은 독립신문 발행 사건에 장소를 제공한 혐의로, 또 모오리는 이 사건에 관련된 숭실전문 학생 5명을 숨겨준 혐의로 경찰에 연행되었다가 마펫은 석방되었고, 모우리는 범인 은익죄로 재판에 회부 되었다. 국제사회에 큰 관심을 집중시켰던 이 사건은 1년여를 끌어오다가 정치적 해결을 보았다.

학생과 졸업생들은 을사조약 반대 시위, 신민회의 국권회복운동에 가담했고, 1910년대의 비밀결사 조선국민회의 항일독립운동과 평양의 3·1운동을 주도하였다. 1929년 광주학생사건을 이은 평양학생만세 시위도 숭실전문학생들에 의해 주도되었다. 그러므로 이처럼 줄기찬 민족운동에 의하여 평양숭실은 일제에게 '불온사상의 근거지'로 여겨질 정도로 강한 민족적 성격을 띠었다.[112)]

한편 3·1운동이후 숭실대학은 농촌운동을 통하여 합법적인 항일운동을 전개하였다. 당시 농촌운동은 농사개량과 농업기술의 발달 등을 추진하는 농촌계발운동이었고, 문맹퇴치와 농민계몽 등 사회문제에 관심을 가지게 하는 농촌계몽운동이었으며, 무엇보다도 일제의 식민지적 농촌착취에 대응하여 농민의 자립생활을 기하려는 민족자립경제 건설운동이었다.[113)] 이에 숭실대학은 1928년 농과강습소를 설치하여 운영하였고, 장로교총회 농촌부와 연계하여 농촌진흥운동을 전개했다. 당시 숭실인들의 농촌운동은 기독교 민족운동가인 조만식의 영향을 받아, 정인과, 배민수, 박학전, 유재기, 이창호, 최봉주, 그리고 숭실대학 4대 교장인 윤산온은 총회 농촌부의 부장과 총무, 서기, 회계의 주요 임원을 맡아 농촌운동을 주도했다. 특히 윤산온 교장과 숭실전문학교 농과교수들은 월간잡지 「농민생활」을 발간하여 농촌계몽운동에 기여했다.[114)]

이러한 일제시대의 민족운동의 배후에는 숭실의 설립자 베어드의

112) 유영렬, 앞의 책, 101쪽.

113) 유영렬, 『민족과 기독교와 숭실대학』, 숭실대학교출판부, 2004. 27쪽.

114) 유영렬, 위의 책, 28-30쪽.

조선인 지도자 양성을 목표로 조선어로 말하는 토착적 기독교 교육이념이 그 근저에 뿌리를 내리고 있었다. 이와 같은 사실은 조만식의 증언에 잘 나타나 있다. 숭실학교 출신 조만식은 1935년 조선기독교연합회 하령회에서 "내가 조선에서 전도함은 조선인의 영혼만을 천당으로 구원하기 위해서가 아니라, 금세기에 조선의 민족적 구원의 성취를 위해서이다."라는 숭실학교 은사 베어드의 말을 인용했다. 이 말은 베어드가 한국에 와서 전도하고 숭실학당과 숭실대학을 설립한 목적은 미신에 빠져있는 한국인의 영혼을 구원하고 일제의 억압에 허덕이는 한국의 현실을 구원하기 위한 것이었음을 보여준다. 이러한 목적에 부응하여 숭실대학의 베어드 교장은 한국인들에게 전도함과 동시에 한국의 독립운동을 적극 후원했던 것이다.[115]

3) 베어드와 숭실의 교회연합운동

초기 한국교회의 복음주의 신앙과 신학은 초기 한국교회들 간의 상호 연합 또는 초교파적 운동을 이루어 내었다. 1905년 형성된 "한국복음주의 선교사공의회"는 초교파적 복음주의 연합운동의 가시적 열매였다. 이 연합공의회의 초교파적 복음주의 연합사업은 성경의 공동번역, 교육사업의 공동참여, 선교지의 분할 정책에 대한 상호이해 등의 중대한 선교 결과를 낳았다. 특히 연합공의회의 초교파적 협력사

115) 숭실대학 인문과학연구소, 『1907년 평양, 2007년 서울』, 미간행 논문 숭실대학교 개교 110주년 기념 1907년 평양대부흥운동 100주년기념 학술대회, 1쪽에서 재인용.

업은 사경회나 부흥회의 공동참여에서 그 절정을 이루었다.[116]

이러한 초기 한국교회의 초교파적 연합사역의 흐름 속에서, 선교 현장에 있어서 연합적인 사역을 환영하는 무디[117]의 영향을 받은 베어드는 적극적으로 교회의 연합 운동을 지지하였다. 베어드의 이러한 입장은 "1900년 안식년을 맞아 뉴욕에서 열린 에큐메니칼 선교대회에 참석하였을 때, 전율하는 듯한 감동을 받았다"[118]는 그의 기록에 잘 나타나 있다. 베어드의 교회연합 운동에 대한 신념은 장 · 감연합 운동을 통한 합성숭실대학의 설립운동에서 두드러지게 나타났다. 1905년 6월 북감리교 선교부 총회가 서울에서 열렸을 때, 베어드는 교육사역에 있어서 서로 연합하여 협력할 것을 촉구하였다.[119] 또한 그는 연합사업에 대해 브라운(A. J. Brown)에게 보낸 편지에서, "연합은 그 어떤 분야보다도 교육사역에서 가장 쉽게 이루어 질 수 있을 것이며, 장로교와 감리교 두 선교 학교는 이제 연합하기에 가장 적절한 상황 앞에 놓여 있다."[120]고 말한 바 있다. 이러한 베어드의 노력의 결과, 장로교와 감리교 선교부는 1906년 10월부터 합성숭실대학(The Union Christian College)을 설립하여 운영하게 되었다.[121]

---

116) 이호우, "한국초교파복음주의 운동에 대한 역사적 고찰과 전망", 『일립논총』 제10집, 한국복음주의 역사신학회, 2004, 64쪽.

117) Clyde L. Manschreck, *A History of Christianity in the World*, 『세계교회사』, 심창섭, 최은수 역, 총신대학교출판부, 1991, 518쪽.

118) Richard. H. Baird, *Willam M. Baird of Korea: A Profile*, 69-70쪽.

119) 백낙준, 『한국개신교회사』, 396-397쪽.

120) William M. Baird to A. J. Brown, 1905. 9. 15.

121) 한국기독교사 연구회, 『한국기독교의 역사』 I , 211-212쪽.

이와 같은 베어드의 교회연합 정신은 서울 숭실대학의 〈한국기독교문화연구소〉, 〈한국기독교사회연구소〉, 〈기독교학대학원〉, 〈기독교학과〉등을 통하여 계승 발전되어 오고 있다.

한편 〈한국기독교문화연구소〉는 1967년 10월 10일에 창설되어 오늘에 이르고 있는데, "기독교 관련 각종 연구자료, 논총, 학술 논문집 등을 간행하여 왔고, 기독교 관련분야 연구발표 및 강연회의 개최, 목회자 재교육을 위한 목회자 세미나 그리고 단체, 개인으로부터의 위탁연구" 등을 수행하여 왔다. 특히 1987년부터 시작하여 제8회까지 개최한 〈한국기독교문화 및 신학 국제 학술 심포지엄〉과 1993년부터 시작하여 제15회까지 개최된 〈전국목회자 신학세미나〉는 전국의 천 명이 넘는 초교파 목회자들이 참가하여 에큐메니칼 정신의 구현은 물론 복음주의적인 기독교 대학의 존재 가치와 위상을 수립하였다.[122)]

서울 숭실대학은 교회연합 정신에 바탕을 둔 한국교회와 사회에 기여할 목적으로 그동안 〈한국기독교사회연구소〉를 설립하여 운영해 왔다. 본 연구소는 "기독교적 사명을 가지고 사회를 발전시키며 보다 합리적이며 기독교적인 사회를 만들기 위한 방법의 연구와 세계평화에 관한 연구, 특히 교회와 사회와 대학을 밀접하게 연결하기 위하여" 1986년 7월 1일에 창립되었다. 이와 같은 창립 취지에 맞추어 1996년부터 6회에 걸친 국제 학술대회와 15회에 걸친 국내 학술 대회를 개최하여 왔으며,[123)] 많은 한국기독교계의 에큐메니칼운동의 지

122) 『숭실대학교 요람』 544쪽.

123) 『숭실대학교 요람』 2007-2008, 547쪽.

도자들이 본 연구소와 관계를 맺으며 사역해 왔다.

이것이 기초가 되어 1996년 10월 24일 〈기독교학대학원〉이 교육부의 설립인가를 받아 1998년 3월 1일부터 개원되어 석사과정 45명의 학생들이 선발되었고, 목회자 지도자 최고과정생들이 등록하여 역사적으로 시작되었다. 그리고 1998년에는 학부에 〈기독교학과〉가 신설되어 기독교대학으로서 기독교학문을 본격적으로 시행할 기반을 형성하였다.[124] 특히 기독교학대학원과 기독교학과는 그 교수와 학생들이 다양한 교단을 배경으로 하고 있어 초교파의 자연스러운 교회연합운동의 장이 되고 있다.

4) 베어드와 숭실의 과학기술교육

숭실의 창설자 베어드의 가문은 엄격한 스코틀랜드 출신으로 방직업에 종사하였다. 베어드의 아버지는 의사이면서 동시에 기술노동자였는데, 모직물 공장을 운영하였다. 베어드 자신도 학창시절 형으로부터 장학금을 받고 학교를 다녔는 데, 그것을 갚기 위해 선교사로 가기를 미루고 잠시 교회에 부임하기도 하였다.[125] 이러한 스코틀랜드의 엄격하고 실용주의적인 전통을 이어받은 베어드는 학교경영 모델로 미국 미조리 주의 장로교계 학교인 파크대학(Park College)과 포이넷트 학교(Poynette Academy)을 따라 학생자조사업부를 설치하

124) 김영한, “숭실 2세기와 한국교회”, 16쪽.

125) Richard. H. Baird, *Willam M. Baird of Korea: A Profile*, 1쪽.

였다. 이 학생자조사업부는 정원 가꾸기, 건축 노동, 제본 등의 단순한 근로부로 시작하여, 1900년 인쇄부를 개설함으로써 자조사업의 영역을 확장하였다.[126)]

이후 베어드는 미국의 유수한 목재 상인 데이비스로부터 5천불의 후원을 받아, 1902년 교내에 T자 모양의 공장을 건립하고, 이를 숭실학교 기계창이라고 명명했다. 이 기계창은 이전에 설치 운영된 자조근로사업부와 인쇄소 등을 흡수 통합하였다.[127)] 이 숭실학교 기계창 사업은 우리나라에서는 첫 번째로 시도된 철저한 직업교육이었고, 오늘날 우리사회에서 강조하는 산학협동의 원형이었다.[128)] 베어드에 의해 시작된 숭실의 학생자급제도와 숭실 기계창 사업은 대학의 중요한 사업으로 계승되어, 평양 숭실이 폐교된 1938년까지 수많은 학생들에게 학비를 제공하였고, 그들이 사회에 진출하여 각 분야에서 민족과 교회를 위하여 활약할 수 있는 강한 의지를 길러 주었으며, 그들로 하여금 기술을 통하여 사회에 봉사할 수 있게 하는 훈련을 시켜 주었다.[129)]

그리고 평양숭실대학은 설립 초기부터 과학기술교육을 중요시했다. 대학을 창설한 다음해인 1907년에 이미 과학관을 세울 정도로 과학교육에 관심을 기울였다. 숭실대학은 처음에는 문과로 시작했으나 어느 시점에서 이과를 설치하여 숭실대학이 전문학교로 개편된 1925

126) 『숭실대학교 100년사』, 제 1권 평양숭실 편, 111-12쪽.

127) 위의 책, 113-14쪽.

128) 유영렬, 『민족과 기독교와 숭실대학』, 숭실대출판부, 1998, 33쪽.

129) 유영렬, 위의 책, 34쪽.

년에는 문과와 이과 양과를 운영했다. 한편 베어드는 숭실 기계창을 바탕으로 숭실대학에 공학과의 설치를 모색하였다. 그는 숭실대학에서 한국사회의 '근대적 진보'에 공헌하기 위하여 공학과의 설치를 구상했다. 이것은 베어드가 한국의 미래지향적 산업으로서 공업을 중시했고, 공업 분야의 지도자들을 양성하고자 했던 것을 말한다. 그러나 한국 근대산업의 발전을 위한 평양 숭실대학의 공학과 설치의 꿈은 서울 숭실대학에서 이루어졌다.[130]

서울 숭실대학은 평양 숭실대학의 과학기술교육의 전통을 이어받아 미래지향적 대학으로 매진하고 있다. 평양숭실대학 출신 김형남은 서울 숭실대학의 이사장과 총장으로서 공과대학을 설치하고 육성하는데 심혈을 기울였다. 그는 평양 숭실의 베어드처럼 한국의 미래는 공업을 축으로 하는 근대 산업의 발달에 있다고 보았다. 뿐만 아니라 그는 미래사회는 정보화 사회임을 내다보고 1969년 우리나라 대학으로서는 최초로 컴퓨터를 도입했다. 당시 우리나라에는 6대의 컴퓨터가 도입되어 있었는데 대학에서는 숭실대학만이 유일하게 컴퓨터를 보유하였다. 숭실대학은 1970년에는 우리나라 최초로 전자계산학과를 설치하여 정보화 사회에 대비하였다. 이에 숭실은 지금까지 IT대학의 대명사로 불리고 있다.[131]

한편 숭실대학은 과학기술교육의 현대화를 위해 2006년에 400억원을 들여 새로운 공학관을 신축하고, 이를 형남 공학관이라 명명했

---

129) 유영렬, 앞의 책, 35-37쪽.

130) 유영렬, 앞의 책, 38쪽.

다. 이 공학관은 숭실대학 내외에 학교의 상징적 건물로 자리 잡아 가고 있다. 이와 같은 서울 숭실의 과학기술 교육에 대한 투자와 육성은 숭실의 설립자인 베어드의 실용주의적이고 과학기술을 중요시하는 교육이념에 힘입은 바 크다 할 것이다.

5 나가는 말
-베어드의 교육정책에 대한 평가를 중심으로-

미국 북장로교 선교본부는 다른 나라와는 달리 조선에서는 네비우스 선교방법론에 입각한 새로운 교육시스템을 모색하고 있었다. 당시 북장로교 선교부의 교육고문으로 사역하고 있던 베어드는 서울에서의 교육경험을 반성하며, 1897년 "우리의 교육정책"을 발표하여 기독교교육의 기본 정책을 수립하였다. 여기에서 베어드는 미션스쿨은 토착교회의 설립과 그 지도자들을 육성하는 것이고, 철저히 전도의 일환으로서 구성되는 것으로 정의하였다. 이러한 교육정책아래 베어드가 조선의 평양에서 행한 교육은 다음과 같은 세 가지의 의미를 지닌다. 첫째로 평양에서의 베어드의 교육은 한국근대교육사에 있어서 근대 조선 최초로 초등학교부터 대학교까지를 총망라한 광범위한 교육시스템의 창출이었다. 베어드는 조선에서의 교육제도를 선교사의 관할 하에 조선인이 자립적으로 운영하는 초등학교, 조선인을 초등학교의 교원으로 양성시키는 단기사범과, 그리고 초등학교를 졸업한 학생들을 선교사들이 교육하는 중등교육, 혹은 고등교육으로 구분하였다.[132] 이러한 교육체계는 조선에서 선교사 베어드에 의해 구상되고 실현된 교육제도였다.

둘째로 베어드는 조선의 평양 숭실에서 기독교 토착교육론을 구현하였다. 베어드가 추진한 토착적 기독교 교육은 평양을 비롯한 서북지방의 교회발전을 기반으로 한 초등교육에 뿌리를 두었고, 이것은 숭실학당과 숭실대학으로 꽃을 피었다. 특히 베어드는 자신의 교육이념에 중국 산동성 등주에 있는 칼빈 마티어(Calvin Mateer)의 기독교 토착교육론을 받아들여 조선의 실상에 맞게 더욱 더 발전시켰다. 그리하여 조선 문화와 전통으로부터 괴리되지 않은 조선인 지도자의 양성을 교육의 목표로 하였다.[133] 그리고 토착적 교육이념을 구체적으로 실현하기 위해 조선어 교재의 연구 및 개발하기도 하였다.

셋째로 베어드는 평양 숭실에서 반식민지적 민족교육을 실시하였다. 일본의 침략이 노골화 되자, 베어드는 일본과의 대항을 의식하며 감리교와 연합한 교육의 효율화와 교육제도의 강화를 시도했다. 그 결과 1906년 감리교와 장로교의 연합으로 합성숭실대학이 탄생하였고, 식민지하에서도 그 지배를 상대화 시킬 수 있는 교육공간을 창출했던 것이다.[134] 특히 조선어를 중심한 토착적 교육체제와 숭실이라는 교육공간은 식민 지배를 받던 조선인들에게 조선총독부의 정책에 저항하는 하나의 대안으로 비쳐졌으며, 다수의 민족지도자들을 배출할 수 있었던 것이다.

---

132) 이성전, 『미국선교사와 한국근대교육』, 85쪽.

133) 이성전, 위의 책, 86쪽.

134) 이성전, 위의 책, 87쪽.

그러므로 우리는 베어드의 교육정책과 평양숭실을 중심으로 한 그의 교육실험은 첫째 한국 근대 교육사에서 한국 최초의 근대적 교육시스템의 창출, 둘째 기독교 토착 교육론을 통한 조선의 전통과 문화의 강조, 셋째 일제에 대항하는 반식민지적인 민족의식의 고양이라는 특징과 의의를 지닌다고 할 수 있다.

그러나 이러한 베어드의 교육정책에 대한 비판의 목소리가 없는 것은 아니다. 숭실대학을 포함한 서북지역의 교육시스템이 과연 식민지 조선인들에게 근대교육에의 지향, 식민지지배 거부에의 지향에 부합하였는가에 대한 의문의 제기가 그것이다.[135] 이 견해는 베어드를 비롯한 평양선교부의 교육정책을 다음과 같이 비판한다.

첫째로 숭실대학을 중심한 서북지역의 기독교 교육체계는 근본적으로 근대교육보다는 기독교 교육을 지향이었다는 것이다. 이는 숭실대학의 교과과목이 전공영역이 설정되지 않았고, 성경의 비중의 컸다는 사실에서 숭실대학은 신학교의 예비단계로 식민지인의 기대와는 달리 제한된 수준에서만 근대교육을 실시했으며, 그것도 철저하게 기독교 교육의 측면으로 한정되었다는 것이다.

둘째로 숭실대학이 지향하는 토착교회의 건설이 반드시 토착문화의 인정, 존중과 연결되지 않았다는 비판이다. 선교사들은 오히려 선교지의 문화와 역사, 사회에 대한 이해와 접근을 통해서가 아니라, 엄격한 근본주의적 교리해석 및 복음주의적인 신자관리를 통해서 교회

135) 정준영, "1910년대 조선총독부의 식민지교육정책과 미션스쿨: 중등교육의 경우" 『사회와 역사』 제72집, 한국사회사학회, 2006, 234-36쪽에서 요약 인용하였다.

와 사회를 지도했다는 것이다. 이러한 특징은 숭실대학의 교과과정에 잘 나타나 있는데, 조선의 사회, 역사, 문화에 관련된 과목이 한 과목도 없고, 영국사와 미국사만을 가르치고 있었다는 점이다. 뿐만 아니라, 선교사들이 교회토착화의 측면에서 조선인들의 언어 및 표기법(한글)을 중시하고 교과서의 한글번역에도 심혈을 기울였지만, 이것도 어디까지나 선교의 일환일 뿐, 선교지의 사회, 역사, 문화에 대한 적극적인 관심은 아니었다는 것이다.

셋째로는 베어드를 비롯한 평양의 선교사들은 조선총독부의 교육이 식민지적이었기 때문이 아니라, 세속적이었기 때문에 거리를 두었다는 것이다. 따라서 총독부에 대한 이들의 입장은 '거부' 라기 보다는 '분리' 에 가까웠고, 총독부가 지향했던 식민지교육체제를 부정했던 것은 아니라는 것이다. 그러므로 언더우드는 평양숭실대학이 비기독교 신자들을 배제하는 등 지나치게 고립주의적 입장을 취하고 있음을 비판하고, 교파연합적 관점에서 감리교 선교부와 적극적으로 연대를 모색해 서울에 세속주의적 입장에서 조선기독교연합대학의 설립을 모색했다는 것이다.

그러나 이러한 비판은 올바르고 객관적인 평가가 아니다. 일정한 선입견을 전제한 매우 주관적인 평가요, 일부분에 대한 지나친 확대해석이다. 본 논고에서 살펴본 바와 같이 베어드가 창출한 교육공간, 곧 숭실은 분명 조선 최초의 근대교육 시스템이었으며, 토착 문화와 전통을 수용하는 기독교 교육기관이었으며, 반식민지적 민족교육의 장이었다. 이러한 사실은 평양숭실의 역사가 잘 웅변해 주고 있다. 일제 식민지 지배하에서 숭실의 근대적 교육을 통해 배출된 수많은 교회와 민족의 지도자들이 이를 증명해 주고 있다. 숭실은 한국 기독교계에서 박형룡, 한경직과 같은 기라성 같은 지도자들을 배출하였고, 음악분야에서는 한국최초로 근대 서양음악을 수용하여 안익태, 현재명, 김동진과 같은 인물들을 배출하였다. 또한 설립초기부터 노동을 중시하는 실용주의적 사고를 바탕으로 숭실 기계창을 설립하여 과학기술교육을 실시함으로 한국사회의 근대적 진보에 기여하기도 하였다.

뿐만 아니라, 베어드의 토착문화를 중시하는 교육이념은 숭실인들에게 민족의식과 국가의 자주, 독립사상을 고취시켜 숭실을 민족운동의 본거지가 되게 만들었다. 3 · 1운동 당시 박희도, 김창준등은 민족대표 33인 가운데 하나였으며, 농촌계몽운동을 비롯한 사회계몽운동에 조만식을 비롯한 수많은 숭실인들이 참여하여 일제 식민통치 기간 내내 조선 독립을 목표로 하는 민족운동을 펼쳤다. 그리고 일제의 신사참배에 반대하여 학교를 폐교하는 비운을 겪기도 하였다. 이러한 민족정신은 베어드의 기독교적 교육이념과 정신에 힘입은 것으로 수많은 평양 숭실인들과 민족에 영향을 주었던 것이다.

참고문헌

김권정, “평양대부흥운동의 전국화”, 「1907년 평양, 2007년」 숭실대학교 인문과학연구소, 미간행논문 서울 숭실대학교 개교 110주년기념 학술세미나 자료집. 2007.

김동진, 「일제의 한국침략사」, 서울: 한길사, 1980.

김승태 역, 「속히 예수 믿기를 원하나이다」, 서울: 두란노, 1995.

김인수 역, 「배위량 박사의 한국선교」, 서울: 쿰란출판사, 2004.

김영한, “숭실 2세기와 한국교회”, 「숭실대학교 개교 101주년 기념 한국기독교문화연구소 특별 세미나 자료집」, 1998,

김형석, “한국 기독교와 3.1운동”, 이만열외 7인 지음, 「한국기독교와 민족운동」, 서울: 도서출판 보성, 1986,

마포삼열박사 전기편찬위원회, 「마포삼열박사전기」, 서울: 예수교장로회총회교육부, 1973

류대영, 「초기미국선교사연구」, 서울: 한국기독교역사연구소, 2003.

박은구, “숭실대학교의 첫 장을 연 배위량”, 「인물로 본 숭실 100년」 제 1집, 서울: 숭실대학교 출판부, 1992(1), 1995(2)

박용규, 「한국장로교사상사」, 서울: 총신대학 출판부, 2002.

박정신, 「한국기독교사의 인식」, 서울: 혜안, 2004.

박정신, “기독교와 한국역사,” 「한국의 기독교」, 서울: 도서출판 겹보기, 2001.

백낙준, 「한국개신교사」, 서울: 연세대학교 출판부, 1991.

심창섭, 최은수 역, 「세계교회사」, 서울: 총신대학 출판부, 1991.

「숭실대학교 요람」, 서울: 숭실대학출판부, 2007-2008.

「숭실대학교백년사」 제 1권, 서울: 숭실대학출판부, 1997.

이성전 저, 서정민 · 가미야 미나코역, 「미국선교사와 한국근대교육」, 서울: 한국기독교역사연구소, 2007.

이호우, "한국초교파복음주의 운동에 대한 역사적 고찰과 전망", 「일립논총」 제 10집, 한국복음주의 역사신학회, 2004,

유영렬, "최초의 근대 대학: 숭실대학" 「전환의 시대 대학은 무엇인가」, 서울: 한길사, 2000.

유영렬, 숭실대학 인문과학연구소, 「1907년 평양, 2007년 서울」, 미간행논문 숭실대학교 개교 110주년 기념 1907년 평양대부흥운동 100주년기념 학술대회

유영렬, 「민족과 기독교와 숭실대학」, 서울: 숭실대학교 출판부, 1998.

윤경로, "105인 사건과 기독교의 수난", 이만열외 7인 지음, 「한국기독교와 민족운동」, 서울: 도서출판보성, 1986,

애니 베어드 지음, 유정순 역, 「따라따라예수따라가네」, 서울: 디모데, 2007.

정준영, "1910년대 조선총독부의 식민지교육정책과 미션스쿨 : 중등교육의 경우" 「사회와 역사」 제 72집, 서울: 한국사회사학회, 2006.

한국기독교박물관, 「한국선교와 숭실」, 서울: 대덕인쇄, 2007.

한국기독교사연구소, 「한국기독교사연구」 I . II , 서울: 기독교문사, 1989.

The Annual report of the Board of Foreign Mission of the

Presbyterian Church in the U. S. A. for 1906.

The Annual report of the Board of Foreign Mission of the Presbyterian Church in the U. S. A. for 1907.

Baird. Richard. H., William M. Baird of Korea: A Profile, California, 1968,

Baird. William. M., "Our Educational Policy", Read in the Mission in Seoul, 1897.

Baird. Willaim. M., Report on Boy's School, Seoul, 1897

Baird. Willaim. M., "Educational Report" for 1897

Baird. Willaim. M., "Educational Report" for 1899,

Baird. Willaim. M to A. J. Brown, 1905. 9. 15.

Baird. Willaim. M., "History of the Educational Work,"

Quarto Centennial Paper read before the Korea Mission of the Presbyterian Church in the U. S. A, 1906, 그리고 1909.

Baird. William M., Personal Report for the year, 1914-1915.

Baird. Willaim. M., "Pyeng Yang Academy." The Korea Mission Field. Vol. 2,

Blair. William. Newton., God in Korea, Presbyterian church in the U. S. A., 1957.

Halsey. Le Roy., A History of the McCormick Theological Seminary of the Presbyterian Church, Chicago: McComick Theological Seminary, 1893.

Manschreck. Clyde L., A History of Christianity in the World

Moore. S. F., "Steps toward Missionary Union in Korea," The Missionary Review of the World, N. S. Vol. 18. No. 12, December, 1905.

Underwood. H. H., Mordern Education in Korea, New York: New International Press, 1926.

윌리엄 베어드와 문서선교

이상규 (고신대학교)

❶ 시작하면서

미국 북장로교 선교사로 1891년 1월 내한 한 윌리엄 베어드(William Martyn Baird, 裵緯良, 1862-1931)는 부산(1891-5), 대구(1895-6), 서울(1896-7), 그리고 평양(1897-1931) 등지에서 40년간 사역했던 선교사였다. 특히 그는 부산지부(1891)와 대구지부(1895)를 개척하는 등 순회전도와 교회개척에 기여하였다. 그는 부산에 주재했던 최초의 북장로교 선교사로서 부산지부의 개척과 더불어 동일한 시기 사역했던 호주장로교 선교사들과 함께 초기 부산과 경남지방 기독교 형성에 크게 기여하였다.[1] 특히 그는 평양으로 이거한

---

1) 이 점에 대한 자세한 논의는, 이상규, "북장로교 부산선교의 개척자 베어드(William Baird)," 『부경교회사연구』 2호(2006. 7), 43-78, 혹은 이상규, "윌리엄 베어드의 부산에서의 활동,"『부산의 첫 선교사들』(한국장로교 출판사, 2007), 264-297을 참고할 것.

2) 대구 주재 선교사였던 안의와(安義窩, James E. Adams)의 누나이기도 한 애니는 1890년 베어드와 결혼하고, 27세 때인 1891년 남편과 함께 북장로교 선교사로 내한하였다. 남편과 함께 부산, 대구지부 개척에 동참하였고, 평양에 숭실학당이 설립되었을 때 교사로 활동하는 등 육영사업에 관여하였다. 평양외국인학교, 여자성경학교, 숭의여학교에서 교사로 혹은 교장, 이사장으로 육영사업에 헌신하였다. 특히 그는 찬송가의 번역과 편찬, 그리고 문서사업에 크게 헌신하였다. 그가 남긴 대표적인 번역시가 마펫이 편집한 『찬성시』 속에 포함된 "예수ᄉᆞ랑ᄒᆞ심은"이며, 대표적인 창작시가 440장, "멀리 멀리 갔더니..."였다. 자연과학에도 조예가 깊어 식물학, 동물학, 물리학 등의 교과서를 편찬하였다. 1906년 순한글로 편역한 『식물도셜』 은 최초의 식물학 도서로 알려져 있다. 애니 베어드는 우리나라 교과서 번역사업의 선구자로 지칭되기도 한다[노고수, 『한국기독교서지연구』(예술문화사, 1981), 187]. 1896년에는 선교사들을 위한 한국어 교재인『五十指針』 (*Fifty helps for the beginner in the use of the Korean language*)을 편찬하기도 했다. 조선어 50강이라고 할 수 있는 일종의 한국어 회화 교재인 이 책 말미에는 교회용어, 기도용어, 사교법 등이 첩부되어 있는데, 1926에 제6판이 발간되었을 정도로 유용한 교재로 활용되었다(J. S. Gale. "The Literary Work

후 1897년에 숭실학교를 설립하는 등 교육사업에 기여한 선교사였다. 특히 그는 성경번역, 교과서 편찬, 각종 저술활동 등 문서사역을 통해 한국에서의 기독교 문화운동에 크게 기여하였다.

베어드의 한국에서의 활동에 대해서는 여러 연구가 있으나 문서사역에 대해서는 구체적으로 연구되지 못했다. 이런 오늘의 현실을 고려하여 이 글에서는 베어드의 문서 활동에 대해 주목해 보고자 한다.

이 글에서 논하고자 하는 윌리엄 베어드만이 아니라 그의 첫 번째 아내 애니 라우리(安愛理, Annie Laurie Adams, 1864-1916),[2] 두 번째 부인 로즈 메이(裵路使, Rose May Fetterolf, 1881-1946),[3]

---

of Twenty Five Years," *Quarto Centennial Papers*, 92). 이 책은 해방 전까지 표준적인 한국어 교과서였다(R. Baird, 85). 또 그는 한국의 사회현실과 종교적 상황을 반영하는 여러 작품을 남기기도 했는데, *Day Break in Korea* (NY, 1909), *Inside Views of Missionary Life*(Philadelphia, 1913) 등이 그것이다. 특히 1911년에는 36면의 순한글 전도서적인 「고영규전」(高永規傳)을 출판했는데, 이 책은 고영규라는 가상의 인물을 통해 그의 타락한 생활을 청산하고 기독교신자가 되는 과정을 그린 작품이다. 또 「부부의 모본」이라는 소책자도 저술했는데, 박명실과 양진주라는 가상 인물의 결혼, 가정생활을 통해 기독교적 가정과 부부상을 제시하고 있다. 위의 두 소책자는 합본되어 *Two Short Story*라는 영문으로 출판되었다(참고, 「책속에 담은 복음과 나라사랑」, 93). 그 외에도 Leigh Richard의 작품을 번역한 「우유장ᄉᆞ의 ᄯᅡᆯ이라」 (야소교서회, 1911, 54pp.), 「식물학」(평양: 야소교서원, 1913, 237pp.), 「만국통감」(야소교서회, 1912) 등을 출판하기도 했다. 애니는 "실력과 헌신과 언어 능력이 탁월했던 특별한 선교사"였고(애니 베어드, 「따라 따라 예수 따라가네」, 36), 한국의 토착 문화를 헤아리는 안목과 문학적 소양을 지닌 선교사였다. 백낙준은 애니 베어드에 대해 이렇게 평했다. "베어드여사는 유능한 문필가이자 헌신적인 아내로서 다섯 자녀들의 성스런 어머니였다. 그는 복음전도와 교육사업에서 남편을 도왔을 뿐만 아니라 교과서 번역의 선구자였다. 수많은 동시대 사람들이 처음으로 배웠던 동물학, 식물학, 그리고 후에 나온 일반역사에 대한 많은 책들은 그녀의 작품들이다. 그녀는 또한 한국어 교과서의 저자이기도 했다. 베어드여사 보다 더 탁월한 문서를 남긴 여성선교사는 한 분도 없었다."(George Paik, *The History of Protestant Missions in Korea, 1832-1910*, 317-8). 애니는 1908년 암 진단을 받고 치료를 받았으나 1915년 재발하였고, 1916년 6월 9일 한국으로 돌아와 52세의 나이로 평양에서 사망했다.

그리고 아들 리차드 베어드(Richard Hamilton Baird, 1898-?)[4] 등도 게일, 존스(George Heber Jones), 올링거(F. Ohlinger) 등과 함께 한국에서의 문서 사역에 기여하였다.

❷ 문서 활동의 배경

선교지에서의 문서사역은 18세기 이후 선교역사에서 가장 중요한 사역으로 인정받아 왔다. 서구교회 선교운동사에서 전도와 선교, 혹은 기독교 신앙 서적의 발간, 곧 소책자 운동은 외지 선교의 중요한 방편이었다. 대표적인 경우가 '기독교지식 증진협회'(The Society for the Promoting Christian Knowledge, 1698), '외지 복음전도회'(The Society for the Propagation for the Gospel in

---

3) 베어드의 두 번째 부인 로즈 메이는 무디성경학교 교수 겸 기숙사 사감으로 일하던 중 1917년 무디성경학교에 강연차 오게 된 베어드를 처음 만나게 되었고, 1918년 8월 7일 시카고에서 37세의 나이로 베어드와 결혼했다. 남편과 함께 내한하여 평양에서 활동했으나 대외적인 활동은 남편이 사망(1936) 한 후 본격화되었다. 평양여자신학교 교사 혹은 교장으로 봉사하다가 1942년 일제에 의해 강제 추방되었다. 귀국 후 일리노이 주 휘튼에서 여생을 보내다가 65세 때인 1946년 11월 13일 사망했다. 로즈 메이 또한 문서활동에 깊이 관여하여 전도, 성경공부에 관한 여러 저서를 남겼다. 『개인전도법』(1924), 『개인전도연구』(1932), 『신구약대지』(1932) 등의 저서와 여러 논설을 발표했다.

4) 배위량의 3남인 리차드는 배의취(裵義就)라는 한국어 이름으로 잘 알려져 있는데, 부인(G. Stockton)과 함께 1923년 9월 8일 내한하여 강계지부에서 활동했다. 강계지역 순회전도자로써 지역 교회를 돌보았고, 강계성경학교 교장으로 봉사하기도 했다. 1941년 초 본국으로 귀국하였고, 1956년 다시 내한하여 북장로교 한국선교부 총무로 일하다가 1960년 은퇴했다. 그는 1968년 *William M. Baird of Korea, a profile*을 편찬했는데, 베어드의 한국선교에 대한 중요한 사료로 활용되고 있다.

Foregin Parts, 1701), '기독교 지식전파를 위한 스코틀랜드협회'(The Society in Scotland for the Propagating Christian Knowledge, 1709) 등이었다. 특히 북미 식민지민의 종교적 삶을 증진시키기 위해서 조직된 '기독교지식 증진협회'는 피선교지민을 위한 기독교문서 보급에 주력하였고, 1835년부터는 자체출판을 시작했을 정도로 기독교문서의 제작과 보급을 선교의 유효한 방편으로 여겼다.

이와 같은 문서사역의 유용성은 아아제국에서 동일하게 강조되었고, 한국에서도 예외가 아니었다. 한국에서도 선교 활동의 시작과 함께 기독교 문서의 간행은 시급한 과제였다. 성경번역, 찬송가 편찬, 사전의 편찬, 기독교 신문의 발간, 특히 학교교육과 관련된 교과서의 편찬, 그리고 기독교 신앙에 대해 해설과 기독교 신앙 변증을 위한 문서사업은 시급한 과제가 되었다. 이런 상황에서 주한선교사들은 선교 초기부터 문서사역에 지대한 관심을 표명했고, 이런 현실적 요청을 적시하고 있었다.

> 출판물은 시대의 요구이다. ... 그 갈구욕은 무한정이다. 새로운 지식의 공급을 요구하는 독서계와 교회의 성장과 교인자제들의 양육에 필요한 출판물이 있어야겠다. 벌써 수십만권의 책이 반포되었으나 이에 대한 요구는 더욱 높아지고 있다.[5]

이런 현실적 필요에서 출판사가 세워지고 전도문서, 기독교 서적,

---

5) 백낙준, 「한국개신교사」(연세대학교 출판부, 1973), 430.

각종 교재가 출판되고, 사전이 편찬되기 시작했다. 이런 상황에서 베어드 또한 문서선교의 중요성을 인식하였고, 다음과 같은 몇 가지 현실적 요구 때문에 문서사역에 깊이 관여하게 된다.

첫째는 순회 전도자로서 조선인과의 직접적인 대면을 통해 문서사역의 필요성을 깊이 인식하게 되었다는 점이다. 부산지부를 개척한 베어드에게 있어서도 순회(巡廻) 혹은 순행(巡行) 전도는 중요한 선교 방식이었다. 그래서 그는 순회전도 여행을 "현지 탐사와 전도여행"(exploratory and evangelistic journey)이라고 불렀고,[6] 연중 7개월 동안 순회 전도한 일도 있었다.[7] 1896년에는 8차례에 걸친 총 279일간의 여행을 통해 약 1천마일을 여행한 일도 있었다.[8] 베어드는 지역 순례를 통해 선교대상 지역을 답사하고 한국인과의 접촉을 주된 목적으로 삼았다. 베어드는 부산에 체류하면서 세 차례의 전도 여행을 떠났는데, 서상륜(徐相崙)이 동행한 첫 번째 여행은 1892년 5월 18일부터 경상남도 지방을, 서경조(徐景祚)와 고용인 박재용 등이 동행한 제2차 전도여행은 1893년 4월 17(월)일부터 5월 20일까지 경상도 북부지방까지, 그리고 3차 전도여행은 1893년 9월 25일부터 10월 11일까지 부산에서 서울까지 가는 여행이었다. 또 1894년 4월 30일부터 5월 12일까지는 어빈(Charles Irvin)의사와 한국인 전도자 고학윤(고윤하)와 함께 경상도 내륙지역을 순회했다. 이 여행은 베어

---

6) R. Baird, *William M. Baird of Korea, a profile* (1968), 28-9.

7) Harry A. Rhodes, *History of the Korea Mission of the Presbyterian Church in the USA, 1884-1934* (1934), 129.

8) R. Baird, 30.

드의 첫째 딸 로즈 낸시의 위독한 병세로 중단되지만 제4차여행이라고 할 수 있다. 이런 4차례의 여행에서 한문으로 된 문서를 보급하기도 했으나,[9] 한국인들과의 접촉을 통해 베어드는 문서의 역간이 시급하다는 사실을 확인하게 되었다. 이런 긴박성 때문에 베어드는 여행 중에서도 기독교 서적의 역간에 힘썼는데,[10] 이것이 그의 문사사역의 시작이었다. 그는 경상도 지역을 순회할 때 번역해야 할 기독교 문서를 항상 소지하고 다녔고, 시간적 여유가 생기거나 비가 와 이동할 수 없을 때는 어두운 여관집에 앉아 문서를 번역하는데 몰두했다.[11] 기독교 문서는 언어적 소통이 자유롭지 못한 시기에도 유용한 전도방식이었고, 베어드는 그 결실을 경험했다.[12]

그래서 부산에 정착한 베어드는 자신의 사역의 방향을 4가지로 정리하면서 전도여행과 함께 기독교문서의 준비와 보급(preparation

9)서경조는 베어드와 함께 한 달가량 약 1,200리의 거리(400마일 정도)를 여행하면서 문서를 배급하며 개인 접촉을 시도했는데, 이 때의 일을 이렇게 회고했다. "일천팔백삼년 春에 고윤하의 솔권ᄒᆞ야 가ᄂᆞᆫ 륜션을 갓치 ᄐᆞ고 부산에 ᄂᆞ려가셔 수삭 동안 잇다가 젼도ᄎᆞ로 ᄇᆡᆨ목ᄉᆞ와 ᄀᆞᆺ치 량산으로 대구로 룡궁으로 안동으로 젼의로 경쥬로 울산으로 동ᄅᆡ로 도라오ᄂᆞᆫᄃᆡ 대구셔는 령쌔라 ᄎᆡᆨ 권이나 주엇스나 젼도는 ᄒᆞᆯ 수 업더라. 디명은 미샹ᄒᆞ나 부산셔 밋기로 작정ᄒᆞᆫ 一人을 차즈니 셩명은 김긔원이라. 죵쳐병이 즁ᄒᆞᆫ 것을 보고 위로를 ᄒᆞ고 셥셥이 써나니라. 샹쥬에셔 四五日 류ᄒᆞ며 젼도ᄒᆞᄂᆞᆫᄃᆡ 일일은 향교에 가셔 ᄌᆡ장의게 젼도ᄒᆞ고 덕혜입문 ᄒᆞᆫ 권을 주고 왓더니 그 이튿날 도로 가지고 와셔 잘 보앗노라 하고 도로 주고 가더라." 서경조, "徐景祚의 傳道와 松川敎會 設立歷史," 93-4. 베어드의 전도여행 중의 일기를 보면 책(문서)의 보급이 계속적으로 언급되어 있다.

10) 예컨대, 베어드는 전도여행 중인 1894년 4월 17일자 일기에서, "우리는 비에 완전히 젖은 채로 동래에 도착했다. 토요일에는 젖은 옷을 말리는 동안 공부를 했다. ... 이곳에서 책을 몇 권 판매했는데, 많은 사람들이 기독교에 호감을 가지고 있었고, 그들 중 다수가 책을 구입하고자 했다. 오늘 아침은 번역하는 일로 시간을 보냈다."

11) R. Baird, 91.

and distribution of literature)을 가장 중요한 과제로 제시했던 것이다.[13)]

그가 부산에 체류하는 동안 김태준(金泰峻)이란 청년과 접촉하고 문서를 통해 전도한 실례는 초기 문서 사역의 알례를 보여준다. 기독교와 기독교 교리에 대해 알고자 했던 김태준은 베어드의 집을 찾아왔고, 베어드는 이 청년에게 기독교에 대해 장시간 설명하였다. 베어드는 김씨가 기독교에 대한 깊은 관심과 함께 한문지식이 출중하다는 점을 알고 본인이 소장하고 있던 1887년 상해에서 출간된『天道溯源』수택본(手澤本)을 주었다. 마틴(W. A. P. Martin)이 저술한 이 책은 동양 기독교권에서 가장 중요한 기독교 변증서로 알려져 있다. 이 책을 받은 김태준은 이 책을 가져가 읽고 기뻐하였으며, 그가 천주교가 아닌 개신교에 대한 책을 읽고자 하여 부산영서현의 배위량선교사 댁을 방문했던 사실을 이 책 뒤표지에 다음과 같은 글귀로 적어 두었다. "非天主教卽耶蘇教册著名覽之意則來訪于釜山港英暑峴新畵洋屋美國牧師裵偉良宅." 후일 서지연구가인 노고수씨가 이 책을 접수하여 이 사실을 확인하게 되었다.[14)]

---

12) 1894. 1. 3일자 베어드의 일기 참조. 이날의 일기는 다음과 같다. "... 12월 초 어느 날 한 젊은이가 찾아와서 종교서적을 보고자 했다. 그는 「천로지귀」(*Chullo Chikwi*)를 읽었고, 성경과 교리문답서도 읽은 적이 있다고 말했다. 그는 공부하고 질문도 하면서 하루 종일 머물러 있었다. 밤이 되어 다른 이가 다 돌아간 후 그는 나와 이야기 했으면 했다. 그는 먼저 세례를 받고자했다. 나는 그에게 왜 신자가 되고자 하는지를 물었다. 그러자 그는 '나는 이 세상에서 몇 년밖에 살수 없는데, 이 책을 읽어보니 하늘나라에서 행복하게 살수 있다고 하여 교인이 되려고 한다.'고 대답했다... "

13) R. Baird, 27.

둘째, 교육선교사로의 교재 발간의 현실적 필요성을 체득했기 때문이다. 기독교 학교의 설립은 내한 선교사들이 남긴 가장 중요한 공헌이었다. 장로교 전통에서는 1830년 인도 캘커타로 파송되었던 스코틀랜드의 알렉산더 두프(Alexander Duff)의 전례를 따라 학교교육을 강조해 왔는데, 이것은 19세기 말 '개화'(開化)라는 우리나라의 역사적 당면 과제와도 부합되는 일이었다. 우리나라의 경우 아펜젤러에 의해 '배제학당'이 설립된 후(1885), '경신학교'와 '이화학당'이 설립되었고(1886), 정신여학교(1887), 배화여학교(1898) 등이 서울에 설립되었다. 후일 '경신학교'로 불리게 되지만 언더우드에 의해 기숙학교로 시작되는데, 처음에는 학교라기보다는 고아원에 가까웠다. '예수교학당,' '구세학당'으로 불리다가 '경신학교'로 발전하였다. 이 학교를 둘러싸고 선교부에서는 논란이 일기도 했지만 학교 교육은 회피할 수 없는 요구였다. 한국에서의 기독교 학교는 선교의 효과적인 도구였기 때문이다. 신교육에 대한 요청은 점차 증대되었다. 특히 청일전쟁 이후 그런 현상은 심화되었다. 이것은 일본의 서양기술의 수입이 청국을 제압할 수 있는 힘의 원천이 되었다는 사실을 인식한 결과였을 것이다. 한국인들은 서양적인 것을 높이 평가하기 시작하였고, 서양기술의 도입에 관심을 표명했다. 이런 상황에서 선교 학교 지원자들이 급증하였다. 이런 신교육에 대한 요청이 증대되자 북장로교 선교부는 부산에 주재하던 베어드를 교육자문역(Educational advisor)으로 임명하고 서울지부로 배속하게 된다.[15] 북장로교 한국

14) 노고수, 200-1.

선교부는 베어드를 학교 교육을 담당할 적임자로 지목했기 때문이다. 물론 처음에는 순회전도가 주 임무였고[16] 교육 업무는 부차적인 사역이었지만, 이런 일련의 사정은 베어드로 하여금 문서 사역에 헌신하게 만드는 보다 직접적인 요인이 되었다. 1897년 8월 선교부 총무인 스피어(Robert E. Speer)가 참석한 가운데 열린 북장로교 연례회의에서 베어드는 자신이 입안한 '우리의 교육 정책'(Our educational policy)을 발표했는데, 이것은 그간 자신이 경험했던 한국에서의 선교교육의 행방을 담고 있었다. 이 연례회의에서 베어드의 교육정책안을 채택하였고, 그를 평양선교부로 전임시킬 것을 결의했다.

베어드는 그해 10월 2일 평양으로 이거한 후 평양지부 관할의 초등학교 졸업생들과 교회 청년들을 대상으로 사랑방 학급이라는 중등교육반을 개설했는데, 오늘의 숭실대학의 시원이 된다. 학교의 설립과 함께 가장 시급한 일은 교재의 편찬이었다. 이런 점은 숭실의 경우만이 아니었다. 곧 서울 이외의 지역에도 많은 학교가 설립되는데, 부산

---

15) N. P. Report for 1897, 140. 1897년에 모임 북장로한국선교부 연례회의 보고는 다음과 같다. "선교부는 한국어 사용과 기독교 신앙에 입각하여 우리의 교육 사업을 확장 발전시키기로 결의하였다. 교인들의 자녀를 교육시켜야 하고, 선교부는 이를 위하여 학교 설립 계획을 추진해 왔다. ... 우리는 이런 계획 하에서 남자학교의 확장과 발전을 위하여 윌리엄 베어드 목사를 부산선교부에서 서울지부로 이동시킬 것이다. *The Korean Repository* for November, 1897, 456,457.

16) 베어드는 서울에 주제하면서 두 차례의 두 차례의 북한지역 여행을 하게 되는데, 평양의 마펫이 안식년으로 귀국하게 됨에 따라 북한지역 교회를 관할해야 했기 때문이다. 첫 번째 여행은 1897년 3월에서 5월까지 7주간 실시된 약 700마일의 여행인데, 서울을 출발하여 진남포, 평양, 안주, 선천을 거쳐 압록강 지역의 의주, 위원(渭原)을 방문하는 여행이었다. 두 번째 여행은 6월 28일 출발하여 7월의 3주간 시행되었는데, 주로 평양지부에 머물러 있었다.

의 일신여학교(1895), 전주의 신흥학교(1900)와 기전여학교(1902), 대구의 신명여학교(1903)와 개성학교(1906), 함흥의 영생여학교(1903)와 영생남학교(1907), 마산의 창신학교(1906)와 의신여학교(1913), 광주에는 숭일학교(1907)와 수피아여학교(1908) 등이 그것이다. 이들 학교 또한 한국어 교재의 결핍에서 오는 어려움을 호소했다.

한국어로 된 학습 교재가 전무한 상황에서 교과서의 편찬은 시급한 요구였다. 직접적으로 교육에 종사하게 된 베어드에게 있어서는 더욱 그러했다. 베어드는 이미 그가 작성한 '우리의 교육정책'에서 피력한 바이지만 1909년 주한 북장로교 선교부의 교육사업 초기를 회고하면서 "우리 선교부가 선교사업의 일환으로 교육사업을 시작하면서 당면한 과제는 학교를 한 둘 설립하는 일이 아니라, ...광범위한 교육제도를 수립함에 있었다"고 말하고,[17] 이 목적을 성취하기 위하여 4가지 방안을 제시했는데, 초등학교의 설립, 교사의 양성, 특별히 선발된 아동들의 상급학교 교육 시행과 이에 소요되는 교재의 준비를 들었다. 특히 그에게는 "일반 교육 용어는 모국어여야 한다"는 신념이 있었으므로[18] 한국어 교재의 편찬은 불가피한 요구였다. 즉 베어드가 선교부 교육 책임자로 일하게 된 것이 문서 사역에 헌신하게 된 배경이 된다.

셋째, 『신학지남』 편집인으로서의 활동은 문서 사역에 대한 관심을

---

17) W. Baird, "History of the Educational Work," Quarto Centennial Papers read before the Korea Mission of the PCUSA(1909), 64. 백낙준, 332 (영문판, 318)에서 중인.

18) 『숭실대학교 90년사』, 83; R. Baird, 141.

심화시켜 주었다. 장로교회의 첫 신학지인 『신학지남』은 감리교의『신학세계』가 창간된 지 2년 후인 1918년 3월 20일 창간되는데, 이때는 평양신학교가 개교된지 18년 후였다. 이때부터 호주선교사 왕길지(G. Engel)가 1920년까지는 편집인으로 일했고, 1921년부터 1927년까지 6년간 베어드는 편집인으로 일하게 된다.[19] 이 기간 동안 활동이 문서 활동에 매진하게 되는 계기가 된다. 베어드는 『신학지남』에 36편의 글을 기고했는데, 이 중 33편이 그가 편집인으로 일하던 1921년에서 27년 어간이 쓰여 진 글이라는 점이 이 점을 반증한다.

이상과 같은 3가지 동기가 베어드로 하여금 문서선교에 적극적으로 관여하게 만들었던 계기였지만, 보다 직접적인 계기는 1916년 그가 숭실학교 교장직에서 사임한 후 문서사역자로 임명되었기 때문이다. 즉 베어드는 1916년 숭실학교 교장 직에서 사임 한 후 문서 활동이 자신의 주된 사업 영역이 되었고, 차항에서 언급하겠지만 다양한 역, 저서를 출판하는 등 문서선교 사역에 매진하게 된다.

19) 베어드의 뒤를 이어 남궁혁(1882-1950)이 신학지남의 편집인으로 활동하게 되는데, 그는 1927년 미국 유학에서 귀국한 후 평양신학교의 첫 한국인 교수가 되었다. 다음해인 1928년부터 신학지남의 편집인으로 활동했다.

❸ 베어드의 문서 사역

1) '죠션셩교셔회'의 설립과 초기 문서 활동

한국교회에서 최초의 설립된 출판사는 북감리회 선교부에 의해 1888(1889)년 설립된 삼문출판사였다. 올링거(Franklin Ohlinger, 1845-1919)에 의해 설립된 이 출판사는 영어, 중국어, 한국어의 문서를 출판한다는 취지에서 삼문(三文)이란 이름을 얻게 되었다. 장로교의 경우 1890년 죠션셩교셔회가 설립되는데, 헤론은 기안자로서, 언더우드는 외국문서회의 재정 후원 도입을, 올링거는 실제적 조직의 공로가 있다고 한다. 베어드는 이 출판사의 창립위원으로 아펜젤러, 언더우드, 게일, 허버트, 레이놀즈, 기포드, 존스, 마펫, 올링거 벙커 등과 함께 가담하게 된다.[20] 베어드가 기독교 출판사 설립에 주도적인 역할을 했다고 볼 수는 없으나 "기독교 서적의 출판을 통해 전국에 널리 알리자는 취지"에 공감하고 협력한 사실은 분명했다. 이 출판사는 '조션야소교서회,' '대한성교서회'(1897), '조선예수교서회'(1915)를 거쳐 현재의 '대한기독교서회'로 발전하고 있다. 이 죠션셩교셔회는 1893년에는 7종, 1894년에는 12종, 1896년에는 20여종의 문서를 간행했다고 한다.[21] 베어드는 오래동안 야소교서회 편찬위원으로 일하기도 했는데, 이 점 또한 문서사역의 일부였다.

---

20) 이만열, 「한국기독교문화운동사」(대한기독교출판사, 1987), 303.

21) 이장식, 「대한기독교서회 백년사」(대한기독교서회, 1984), 23-4.

초기 한국에서의 기독교 문서는 전도문서나 교리서가 그 중심을 이루고 있었다.[22] 초기의 전도용 문서는 대부분 낱장물이나 20쪽 미만의 소책자 형태였다. 한국어로 된 성경 이외의 최초의 기독교 문서는 1883년 만주 봉천에서 로스와 한국인 청년들에 의해 간행된 『예수셩교문답』과 『예수셩교요령』이었다. 일본에서 이수정의 『랑자회긔』가 발간된 것은 2년 후였다.[23] 국내에서의 경우 최초의 기독교 문서는 1889년 삼문출판사(三文出版社)의 설립과 함께 발간된 언더우드의 『제셰론』, 『속죄지도』와 아펜젤러의 『셩교촬요』였다. 이듬해인 1890년 조선성교서회가 설립되면서 언더우드역의 『셩교촬리』(*The Salient Doctrine of Christianity*), 마펫의 『장원량우상론』(*The Two Friends*) 등이 출간되었다. 그 후에 게일의 『텬로력뎡』(*The Pilgrim's Progress*), 마펫역의 『구셰진젼』(救世眞詮, *The True Plan of Salvation*) 등이 발간되었다.

이런 상황에서 부산에서 활동하고 있는 베어드는 1893년에 3권의 소책자를 편찬했다. 그 첫 책이 1893년 여름 삼문(三文)출판사에서 펴낸 『텬로지귀』(天路指歸)였다. 이 책은 미안마선교사였던 저드슨(A. Judson)의 *Guide to Heaven*를 번역한 것이었다. 이 책은 1894년 전체적으로 다시 개역하였고,[24] 1905년 조선야소교서회에

22) 이만열, 333; 김봉희, 『한국기독교 문서 간행사연구』(이화여자대학교 출판부, 1987), 28.

23) 김양선, "한국기독교 초기 간행물에 관하여," 『김성식박사 화갑기념논총』(고려대학교 사학회, 1968), 582.

24) "Evangelistic Report of Fusan Station, 1893-94," 8, Presbyterian Historical Society.

의해 14쪽의 소책자(17, 8cm)로 출판되었다.

그가 번역한 두 번째 책은 중국어에서 번역한 『구세진쥬』(救世眞主)였다. 이 책의 원전은 존(G. John)의 *True Saviour of the World* 인데, 베어드는 처음으로 중국문자를 배우고 번역한 것이라고 말하고 있지만[25] 전적으로 그가 번역했다고 볼 수 없다. 아마도 영문판을 중국어본과 대조하면서 번역했을 가능성이 높고 다른 책의 경우와 마찬가지로 한국인의 도움을 받았다. 이 책은 1897년 11쪽의 소책자로(11, 23cm) 출판되었고 1911년 조선야소교서회에서 다시 출판했다.

그가 편찬한 세 번째 문서가 『그리스도의 ᄉᆞ업』인데, 이 책은 영서 *The Atonement*를 역간한 것이다. 이 책은 1917년 조선야소교서회에 58쪽의 책(18, 9cm)으로 다시 출간되었다.

이 외에도 또 한권의 소책자가 26쪽으로 구성된 "기독교회는 일부다처주의자들을 용납할 것인가?"(Should Polygamists be admitted to the Christian Church?)였다.[26] 이 책은 장로교 공의회(Presbyterian Council of Korea)에서 '논의'를 위한 목적에서 1896년 출판되었지만, 이 글은 부산에 체류하는 동안 집필한 베어드의 최초의 논문이었다. 당시 한국에는 첩을 두거나 중혼(重婚)한 자들이 많았고 이들이 기독교로 개종할 경우 중혼 관계를 어떻게 지도할

---

25) Ibid. 베어드는 이렇게 말하고 있다. "True Saviour of the World (구셰진쥬) was translated from the Chinese after first learning the Chinese characters of the original tract."

26) 참고, 『基督敎古文獻展示目錄』(연세대학교중앙도서관, 1967), 70.

것인가의 문제는 조상제사문제와 더불어 초기 선교사들이 직면했던 심각한 토론의 주제였다. 초기 선교사들은 한국의 구도자들에게 한국의 전통이나 관습을 어떻게 평가하며, 이런 전통과는 다른 기독교적 가치 중에서 어떤 것을 기본적인 교리로 강조해야 할 것인가를 결정해야 했다. 이런 필요성에서 장로교공의회는 베어드에게 이 주제에 관한 정책 보고서를 집필하도록 요청했던 것이다. 베어드는 이 책에서 성경과 교회역사, 그리고 한국의 전통에 기초하여 논의를 전개하였고, 일부다처제는 성경의 가르침에 위배된다고 지적했다.

이상의 소책자들은 초기에 간행된 전도문서 혹은 교리서로서 한국인 독자들에게 기독교의 본질과 기본교리, 그리고 그리스도인의 생활에 대한 지침서의 역할을 했다. 성경 이외의 기독교 문서가 국내에서 출판된 것은 1889년경부터인데, 이 해에 언더우드의 『속죄지도』(贖罪之道), 아펜젤러의 『성교촬요』(聖教撮要)가 출판되었다.[27] 1890년에는 올링거(F. Ohlinger)의 『라병론』(癩病論), 아펜젤러의 『미이미교회강례』(美以美教會綱例), 언더우드의 『성교촬리』(聖教撮理) 등이 출간되었다. 이런 책들 외에는 베어드가 역간한 문서가 초기 문서였으므로 그의 문서 활동의 의의는 부산경남 지역에 국한 할 수 없을 것이다.

베어드는 부산에서 사역한 기간인 1892년 5월 18일부터 1895년 4

27) 이만열, 『한국기독교문화운동사』, 332.

28) 이 일기 또한 필라델피아의 북장로교 역사관(Presbyterian Historical Society)에 소장되어 있고, 일기의 일부는 Richard Baird의 *William M. Baird of Korea, a profile* (1968)에 수록되어 있다.

월 1일까지 일기를 썼는데, 이것은 사적인 기록을 넘어 당시의 부산, 경남지역의 상황과 선교 활동, 그리고 해 기간의 부산 경남 지역의 교회와 역사를 헤아리는데 중요한 자료가 되고 있다.[28)]

2) 교과서 편찬

앞에서 언급했지만 한국어 교재가 전무한 상태에서 학교 교육용 교재의 편찬은 시급한 과제였다. 초기에는 다른 선교사들이 강의를 맡기도 했지만 베어드가 성경을 비롯한 인문계열의 과목을 맡았고, 그의 부인 애니는 동물학, 식물학, 생물학 등 자연과학계열을 맡았다. 애니는 이런 상황에서 동물학, 식물학, 물리학 등 자연과학교재를 편찬했고, 1906년에는 순한글로 편역한 『식물도셜』을 출판했는데, 우리나라 최초의 식물학 도서로 알려져 있다. 베어드 부처가 제작한 교과서는 숭실에서만이 아니라 다른 학교에서도 유용한 자료로 이용되었다는 점에서 베어드의 문서 사역은 중요한 의미를 지닌다.

일반적으로 한국에서의 기독교 학교 교과서는 1902년부터 나타나기 시작하는데, 첫 교재가 조원시(G. H. Jones)의 『국문독본』, 이원긍(李源兢)의 『初等女學讀本』으로 알려져 있다. 비슷한 시기에 베어드의 교재가 출판되는데, 1902-3년 보고서에서 베어드는 지리학, 세계사, 한국어 문법과 철자법에 대한 교재들은 인쇄단계에 있다고 보고하였고, 산수, 대수, 천문학, 그리고 성경 각 책에 관한 교재들은 아직 충분히 준비되지 못했음을 밝히고 있다. 교과서의 편찬은 싶지 않는 난고였고, 번역과 편집, 출판까지는 상당한 시일을 요했을 것이다.

교재들은 주로 미국의 중등학교에서 사용되는 교과서들을 번역하여 우리 실정에 맞게 재편집한 것이었다.

처음에는 하루 혹은 일주일 분량의 교재를 작성하여 인쇄실에서 등사하여 사용하였고, 한 학기가 끝난 후 이를 묶으면 한권의 책이 될 수 있게 했다. 이런 과정을 2년 정도 계속하면서 내용을 검토한 후 한 한권의 교과서로 공식적으로 출간되었다. 이렇게 출판된 대표적인 교재가 1908년에 출간된 『텬문학 략ᄒᆡ』(天文學略解), 『생리학 초권』(生理學初卷)[29]이었다. 이 두 책은 조선야소교서회에 의해 출판되었다. 『텬문학 략ᄒᆡ』는 한장(韓裝)으로 된 국판 246쪽의 국한문 혼용본으로써 천문학에 관한 최초의 책이자 교과서였다. 또 『식물학』(평양: 야소교서원, 1913, 237pp.), 『萬國通鑑』(야소교서회, 1910-1912) 등이 있다. 『만국통감』은 4권으로 된 책인데, 세계사책으로 200쪽 내외의 책(제2권의 경우 194쪽)으로 구성되어 있다. 1권은 1910년, 2권은 1911년(재판 1915), 3권은 1911년, 4권은 1912년 간행되었다. 이 책은 베어드의 주도로 부인 애니가 번역했다고 알려져 있지만 이 책 서문에서 공지하고 있는 바처럼 1906년 숭실을 졸업한 한준겸(韓俊謙)과 1907년 졸업한 이근식(李根軾)의 번역과 도움으로 이루어졌다.

초기에는 국내의 인쇄기술의 미비로 학교 교과서는 일본 요고하마에서 인쇄되었다고 한다. 한국어 책을 출판한 인쇄소가 후꾸인(Fukuin)출판사인데, 1911년 판 게일의 『韓英字典』도 이곳에서 출판

29) 노고수, 316.

했을 정도로 널리 알려진 출판사였다.

3) 성경번역에의 참여

베어드는 성경번역과 출판에 있어서 언더우드, 아펜젤러, 게일, 레이놀즈와 같은 정도의 주도적인 역할을 한 것은 아니지만, 1911년 이후 성경 개역작업에는 깊이 관여하였다.

국내에서 1887년 2월 7일 한국어성경번역위원회가 구성되고, 1906년 한국 최초의 공인역본 『신약젼셔』가 간행되었다. 구약성경은 1910년 4월 2일 번역이 완료되어 1911년 『구약젼셔』라는 이름으로 출간되었다. 이 구약전서가 이미 출간된 신약전서와 합본되어 신구약의 『셩경젼셔』가 출간되었다. 이것은 국내에서의 최초의 완역 성경전서로서 중요한 의의를 지닌다. 성경번역위원회는 1910년 구약 번역을 완료한 이후부터 개역의 필요성을 인식하여 1911년 구약개역자회(The Board of Revisers)를 구성하였는데, 베어드는 언더우드, 게일, 레이놀즈, 클락(C. A. Clark), 엥겔(G. Engel), 케이블(Cable), 스톡스(Stokes), 어드만(Eerdman), 하디, 밀러, 커닝헴, 피터스, 크레인 등과 같이 개역위원으로 참가하였다. 개역위원회에 참여한 한국인 위원으로는 김관식, 김인준, 김정삼, 남궁혁, 이원모, 장신국 등이었다. 물론 베어드가 처음부터 위원으로 가담한 것은 아니었고, 1922년 남감리회의 하디와 함께 위원으로 가담하였다. 잦은 인적 변동으로 개역작업은 계획대로 추진되지 못하다가 1926년 이후 활발하게 추진되는데, 개역위원들이 지역적으로 서울과 평양으로 나뉘어져 있어 자연스럽게 개역자회는 서울지구와 평양지부로 나뉘게 되었다.[30] 평양지역(the Pyungyang group)의 경우 베어드와 호주장로교의 엥겔, 남장로교의 레이놀즈가 중심이었다. 한국인으로는 남궁혁, 김관식, 그리고 김인준이 위원이었다. 이들은 평양의 숭실학교나 장로교신학교 교육에 관여하는 이들이었다.

베어드는 성경번역자로서의 구약원어 능력을 함양하려는 목적으로 1925-6년의 휴가 기간동안 시카고대학과 프린스턴대학에서 히브리어를 연구하였고, 귀국하여 그가 중심이 되어 구약개역 작업이 추진되었다. 1926년부터는 매일 오후 2-4시 개역작업을 위한 정기적인 회합을 가졌는데 이 일은 베어드와 그의 조수이기도 했던 김인준이 주도하였다. 베어드와 김인준은 오전에 번역한 본문을 히브리어, 일본어 성경, 영어성경과 대조하면서 신중히 개역하였고, 오후 다른 위원들과 동석하여 역본을 읽고 토론하면서 개역작업을 추진했다.[31] 이런 과정에서 창세기(1925), 출애굽기와 레위기(1926) 개역이 완료되었고, 1930년에는 17권의 구약성경 개역본이 완성되었다.

이런 와중에서 베어드는 서울로 이전하게 되었고, 1931년 11월 28일 사망함으로서 더 이상 개역작업에 동참하지 못했지만 1936년에는 개역 구약전서가 출간되는 일에 기여하였다.

---

30) 이덕주, 「초기 한국기독교사 연구」(한국기독교역사연구소, 1995), 360.

31) R. Baird, 94; 이덕주, 361.

4) 후기의 문서 사역: 저서와 역서들

초기 문서사업은 성경번역과 찬송가의 편찬이 가장 시급한 과제였다. 그 외에도 전도지(서)의 발간, 기독교 변증과 기독교 신앙해설서의 발간이 선호되었다. 또 기독교 신앙고백 혹은 신조서의 역간이나 해석서 또한 중시되었다.[32] 이런 현실적 요구에 부응하여 베어드는 부산에서 체류하는 기간 동안 전기한 바와 같은 4가지 문서를 발간한 바 있다.

내한한지 25년이 지난 1916년에는 베어드의 생활에 커다란 변화를 가져왔다. 그해 6월 9일에는 26년간 동고동락하며 부산과 대구지부의 개척, 그리고 숭실에서의 교육활동의 동반자였던 부인을 잃었다. 또 그해 9월에는 탐탁한 일은 아니었으나 숭실학교 교장직을 사임하는 등 교육사업에서 손을 떼게 된다. 북장로교 선교부는 베어드에게 성경공부반(Bible class), 순회전도 사역(itinerating work)과 함께 문서사역(literary work)을 하도록 했는데, 문서사역은 베어드에게 위임된 가장 중요한 사역이었다. 1917년 8월에는 베어드가 제3차 안식년으로 한국을 떠나게 되고 1918년 한국으로 돌아왔는데, 안식년 기간 중인 1918년 8월 8일 시카고에서 로즈 메이 페트롤프(Rose May Fetterolf)와 재혼하였다. 따라서 두 번째 부인은 베어드가 문서 사역에 주력하는 후기 시절을 함께 했다.

베어드에게 문사역의 임무가 주어졌으나 이것은 새로운 사역은 아

32) 백낙준, 155.

니었다. 앞에서 지적하였지만 이미 그는 문서 사역에 깊이 관여해 왔기 때문이다. 비록 그가 문서사역자로 일하도록 위임되었지만 처음부터 이 일에 몰두할 수 있었던 것은 아니었다. 그의 1916-1917년 보고서(Baird's Report for 1916-1917)가 보여주듯이 성경공부반 인도와 지역교회 순회 사역으로 문서사역은 뒷전으로 밀려나 있었다. 그럼에도 불구하고 그가 안식년을 떠나기까지 다음과 같은 일들을 완성했다고 보고했다.[33]

1. 당해 주일학교용 사도행전 교재 절반의 번역과 편찬
2. 한국의 기독교 주간지, 『기독신보』에 54개 항의 기사 번역 게재
3. 인디아나주 고등학교에서 사용되는 성경공부 강의안의 번역
4. 성경 각책의 개요 작성
5. 기독교인물 전기 작업
6. 몇 권의 소책자 작업
7. 중국어판 『그리스도의 사업』(*Fundamental Truths Concerning the Work of Christ*)의 번역
8. 존 번연의 두 책, 『풍성한 은혜』(*Grace Abounding*)와 『성전』(*The Holy War*) 번역 중.

기독신보(*The Christian Messenger*)에 54개항의 기사를 번역 게재했다는 보고는 성경연구 교재를 번역하여 연재한 것을 말한다. 이

33) R. Baird, 91-2.

런 노력의 결과로 『성경연구요목』과 『그리스도의 사업』이 1917년 조선야소교서회에 의해 출간되었다. 그러나 이것은 시작에 불과했다.

그가 안식년에서 돌아 온 1918년 이후부터 한국교회가 필요로 하는 기독교 문서를 번역하고 출간하는 일에 많은 힘을 쏟았고,[34] 번역을 위해 4사람의 한국인 동역자들을 고용했다. 두 사람은 일본어에 능통한 젊은이였고, 다른 한 사람은 김선생으로 알려진 한학에 조예가 깊은 선비였다. 또 한 사람은 김인준목사였다.[35] 그는 숭실학교과 평양의 장로교신학교를 졸업하고 미국 버지니아의 리치몬드에 있는 유니온신학교에 유학한 바 있는 영어에 능통한 인물이었다. 이들은 베어드의 문서사역의 동역자들이었고, 김인준은 베어드와는 특별한 관계에서 문서사역을 지원했다.

안식년에서 돌아온 1918년 이후 베어드는 저술과 번역, 성경공부 교재의 번역과 편찬, 성경해설을 포함한 각종 논설을 집필했는데, 약 15종의 저술과 20여종의 역서와 20여편의 영문 논설, 그리고 36편의 글을 자신이 편집인으로 있던 『신학지남』에 기고하였다. 그의 역,저서는 거의 전부가 조선야소교서회에 의해 출판되었다. 그가 남긴 작품들은 대강 다음과 같은 몇 가지 유형으로 될 수 있다.

첫째, 성경해설 혹은 성경연구와 관련된 저술이다. 『ᄉᆞ복음대지』(1912), 『쥬일셩경 특별공과』(1916), 『셩경연구요목』, 『셩경쳡경』

34) R. Baird, 92.
35) R. Baird, 93.

(1921) 등이 이에 해당한다. 『신학지남』에 기고한 글 중 "출애굽 대지,"(1924. 4), "하나님께서 죄를 고치는 방책,"(1924. 4), "잃은 은전비유,"(1924. 4), "로마서에서 하나님의 말씀을 갈망함,"(1924. 7) 등 12편 또한 성경해설 혹은 성경연구와 관련된 논설들이다.

둘째, 전도, 기독교 변증 등 전도문서나 기독교의 도리 해설과 관련된 저술이다. 이에 해당하는 글들은, 1899년의 『쟝자로인론』을 포함하여, 『명심도』(1918), 『우유장ᄉᆞ의 딸(1920), 『령리론』(1925), 그리고 역서인 金森通倫의 『그리스도교의 신앙』(1922), 『텬로지명』(1922), 『하ᄂᆞ님긔로 가ᄂᆞᆫ 길』(1922), 『改宗의 顚末』(1922) 등이다.

셋째, 신앙생활에 대한 지남(指南) 혹은 안내서가 있는데, 『신ᄒᆡᆼ록』(信行錄, 1921), 『번연 요한의 신ᄒᆡᆼ록』(1922), 『그리스도 예수 안에 생활』(1925, 210pp.), 『령리론』(1925), 『신도쾌락비결(信徒快樂秘訣, 1925)와 피어슨의 *In Christ Jesus*를 번역한 『그리스도 예수 안에』(1925), 그리고 『긔독청년의 실ᄉᆡᆼ활』(1931) 등이 있다.

넷째 기독교 교리나 신앙고백과 관련된 저술이 있다.『그리스도의 사업』(1917), 『쥬직림론』(1921), 『그리스도교의 신앙』(金森通倫, 1922), 『텬로지명』(1922), 『사도게요서』(1923), 『신도게요서』(1925), 그리고 일본인 山室軍平의 『평민의 복음』(1925) 등이 그것이다.

다섯째, 기독교 인물전 등 역사적 기록이 있는데, 『번연 요한의 신ᄒᆡᆼ록』(1922)과 『신학지남』에 연제한 인물전이 이에 해당한다. "월렴 개리傳,"(1918. 7), "요한 엘니옷傳," (1918. 10), "故 神學博士 元杜尤氏 略傳,"(1921.10), "스바느롤나젼,"(1924. 4), "촬쓰 시머온의 사적,"(1924. 4), "영국 알프렛대왕은 영문성경 번역자라,"(1925.

4), "웰니암 틴덜씨는 성경을 영문으로 번역한 開祖라,"(1925. 4), "말틴 루터의 사적,"(1925.7) 등 인물전과 미국과 캐나다, 그리고 호주 장로교회의 역사를 간명하게 정리한 "美國長老敎會史記,"(1922. 1), "카나다에 있는 長老敎會史記,"(1923. 1), "오스트렐냐 長老敎會史記,"(1923. 4) 등이 이런 류에 속한이다.

영문으로 쓴 글들은 모국 교회 관계자나 동료선교사 혹은 서양인을 독자로 산정했기 때문에 한국과 한국어를 소개하거나 한국에서의 (선교사로서의) 생활, 혹은 숭실학교와 교육사업에 대한 보고, 그리고 선교 상황보고가 중심을 이루고 있다.

베어드의 후기 문서 활동에서 특히 주목을 끄는 그가 『신도게요서』라는 이름으로 웨스트민스터 신앙고백서(The Westminster Confesion of the Faith)를 최초로 소개했다는 점이다. 이것은 장로교 신학전통을 소개하려는 의도로써 한국장로교회의 신학적 입장을 제시하려는 의도로 보인다. 장로교 공의회는 웨스트민스터 표준문서 번역을 위해 베어드를 포함한 5인 위원회를 구성하였는데, 그 결과로 베어드가 웨스트민스터 신앙고백서를 번역하였고 동료 위원인 레이놀즈가 감수하였다. 그런데 흥미로운 사실은 미국교회가 '성령에 관한 장'과 '하나님의 사랑과 선교'에 관한 장을 첨가하여 채용했던 35개항의 고백서가 아니라, 1647년 영국에서 만들어진 본래의 33장의 고백서를 소개하고 있다는 점이다. 어떻든 장로교 전통의 교회가 경시하기 쉬운 신앙고백서를 번역한 일을 피선교국의 교회를 위한 값진 봉사였다.

베어드의 저술 중 또 한 가지 흥미로운 점은 1928년 『英鮮, 鮮英辭典(*An English-Korean and Korean-English Dictionary of Parliamentary, Ecclesiastical and Some Other Terms*)을 편찬한 일이다. 이 또한 베어드의 독자적인 산물은 아니지만 한국인이나 한국교회, 그리고 외국인들을 위한 값진 봉사였다. 한영자전은 언더우드(1890)나 게일(1897), 존스(1914) 등에 의해 편찬된 바 있으나, 베어드의 이 책은 전반부는 영어-조선어(英鮮), 후반부는 조선어-영어(鮮英)를 합본한 사전으로서 교회관계용어를 집대성한 것이 그 특징이라고 할 수 있다.[36)]

4 맺는 말

이상에서 1891년 1월 미국 북장로 선교사로 내한하여 부산, 대구, 서울, 그리고 평양 등지에서 40년간 사역했던 베어드 선교사의 문서선교활동에 대해 정리하였다. 여러 가지로 미진한 고찰이지만 그가 남긴 저술과 역서 등 논저, 논설들만 보더라도 그가 남긴 기여와 공헌을 헤아려 볼 수 있다. 그는 복음전도자, 교육자로 활동했고, 또 기독교 문화운동가로 활동했는데, 그가 남긴 문서사역의 흔적들은 한국인들의 회심과 개종, 기독교적 삶과 실천, 기독교적 가치체계의 확립, 그리고 기독교적 문화건설을 위한 봉사였다.

---

36) 노고수, 180.

이글에서는 신학의 문제는 논의하지 못했으나 메코믹신학교 출신인 베어드는 동료였던 사무엘 마펫과 마찬가지로 언약도(Covenanters)의 후손이었고, 엄격한 장로교 전통에서 성장하였다.[37] 따라서 역사적 장로교 신학과 복음주의적 입장을 견지했던 인물이었다. 이 점은 메코믹 출신으로 내한했던 동료선교사[38]와 다르지 않다. 복음주의적인 신학과 신앙관의 소유자로서 그의 견해가 한국의 문화와 전통에 대한 이해, 그리고 한국에서의 토착교회 형성에 어떻게 반영되었던가에 대해서는 앞으로 연구해 보고자 한다. 그러나 베어드가 인식했던 인식하지 못했던 그의 신학적 견해는 그의 문서 활동 속에 자연스럽게 반영되어 있을 것이다.

베어드는 한국에서의 40년간의 사역을 마감하고, 1931년 11월 28일 장티푸스 감염으로 사망했다. 한국에서의 사역 40주년 기념 축하연을 한지 두 달 후였다.

---

37) R. Baird, 1, 2.

38) 내한한 메코믹신학교 출신 선교사는 Samuel Moffett, Graham Lee, William Swallen, James Adams, Cyril Ross, C. F. Bernheissel, William Blair, Charles Allen Clark, Alexander Pieters, Roger E. Wimm 등이었다.

〈베어드의 출판물 목록〉

1. 주요 저서

『쟝자로인론』(*The Story of Old Chang*), 1899.

『ᄉᆞ복음대지』, 1912.

『쥬일셩경 특별공과』(배위량, 방위량 공저), 1916.

『명심도』, 1918.

『우유장ᄉᆞ의 딸』, 1920.

『신ᄒᆡᆼ록』(信行錄), 1921.

『개인전도법』, 1924.

『그리스도 예수 안에 생활』, 1925.

『령리론』, 1925.

『신도쾌락비결』(信徒快樂秘訣), 1925.

『英鮮, 鮮英辭典』, 1928.

『예수ᄒᆡᆼ젹』, 1932.

『전도방침과 부흥』, 1936.

2. 역서

『텬로지귀』(A. Judson), 1893.

『구세진쥬』(G. John), 1895.

『그리스도의 사업』, 1917(8).

『셩경연구요목』, 1917.

『이기는 ᄉᆡᆼ활(명)』, 1919 (1921)

『셩경쳡경』(Pierson), 1921.

『이솝우언』, 1921.

『쥬ᄌᆡ림론』, 1921.

『그리스도교의 신앙』(金森通倫), 1922.

『텬로지명』, 1922.

『번연 요한의 신ᄒᆡᆼ록』, 1922.

『하ᄂᆞ님긔로 가ᄂᆞᆫ길』, 1922.

『?의 改宗의 顚末』, 1922.

『츄샹ᄒᆞᄂᆞᆫ 말ᄉᆞᆷ』, 1922.

『사도게요서』, 1923.

『신도게요서』, 1925.

『평민의 복음』(山室軍平), 1925.

『그리스도 예수 안에』(Pierson, *In Christ Jesus*, 1925).

『긔독청년의 실ᄉᆡᆼ활』, 1931.

3. 영문 논문, 논설, 잡록

"Romanization of Korea Sounds," *Korean Repository* (이하 *KR*). 2.5 (1895).

"Review of the Gospel of Mark", *KR*. 3.1 (1896).

"Should Polygamists be Admitted to the Christian Church?", *KR* 3.2 (1896).

"The Korean Verb 'To Be,'" *KR*. 5.9 (1898)

"Pyung Yang College and Academy," *Korea Mission*

Field(이하 *KMF*), 3.11(1907. 11)
"History of the Educational Work, Quarto-Centennial Paper," Read before the Korea Mission of the Presbyterian Church in Annual Meeting," Seoul, 1909.
"Pyung Yang college and Academy," *KMF* 6. 3 (1910. 3).
"Union College, Pyungyang," *KMF*, 9.6 (1913. 6).
"Education Mission Problems," *KMF*, 10.10 (1914. 10).
"Three Days of cold Kooksu and hot kimchi," *KMF*, 20.10 (1924. 10).
"Principles and Methods of Christian Work in Korea"(with Clarkm Holdroft, Moffett), *China Sunday school Journal*, 16 (1927).
"Incidents of Early Missionary Life," *KMF*, 26. 8 (1930. 8).
"Incidents of Early Missionary Life"(Part,2), *KMF*, 26. 9 (1930. 9).

4. 『신학지남』에 발표된 논문, 논설 등 기고문(권, 호, 발간연월)

"요한 번역傳," 1.1 (1918. 3).
"윌렴 개리傳," 1.2 (1918. 7).
"요한 엘니옷傳," 1.3 (1918. 10).
"故 神學博士 元杜尤氏 略傳," 4.1 (1921.10).
"敎會의 牧師職務," 4.1 (1921. 10).
"家庭祈禱의 十條理由", 4.2 (1922.1).

"美國長老教會史記," 4.2 (1922. 1).

"카나다에 있는 長老教會史記," 5.1 (1923. 1).

"오스트렐냐 長老教會史記," 5.2 (1923. 4).

"그리스도신자 신앙의 적요," 6.2 (1924. 4).

"믿음," 6.2 (1924. 4).

"그리스도인이 특별히 이스라엘 민족을 위하여 기도할 까닭,"6.2 (1924. 4).

"스바느롤나젼," 6.2 (1924. 4).

"출애굽 대지," 6.2 (1924. 4).

"하나님께서 죄를 고치는 방책," 6.2 (1924. 4).

"신도 중 몇 사람의 임종유언," 6.2 (1924. 4).

"연보하는 여러 가지 법," 6.2 (1924. 4).

"촬쓰 시머온의 사적," 6.2 (1924. 4).

"잃은 은전비유," 6.2 (1924. 4).

"로마서에서 하나님의 말씀을 갈망함," 6.3 (1924. 7).

"성경번역," 7.2 (1925. 4).

"영국 알프렛대왕은 영문성경 번역자라," 7.2 (1925. 4).

"웰니암 틴덜씨는 성경을 영문으로 번역한 開祖라," 7.2 (1925. 4).

"말틴 루터의 사적," 7.3 (1925.7).

"십계명에 법과와 리행에 대한 주해- 마틴 루터," 7.3 (1925. 7).

"창동교회 창립 20주념 기념식," 7.3 (1925. 7).

"주의 성만찬," 7.4 (1925. 10).

"로마인셔 대지," 8.1 (1926. 1).

“초ᄌᆞ연에 ᄃᆡᄒᆞᆫ 강화,” 8.1 (1926. 1).

“부활주일 작정하는 일,” 8.2 (1926. 4).

“초자연을 메시야에 관한 예언으로 설명함,” 8.2 (1926. 4).

“에베소대지,” 8.2 (1926. 4).

“유대인과 저희 역사에 간한 예언으로 초자연을 설명함,” 8.3 (1926. 7).

“그리스도교의 특색,” 8.4 (1926. 10).

“다른 나라에 관한 예언으로 초자연을 증명함,” 8.4 (1926. 10).

“빌립보대지,” 9.4 (1927. 10).

애니 베어드의 선교 문학

이인성 (숭실대학교)

❶ 애니 베어드의 한국에서의 활동

숭실 학당의 설립자인 남편을 도와 초창기의 숭실을 발전시키고 안정시키는데 있어서 애니 베어드(Annie Laurie Baird, 1864-1916, 한국명: 안애리) 선교사의 공헌은 매우 컸다. 그녀는 당시의 열악한 교재들을 보완하기 위해 미국 교과서들을 들여와 한국어로 번역하고 이를 편찬하는데 혼신의 노력을 아끼지 않았다. 이 뿐만 아니라, 숭실 학당의 교재를 만드는 일도 거의 전담해서 수행했다. 한국에 온 여선교사로서 애니 베어드 선교사만큼 많은 기록과 편저 그리고 저서를 남긴 인물도 없다. 남편이자 숭실의 교장인 윌리엄 베어드 선교사가 자신의 교육 철학, 즉 모든 교육은 한국어로 이루어져야 하며 모든 교재는 한국어로 쓰여진 것이어야 한다는 원칙을 실천할 수 있도록 해 준 장본인이 바로 부인 애니 베어드 선교사였던 것이다.

애니 베어드 선교사는 한국어를 배우고자 하는 외국인들을 위해 『한국어를 배우기 위한 50가지 도움들 *Fifty Helps for the Study of the Korean Language*』(1897)을 출간했다. 부부가 1891년에 한국에 도착한 직후부터 한국어 공부에 힘쓴 결과 6년만의 결과물이었다. 이 책은 당시 외국인들 사이에서 한국어 공부의 표준이 되는 교재였다. 또한 한국에 관심있는 외국인들을 위해 애니 베어드 선교사는 『한국의 새벽: 극동에서의 한 회심에 대한 이야기 *Daybreak in Korea: A Tale of Transformation in the Far East*』(1909)를 뉴욕에서 출간했다. 이 소설은 한국의 전통적인 가정에서 자란 한 한국 소녀가 기독교를 믿음으로써 인생에 변화를 가져온 이야기를 극적으로 매끄럽게 풀어내고 있다. 그리고 여러 판을 거듭하여 발행한 『선교 생활의 내면의 모습 *Inside Views of Mission Life*』(1913)은 그녀의 해박한 상식과 깊은 종교적 헌신 그리고 사람에 대한 따뜻한 애정을 잘 보여주고 있다. 창작가의 길을 가려고 했다가, 윌리엄 베어드를 만나 선교사의 길을 가게 된 그녀의 재능이 잘 드러나 있는 작품들이다.

숭실대학교 한국 기독교 박물관은 희귀본인 애니 베어드 선교사가 쓴 작품을 소장하고 있는데, 1911년에 경성 예수교서회에서 간행한 『고영규전』이 바로 그것이다. 여기에는 두 작품이 실려 있는데 그 하나는 「고영규전」이고, 다른 하나는 「부부의 모본」이다. 「고영규전」은 예수를 믿고 변화되어 행복한 가정을 이루는 고영규의 삶의 여정을 그리고 있으며, 「부부의 모본」은 크리스찬 부부의 사랑이 가득한 모습을 생생하게 보여주고 있다.

애니 베어드 선교사는 미국 찬송가의 한국어 번역과 편집에도 커다란 공헌을 하였으며 한국 찬송가 역사에 중요한 인물로 남아있다. 그녀의 대표적인 찬송인 "멀리 멀리 갔더니 처량하고 곤하여"[1)]는 1894년 갑오경장과 1897년 명성황후의 국장, 그리고 1905년 을사보호조약에 이어진 1910년 한일합방으로 절망과 암울함에 싸여 있던 한국

1) 1절 멀리 멀리 갔더니 처량하고 곤하며 / 슬프고 또 외로와 정처없이 다니니
2절 예수 예수 내 주여 섭섭하여 울 때에 / 눈물 씻어 주시고 나를 위로하소서
3절 다니다가 쉴 때에 쓸쓸한 곳 만나도 / 홀로 있게 마시고 주여 보호하소서
(후렴)예수 예수 내 주여 지금 내게 오셔서 / 떠나가지 마시고 길이 함께 하소서.

인들에게 큰 위안과 소망이 되었던 찬송이다. 시어가 간결하고 아름다우면서도 시인의 시적 영감과 깊은 영성을 동시에 느낄 수 있는 창작 시이다. 이외에도 그녀는 어린이들을 위한 찬송가뿐만 아니라 어른들을 위한 찬송도 많이 번역하여 당시 여러 교회들에서 빈번하게 사용하였다.

애니 베어드 선교사는 1908년 이후 암에 걸려 미국에서 수술을 받았지만 재발하자, 그녀는 주저하지 않고 한국으로 돌아가 죽기를 결정한다. 주변의 가족들과 친구들은 만류했지만, 아픈 몸을 이끌고 한국으로 돌아와 1916년 6월 9일 52세의 젊은 나이에 평양의 남편 곁에서 평안하게 하늘나라에 갔다. 그녀의 이러한 선택은, 타향에서 살다가도 죽을 때는 고향으로 돌아가 고향에 묻히기를 소망하는 한국인의 정서에 큰 반향을 일으켰다. 즉, 그녀가 한국을 자신의 고향으로 생각하고 있음을 죽음을 통해 다시 한 번 구체적으로 보여주었던 것이다. 애니 베어드 선교사의 장례식장은 그녀를 향한 깊은 애정과 감사를 표현하기 위해 전국에서 모여든 조문객들로 넘쳐났다. 그녀는 먼저 하늘나라에 간 첫 딸 낸시 로즈 베어드(Nancy Rose Baird, 1892-1894)와 막내아들 아더 페리스 베어드(Arthur Faris Baird, 1901-1903) 옆에서 평화롭게 잠들었다.

❷ 애니 베어드의 선교 문학

애니 베어드는 국적과 언어를 뛰어넘어 작품 활동을 했다. 특히 그녀는 한국 선교사로서 한국을 배경으로 하여 선교를 목적으로 한 작품들을 썼다. 본 글에서는 미국에서 영어로 간행한 『한국의 새벽: 극동에서의 한 회심에 대한 이야기』와 한국에서 한국어로 간행한 『고영규젼』을 중심으로 애니 베어드의 선교 문학의 세계를 분석하고자 한다.

1) 현실과 허구의 절묘한 조화: 『한국의 새벽: 극동에서의 한 회심에 대한 이야기』

문학 작품을 논할 때, 중요한 요소 중의 하나는 형식과 내용의 일치 여부이다. 즉, 형식은 내용을 강화시켜주고, 내용은 형식을 완성시켜 주어야 한다. 이 둘 사이의 상호 작용이 매끄러울 때 그 작품은 좋은 작품이 될 가능성이 그만큼 높아지는 것이다. 이런 면에서 『한국의 새벽』은 뛰어난 작품성을 가지고 있다. 특히 저자가 한국인이 아닌 외국인이라는 것을 고려하면 (비록 저자가 한국에서 약 18년을 살아서 한국과 한국어에 대해 많이 익숙하다고는 하지만), 단순한 세부 묘사뿐만 아니라 한국의 토속적인 것들에 대한 이해가 작품에 깊숙이 녹아있음을 알 수 있다. 작품의 시작부터 인물과 배경 그리고 환경에 대한 묘사가 뛰어나게 어우러져 있으며, 빠른 속도로 작품의 본류로 향하고 있다.

> 김씨 할아버지는 햇볕이 잘 드는 넓은 처마 밑에 앉아서, 가족들을 위해 가을 짚으로 신을 삼고 있었다. . . . 그는 이 일에 오랫동안 익숙해져 있었으며, 그의 마디가 굵고 늙은 손가락으로 짚을 안팎으로 꼬았다. 그는 자신의 집을 마주보고 있는 나지막한 언덕을 한없

> 이 바라보았다. 그 곳의 무덤들은 온통 연녹색으로 가득 덮여 있었으며, 일부는 아주 오래 되어서 거의 다 무너져 내렸다. 또 일부는 비교적 최근의 것으로 한두 개는 아직 잔디도 덮여있지 않고 삽자국도 선명했다.[2)]

> Grandfather Kim sat out under the wide eaves on the sunny side of the house, weaving the autumn supply of straw shoes for the family. ... Long practice had made him deft at his work, and as his stubby old fingers twisted the straw in and out, his gaze wandered continually to the range of low hills that faced his dwelling. They were covered to the very top with low green mounds, some evidently very old, and sunk almost out of sight. Others were more recent, and one or two were not yet grass-clad, and showed the fresh marks of the spade.[3)]

이어서 이 작품의 주인공인 보배가 등장한다. 보배에 대한 자연스러운 소개 및 보배와 할아버지와의 관계에 대한 묘사뿐만 아니라 보배의 내적, 심리 상태를 보여주는 비유는 외국인이 썼다고 믿어지지 않을 정도이다. 그 한 예를 보면 다음과 같다.

> 보배는 할아버지 옆으로 다가가 멍석위에 앉았다. 그녀의 등에 업고 있던 뚱뚱한 아기가 자신이 좀 더 편하기 위해 매우 격렬하게 저항하는 바람에, 그녀는 다시 일어나서, 힘들게 그녀의 짐을 다시 고쳐 업었다.

---

2) 본고의 모든 번역은 저자가 한 것임.

3) Baird, Annie L. A. *Daybreak in Korea: A Tale of Transformation in the Far East.* (11). 앞으로 이 책에서의 인용은 책 쪽수만 표기한다.

Pobai drew near and sat down on the mat beside her grandfather, an attempt at ease which was resented so vigorously by the fat baby tied on her back, that she got up again and readjusted her burden rather wearily. (12)

또한 보배와 할아버지의 대화가운데 두 사람의 결혼관이 처음부터 분명하게 드러난다.

노인이 예상했던 것처럼 어린 소녀의 명랑한 웃음소리는 들리지 않았다. 그 대신에 그녀는 퉁명스럽게 말했다. "결혼하는 것에 대한 이야기는 싫어요."

The little girl's merry laugh did not ring out as the old man had expected. Instead, she said soberly: "I don't like stories about getting married." (14)

"더 나이가 들면? 왜, 너는 이미 열두 살이 거의 다 되었잖니. 보배야, 내 생각에 그리 오래 걸리지 않을 것이다. 얼마 지나지 않아 혼인을 하게 될 게다. 애비가 당장 돈이 급해서 네 몸값을 이미 받은 건 너도 알고 있지? 조만간 혼사를 할 수밖에 없을 게야."

"Older? Why, you are already nearly twelve years old. I guess it's got to be before very long, Pobai. You know the money has already been paid for you, and your father needs it badly. Sooner or later it's got to be." (15)

당시 한국의 결혼 풍습이 두 사람의 이 짧은 대화에 함축되어 있는 듯하다. 즉, 배우자를 알지 못하는 상태에서의 부모의 일방적인 배우자 선택으로 인한 강제 결혼, 돈을 받고 딸을 결혼시키는 매매혼, 그리고 성인이 되기 전의 조혼으로 인한 문제점 등을 그대로 보여주고 있다. 12살을 "벌써"라고 말하는 할아버지를 통해, 결혼 연령에 대한 당시 사회의 의식을 읽을 수 있는 대목이다. 이에 대해서는 「고영규전」에서도 동일한 모습을 보여주고 있다. 그러나, 이 두 작품의 주인공들이 처음에는 비기독교인이었음에 비해, 작품의 처음부터 기독교인으로 등장하는 「부부의 모본」의 경우는 다르다. 이들의 경우는 조혼도 아니고 강제 결혼도 아니었다. 물론 오늘날과는 차이가 있지만, 앞의 두 작품과 비교하면 결혼에 있어서 훨씬 발전된 모습을 보여주고 있다.

자신을 둘러싸고 있는 주변 상황에 대한 보배의 심리상태는 불쌍하리만큼 복잡하다.

> 이 작은 소녀는 갑자기 감정이 치밀어 올라 소리쳤다. " 오, 그러나 그렇게 해야만 하나요, 할아버지? 왜 내가 그렇게 해야만 하나요?" 그녀는 노인에게 더욱 가까이 다가와 그 옆에 서서, 그 작은 몸이 숨도 제대로 쉬지 못하고 떨고 있었다. "집에 있으면서 제가 늘 하던 일들을 도와드리면 안될까요? 제가 얼마나 열심히 일하는지 아시잖아요. 할아버지, 제가 가버리면, 누가 할아버지 담뱃대를 가져와 불을 붙여드리고, 필요하실 때 볏짚을 가져다 드리고, 해 아래 멍석을 펴드리겠어요?"

> "Oh, but must I, grandfather? Why must I?" cried the little girl, with a sudden burst of feeling. She came close up to the old man and stood by him, her little body breathless and trembling. "Why can't I stay at home and help with the work like I always have? You know how hard I work. And you, grandfather, who will bring your pipe and light it for

> you, and get straw when you want it, and spread your mat for you in the sun, if I am gone?" (14)

너무나 진지하고 중요한 대화에서 가볍고 유머러스한 (그러나 보배의 입장에서는 매우 중요한) 보배의 말은 독자로 하여금 살며시 웃음을 짓게 만들고, 오히려 이를 통해 보배의 마음에 더 한층 가까이 다가가도록 만드는 기법이 매우 돋보인다. 또한 뒤에 이어지는 윤씨 아저씨의 부인 학대 모습, 수청 기생으로 힘들어하는 명도의 삶, 몽둥이에 맞아죽은 시체 처리 문제, 귀신들린 황씨 형제의 모습 등을 통해, 보배가 살고 있는 마을상황을 생생하게 보여주고 있으며, 이를 통해 보배의 심리 상태를 더욱 강화시켜 전달하고 있다.

이러한 상황에서 어쩔 줄 몰라 하는 보배의 모습은 거의 무능력의 대명사처럼 보인다. 결혼을 앞둔 신부의 희망차고 기대가 가득한 모습은 찾아볼 수가 없는 가련한 모습이다.

> 오늘 아침에도, 다음 날도, 그 다음 날도 그녀는 벽을 향한 채 꼼짝도 않고 바닥에 누워 있었다. 아무것도 먹지 않고, 모든 질문에 이렇게 대답할 뿐이었다. "제발 저 좀 내버려둬요. 머리가 아프고 어지러워요."

> . . . this morning, and the next, and the next, she lay still on the floor with her face turned to the wall, eating hardly anything, and saying in response to all inquiries, "Please let me be. My head aches and I fell faint." (20)

이러한 모습은 애니 베어드의 한국과 한국 여성들을 향한 안타까운 마음 상태를 보배를 통해 표현하는 것처럼 보인다. 작가의 마음이 작품 속에 진솔하게 녹아들어 있다. 하루하루 지나감에 따라 보배의 몸과 마음은 점점 더 무디어간다.

> 매일 매일 밤늦게까지 앉아 바느질하고 또 바느질하는 그녀의 손가락들은 자신의 가슴처럼 무디어져 아픔조차 느낄 수 없었다.
>
> Day after day and till late at night she sat and stitched and stitched, until her fingers were as numb as her heart. . . . (21)

당시의 한국 여인들의 삶의 한 단면을 보는 듯하다. 이러한 상태에서 결혼식을 한 보배의 결혼 생활이 드디어 시작되었다. 앞으로의 결혼 생활을 상징적으로 보여주는 표현이 1장의 마지막에 나온다.

> 보배의 결혼 생활이 시작되었다. 부드러운 자비심이라곤 전무한 이 땅에서 미지의 바다를 항해하는 많은 작고 연약한 나무껍질들 중의 하나에 불과했다.
>
> Pobai's married life began, only one of many faltering little barks that set sail on unknown seas in lands where tender mercies are cruel. (24)

2세기에 교부 터툴리안이 최초로 사용한 이후 보편화된, 인생을 험한 바다를 항해하는 것으로 비유하는 기독교의 전통적인 비유법을 사용하여 보배의 삶을 비유하고 있으며, 이 험한 바다에 떠내려가고 있는 "작고 연약한 나무껍질 하나"로 보배를 비유함으로써 보배의 애처

롭고 위험한 결혼 생활을 생생하게 보여주고 있다.

어느 날, 서양 선교사들의 세계에 드디어 보배가 들어가게 된다. 보배는 예배 자리에 함께 하게 되고, 신비한 말씀과 찬양을 호기심 가득한 마음으로 듣는다.

> 그녀는 살짝 문안으로 들어가 앉아서 한 시간 반 동안 무엇에 홀린 듯 그 엄청난 이야기를 들었다. 그녀가 집으로 갈 때는 늦은 시간이었고 달빛조차 없었다. 그러나 어찌된 일인지 그녀에게는 어둠이 밝아보였고 먼 길이 전혀 멀게 느껴지지 않았다. 혼자였지만 그러나 혼자가 아니었다. 그녀 옆에서 누군가가 함께 걸었다. 보배의 손을 잡고 불쌍한 보배의 머리를 자신의 품으로 매우 부드럽게 안아주시는 온화하고 은혜로운 분이 함께했다. 그 접촉이 그녀를 해하거나 더럽게 하는 것이 아니고, 순결과 축복만을 가져왔다. 보배는 그것을 이해하지 못했고 말로 표현할 수는 없었지만, 그것은 모두 매우 달콤하고 엄청난 것임을 알고 있었다. 온기와 사랑과 광명이 그녀를 감쌌으며, 희망과 용기가 심장으로부터 솟구쳐 올랐다.

> . . . she slipped inside the door and sat for an hour and a half listening spellbound to the wonderful things that were said. It was late and a moonless night when she started home, yet somehow the darkness seemed luminous about her, and the long miles melted away before her. She was alone, yet not alone, for One walked beside her, a tender and gracious Presence who took her hand and drew her poor head very gently to his breast, One whose touch could not hurt or defile her, but brought only purity and blessing. Pobai did not understand it and could not have put it into any words, but she knew that it was all ineffably sweet and marvellous. Warmth and love and light encircled her, and hope and courage sprang up her heart. (73–74)

보배의 변화의 모습이 가슴 벅차게 그려지고 있다. 자신도 어찌할 수 없는 신비로운 경험을 한 것이다. 보배는 드디어 자발적으로 믿음을 갖게 된다. 보배의 심리상태가 어떻게 변했는지를 단적으로 보여주는 장면이 있다.

> “이제 나에게 말해” 하면서 그는 굵은 막대기를 들고 보배 위에 서 있었다. “이것을 포기 할래 안할래?” 잠시 아무런 대답이 없었다. 만약 그가 몸을 숙였다면, 그녀의 얼굴에 핀 커다란 평화의 모습을 보았을 텐데. 그러자 그녀의 입술에서는 심지어 기쁨에 흥분해서 용감한 말이 흘러나왔다. “원한다면, 나를 때려죽이든지, 내쫓든지 하세요. 그러나 내 주님을 포기할 수는 없어요.” 그러자 엄청나게 잔인한 매가 이어졌다. 그녀는 별 고통을 느끼지 못했다. 대신에 그리스도의 고난에 동참한다는 높은 특권의식에 사로잡혔다.

> "Now tell me," he said, standing over her with a heavy stick, "will you give this thing up or not?" There was no answer for a moment, and if he had stooped down he might have seen a look of great peace on her face. Then the words came bravely, even with a little thrill of joy, from her lips: "You may beat me to death if you will, or saw me asunder, but I cannot give up my Lord." The blows fell then, heavy and merciless. She did not feel much pain, but instead her spirit was possessed by a sense of high privilege in sharing Christ's sufferings. (75-76)

어떠한 상황에서도 마음의 평강을 잃지 않는 보배는 더 이상 과거의 보배가 아닌 것이다. 이제는 자신을 때리는 남편의 폭력도 그녀의 마음을 흔들어 놓을 수는 없었다. 참으로 놀라운 변화였다. 남편 만식의 지속적인 박해와 폭행에도 그녀는 남편을 증오하지 않고 평온한 마음을 계속해서 유지한다.

이러한 보배의 모습으로 인해 드디어 만식의 마음이 서서히 변하기 시작한다.

> 시간이 흐르면서 만식이는 지켜보며 이상한 생각이 들었다. 그는 점점 불안해졌다. 매우 인내심 있게 그를 시중드는 이 아주 조그마한 여자는 그가 이해하지 못하는 어떤 것을 소유하고 있었다. 그것이 그녀의 마음에 평안을 주고, 그녀의 눈에 빛을 주었다. 어떤 고난도 능히 지울 수 없어 보였다. . . 그녀는 죽음도 더 이상 두려워하지 않았다. 망설임 없이 환자의 방에 들어갔고, 임종을 지켜보았으며, 장례를 위해 염을 도와주었다. 전혀 두려움이 없었다. 도무지 이해할 수 없는 일이었다. 그는 자신도 어쩔 수 없이 그녀에 대한 경외심이 점점 커지기 시작했다.

> As time went by, and Mansiki watched and wondered, he grew restless. This quiet little woman, who waited on him so patiently, had come into the possession of something that he did not understand. It brought peace to her heart and a light to her eye that no sort of persecution seemed able to efface. . . Neither was she afraid of death any more, but went unhesitatingly into sick-rooms, and sat by death-beds, and helped prepare bodies for burial, apparently without any dread. It was uncanny, and in spite of himself a sort of awe began to pervade his thoughts of her. (78-79)

자신도 어찌할 수 없이 보배에 대한 그의 태도가 변하기 시작한 것이다. 보배의 완전히 변화된 모습과 태도에 그 자신 더 이상 자신의 옛것을 고집할 수 없게 되었다. 보배는 계속해서 남편의 변화를 위해 눈물로 기도한다.

그녀는 기도하면서 간구의 눈물을 흘렸다. 영원한 모성애와 같은 그 무엇이 그녀의 가슴을 파고들었다. 갑자기 귀에 익은 발자국 소리가 문에서 들렸다. 그녀가 움직이기 전에, 그는 방에 들어와 있었다. 그녀는 일상적인 발길질이나 손찌검을 예상하고, 움직이지 않고 가만히 바닥에 엎드려 있었다. 그러나 아무것도 돌아오지 않았다. 오랜 침묵 후에 어깨에 촉감을 느꼈다. 보배의 일생동안 전에는 한 번도 느껴보지 못한 그 무엇인가가 담겨있는 손길이었다. 무언가 망설이는, 심지어 경외하는 바로 그 손길. 그것은 영감있는 음악처럼 그녀를 붙잡고 떨게 만들었다. 그녀는 머리끝부터 발끝까지 떨고 있었다.

She wept tears of longing as she prayed, and something of the eternal mother-yearning stirred in her heart. Suddenly his familiar step was heard at the door, and before she could move he was in the room. She lay very still with her face to the floor, expecting the usual kick or thump, but none came. There was a long silence, and then a touch on the shoulder, a touch that had in it what in all her life Pabai had never felt before, a something of hesitation, even of deference. It held and thrilled her like deep music. She was trembling from head to foot. (83-84)

남편 만식이와 부인 보배의 극적인 관계 회복의 순간이다. 도저히 일어날 것 같지 않았던 일이 드디어 현실이 된 것이다. 보배를 통해 예수를 만난 후 만식이는 완전히 새로운 사람이 된 것이다.

이것은 모두 한순간의 작품이었다. 바로 그 순간에 기적이 일어난 것이었다. 사랑받지 못하고 또한 사랑하지 못했던 그녀의 삶에 깊게 파인 모든 상처들이 다 녹아 사라져버렸다. 바로 그 모든 기억들이 그녀로부터 다 미끄러져 나간 것이다. 부서지고 깊이 고랑이 파인 땅과 같던 그녀의 가슴에서 달콤한 꽃이 피어나기 시작했다. 타락한 인간에게 남겨진 모든 것들 중에 가장 향기로운 것, 즉 사랑하고 사랑받는 능력 바로 그것이었다.

It was all the work of a moment, but in that moment was wrought a miracle. All the deep scars of her unloved and unloving life melted into effacement; the very recollection of them slipped away from her, and out of the broken and deeply furrowed soil of her heart there sprang into being a sweet flower, the sweetest of all things left to fallen men–the power to love and to be loved. (84)

예수로 인해 이 가정에 기적이 일어났다. 드디어 예수의 사랑으로 그 둘은 진정 하나가 된다.

. . . 그들은 서로 상대방의 눈을 뚫어져라 쳐다보면서 잠시 그대로 서 있었다. 그러더니 그는 매우 천천히, 아주 부드럽게 그녀를 감싸 안았다, 마치 무언의 허락을 구하는 것처럼. 그들은 함께 무릎을 꿇었다. 사랑과 기도의 언어가 고요히 눈물과 더불어 그들의 입술로부터 띄엄띄엄 흘러나왔다.

. . . they stood a moment, looking full into each other's eyes. Then he took her into his arms, very slowly, very gently, as if mutely asking permission, and they sank together to their knees and broken words of love and prayer, soft with tears, fell from their lips. (85)

이들은 이제야 진정한 사랑이 무엇인 지를 깨닫게 된 것이다. 부부가 함께 기도하는 가장 아름다운 모습을 보여주고 있다. 진정한 회개와 감사의 눈물이 누가 먼저라고 할 것 없이 두 사람의 눈에서 흘러나왔다. 이 이후에 만식이는 보배를 "종달새"라고 부르면서, 함께 멀리 떨어져 있는 교회에 출석한다. 이들은 복음 전도자로서의 삶을 살며, 자신의 집에서 성경 공부를 인도한다. 믿음을 삶 속에서 구체적으로 실천하는 부부의 모습을 보는 것이다.

> 달빛 속에서 그녀는 손을 내밀어, 남편이 눈치 채지 못하도록 아주 부드럽게 그의 옷자락을 만졌다. 그리고 하늘을 향해 낮은 소리로 중얼거렸다. "이제 모든 세상이 변화되었다."

> She reached forward in the moonlight and touched her husband's garments so gently that he did not perceive it, and murmured something softly to herself, with upturned face. "All the world is changed now," she said. (123)

하나님으로 인해 세상이 변하고 자신들의 삶이 바뀌었음을 이 소설의 마지막 문장에서 결론으로 "이제 모든 세상이 변했어요"라는 보배의 말을 통해 명확하게 제시하고 있다.

이 소설을 읽으면서 계속해서 숨이 막혀오는 것은 왜일까? 소설임에도 불구하고 허구로 다가오지 않고 현실의 모습 즉 우리들의 이야기로 다가오는 것은, 단지 이 소설이 이 땅 이 한국 사회에 바탕을 두고 있기 때문만 일까?

탄탄하고 치밀한 극적 구성, 풍부한 이야기의 소재, 부드럽고 화려한 문장력, 섬세한 관찰 및 묘사, 객관적이고 냉철한 분석, 작중 인물들을 향한 따뜻한 시선, 탁월한 심리 묘사 등은 이 소설이 단지 전도를 목적으로 한 소설에 그치지 아니하고, 그 쓰여진 목적을 떠나서 문학성이 뛰어난 작품으로 남기에 충분하다.

2. 허구속의 또 다른 현실: 「고영규젼」

「고영규젼」이 출판된 1911년은 애니 베어드가 1891년에 한국에 온 후 20년이 되는 해였다. 따라서 그녀는 한국인의 생활상을 깊숙이 이해하고 또한 한국어를 능숙하게 구사할 수 있는 가운데 이 작품을 썼을 것으로 추측된다.[4)]

애니 베어드는 여러 가지 면에서 다양한 문학적 기교를 사용하고 있는데, 그 중 하나가 주인공을 각기 다르게 설정하는 것이다. 『한국의 새벽』에서는 여자를 주인공으로 하고 있고, 「고영규젼」에서는 남자를 주인공으로 하고 있으며, 「부부의 모본」에서는 부부를 주인공으로 내세우고 있다. 즉, 애니 베어드는 자신이 여자로서 한국인 여자의 삶 뿐만 아니라 남자의 삶과 부부의 삶에도 동일한 관심을 가지고 있었음을 알 수 있다. 그녀가 한국인들의 일상의 삶의 현장에 다양하게 동참하고 있었음을 보여주는 대목이라 하겠다.

「고영규젼」은 애니 베어드가 1911년에 경성 예수교서회에서 출판한 『고영규젼』에 실린 두 작품 중의 하나로, 숭실대학교 한국 기독교 박물관이 소장하고 있다. 「고영규젼」은 제1장부터 제5장까지의 다섯 부분으로 나누어져 있으며, 삽화는 당대의 풍속화가 김준근이 그렸는데, 작품 사이사이에 모두 6편이 들어있다. 주요 등장인물은 고영규,

4) 애니 베어드는 한국에 온 지 25년이 되는 1916년에 52세의 나이에 소천했는데, 그녀가 젊은 나이에 순교하지 않았다면 그녀의 탁월한 문학적 재능으로 더 많은 훌륭한 기독교 문학 작품들을 영어와 한국어로 썼을텐데 하는 아쉬움이 짙게 남는다.

고영규의 아내, 길보배, 고영규의 할머니, 전도인 등 5명이다. 이 작품의 주제는 다음과 같이 정리할 수 있겠다. 즉, 일찍부터 인생의 의미를 찾던 주인공이 세상을 추구하며 헛된 길을 가다가 실망하고, 결국은 기독교에 귀의하여 참 만족과 기쁨을 발견하고 부인과 함께 크리스천 가정의 본을 보이며 행복하게 산다는 내용이다. 비기독교인이 기독교인이 되는 과정과 그 결과를 그리고 있는 작품이다.

「고영규젼」은 이야기의 배경을 제 1장의 첫 문장에서 다음과 같이 설명하고 있다.

> 화셜 이젼에 아모도 아모고을 사는 고영규라 ᄒᆞ는 열세셜즘 난 ᄋᆞᄒᆡ가 잇ᄂᆞᆫᄃᆡ 그집이 산골에 잇서 다른 사름을 잘보지못ᄒᆞᄂᆞᆫ고로 그곳 밧긔는 다른 셰상이 엇더ᄒᆞᆫ지도 아지못ᄒᆞ고 그부모는 다 일즉 죽고 그집이 가난ᄒᆞ야 어려셔 멧ᄒᆡ동안은 학당에 ᄃᆞᆫ녀스나 좀큰후에는 공부를 긋치고 집에셔 농사일을 돕ᄂᆞᆫᄃᆡ 봄에는 밧츨갈아 죵ᄌᆞ를심으고 여름에는 김ᄆᆡ고 가을에는 츄슈ᄒᆞ며 ᄯᅩ 낫과 갑지를 가지고 산에 올나가 겨울동안 불살올나무를 거두어쌋터라.[5]

극적인 배경 설정을 위해 노력한 흔적이 역력하다. 다시 말해, 독자들로 하여금 이러한 어려운 환경의 소년이 앞으로 어떻게 이 상황을 타개해 나갈 지에 대해 호기심을 갖도록 유도하고 있다.

주인공 영규는 세상에 동화되기 보다는 더 나은 삶을 고민한다.

---

5) 배부인(애니 베어드).『고영규전 *Two Short Stories*』. (1). 앞으로 이 책에서의 인용은 책 쪽수만 표기한다.

> 영규가 ᄆᆡ양바회겻헤나 수풀가온ᄃᆡ 이ᄀᆞᆺ치누어 ᄉᆡᆼ각ᄒᆞᆯᄣᅢ에 ᄆᆞ음이 답답ᄒᆞ고 비감ᄒᆞᆫ 회포가 잇스니 이는제몸을 보고 사ᄅᆞᆷ이란거시 무엇인가 구름과ᄀᆞᆺ치 공연히 셰샹에 나셔 얼마동안 곤고히 류리ᄒᆞ다가 도라갈ᄣᅢ에는 이셰샹보다 더어려온곳으로갈가 근심ᄒᆞ고 ᄯᅩ 이셰샹 사ᄅᆞᆷ들이 술먹고 투젼ᄒᆞ며 욕ᄒᆞ고 싸호ᄂᆞᆫ것과 여러가지 됴치못ᄒᆞᆫ 일힝ᄒᆞᄂᆞᆫ거슬 헤아려보고 ᄆᆞ음에 ᄉᆡᆼ각ᄒᆞᄃᆡ 사ᄅᆞᆷ이 다이ᄀᆞᆺ치될수 밧긔업ᄂᆞᆫ가 내가엇지ᄒᆞ면 이보다 나흘가ᄒᆞ야 ᄒᆞᆫ번 이ᄀᆞᆺ치 묵샹ᄒᆞᆫ후에 집으로ᄂᆞ려와셔 ᄒᆞ로동안아모것도 먹지아니ᄒᆞ니. (2)

더 나아가, 그는 내세에 대한 막연한 불안을 가지고 있다. 어렴풋하게나마 사후 세계와 영적인 세계에 대한 관심을 가지고 있음을 알 수 있다. 이에 반해, 영규 할머니의 인생관은 이와는 정반대이다.

> 그할마니웃고 ᄀᆞᆯᄋᆞᄃᆡ 신령ᄒᆞᆫ ᄆᆞ음을 엇은 사ᄅᆞᆷ이 어ᄃᆡ잇겟ᄂᆞ냐 너는 밥이나 먹어라 ᄒᆞ고 몸을도로켜 가슈ᄒᆞ며 스ᄉᆞ로 외이ᄂᆞᆫ말이 울툭둘툭 뎌남산보게 너도죽으면그모양되겟네ᄒᆞ더라. (3)

할머니의 인생관은, 사람에게 영적인 일은 없고 오직 눈에 보이는 것만 있을 뿐이고 사람이 죽으면 눈에 보이는 자연이 된다는 사상이다. 여기서 할머니는 하나님을 믿지 않는 당시의 평범한 한국 사람들의 생각을 대표하고 있다 하겠다.

영규도 나이가 들면서 점점 세속적이 되어간다. 세상을 향해 나아가는 영규의 모습 속에서, 자신의 고민을 진지하게 발전시켜 나가지 못하는 한계를 보게 된다.

제2장에서는, 영규의 부인이 될 길보배의 일상의 모습을 그리고

있다.

> 이ᄯᅢ에 그 뎡혼ᄒᆞᆫ안ᄒᆡ 길보ᄇᆡ는 그 갓가온동ᄂᆡ에 사ᄂᆞᆫᄃᆡ 동ᄉᆡᆼ이만하 보ᄇᆡ가 어려슬ᄯᅢ브터 그아오들을 업고 ᄃᆞᆫ니며 ᄯᅩ그 집일을 부즈런히 돕ᄂᆞᆫᄃᆡ 아ᄎᆞᆷ에는 일즉니러나셔 밥을짓고 가슈ᄒᆞ며 날이 됴흘ᄯᅢ에는 ᄲᆞᆯᄂᆡ가음을머리에 니고 시내가헤가셔 ᄲᆞᆯᄂᆡᄒᆞ여다가 양디겻헤 너러말니우며 저녁에는 밤이깁도록 그어마니와 ᄒᆞᆷᄭᅴ방치질을ᄒᆞ며 바느질이나 모든일을다힘ᄡᅥᄒᆞ야 잠시라도 셰월을 헛되히 보내지아니ᄒᆞ더라. (4)

이러한 보배의 모습은 당시의 한국 여인들의 하루하루의 삶의 모습을 보여주는 것이다. 집안일들에 쌓여서 자신을 위한 시간은 전무한 상태, 바로 그 상태였다. 그러한 상황 가운데, 결혼에 대한 보배의 태도가 다음과 같이 그려지고 있다.

> 이ᄀᆞᆺ치일을 부즈런히ᄒᆞ야 즐겁게지내되 오직ᄒᆞᆫ갓 걱정ᄒᆞᄂᆞᆫ 거슨 부모가 나를싀집보낼가ᄒᆞᆷ이러니 ᄒᆞ로는 그뎡혼ᄒᆞᆫ남편 영규의할마니가와셔 제부모와ᄒᆞᆷᄭᅴ 잔ᄎᆡ날ᄐᆡᆨᄒᆞᆫ거 슬의론ᄒᆞᆯᄉᆡ 보ᄇᆡ가 그말을 드르니 ᄆᆞ음이 울울ᄒᆞ야 그일면ᄒᆞᆯ방ᄎᆡᆨ만ᄉᆡᆼ각ᄒᆞ고 ᄭᅬ병을 지어 머리와다리가 압하셔 아모일도ᄒᆞ지 못ᄒᆞᆯ것ᄀᆞᆺ치 방바닥에 누엇더라. (4)

결혼에 대한 긍정적인 모습이나 기대감은 전혀 없고, 마지못해 의무적으로 결혼하는 상황이다. 또한 단순히 아들을 낳기 위한 한 가지 일념으로 절에 가는 보배를 통해 생활 속에 깊숙이 들어와 있는 불교의 한 모습을 보여주고 있다.

ᄒᆞ로는 보ᄇᆡ가 그ᄉᆡ할만니의게 엇더케ᄒᆞ면 아ᄃᆞᆯ을 나켓소 무르니 ᄉᆡ할마니 ᄃᆡ답ᄒᆞᄃᆡ 졀에가셔 부쳐의게 ᄇᆡᆨ일긔도나ᄒᆞ여 보쟈 나도젼에 ᄋᆞ희를낫치못ᄒᆞ야 ᄇᆡᆨ일긔도ᄒᆞ대 원대로 아ᄃᆞᆯ을나핫다ᄒᆞ니 보ᄇᆡ가 그말을듯고 날마다 향을가지고 졀에올나가셔 부쳐의게절ᄒᆞ고 비ᄂᆞᆫ말은 아ᄃᆞᆯ을 낫케ᄒᆞ쇼셔ᄒᆞ고 소즁의게 쌀과돈을주며 이처럼ᄇᆡᆨ일긔도 ᄒᆞᆯ동안은 그몸을 정결케ᄒᆞ랴고 ᄆᆡ일목욕ᄒᆞ며 고기도먹지 아니ᄒᆞ더니. (6)

불교를 믿어서가 아니고, 자신의 소원을 이루기 위해 절에 가서 정성을 다해 백일기도를 하는 보배는 당시 한국인들의 생활상을 그대로 투영하고 있다 하겠다. 이러한 상황 속에서 선교사로서 저자가 해야 할 역할을 간접적으로 제시하고 있는 듯하다. 또한 이 장면은 아들 선호 사상의 극치를 잘 보여주고 있다. 보배에게 있어서 유일한 희망은 아들을 낳는 것이었음에도 불구하고, 결국은 딸만 셋씩 낳음으로 마침내 남편은 가출해버리고 모든 희망이 다 사라져 버리게 된다. 아들을 낳기 위해 할 수 있는 모든 정성을 다했음에도 불구하고, 오히려 상황은 더 악화되어 버린다. 더 이상은 무엇을 어떻게 해볼 수 없는 지경에 이른 것이다. 영규도 또한 갖은 고생을 하고 감옥에 갇히는 신세가 된다. 그동안 전도를 받아왔으나 육체적인 쾌락에만 관심이 있고, 영적인 일에는 관심이 없었으나 마침내 감옥에서 마음이 열리고 복음을 받아들이게 된다.

그젼도인이 영규의손을잡고 옥문밧긔나아가 그압산에잇ᄂᆞᆫᄎᆞᆷ나무를 ᄀᆞᄅᆞ치며 닐ᄋᆞᄃᆡ 뎌나무를보라 지금은겨을동안 북풍한셜에 얼어죽은것ᄀᆞᆺᄒᆞ나 불구에봄이되여 온화ᄒᆞᆫ 양긔를밧으면 재닙ᄉᆞ귀와 ᄭᅩᆺ과열ᄆᆡ를 다시발ᄒᆞ지못ᄒᆞ겟ᄂᆞ냐 이와ᄀᆞᆺ

> 치 너도 지금은 허랑방탕ᄒᆞᆫ일에 ᄲᅡ져 죽은것ᄀᆞᆺᄒᆞ나 이제브터라도 ᄆᆞᄋᆞᆷ을열어 셩신의감화ᄒᆞᆷ을 밧으면 뎌나무와 ᄀᆞᆺ치다시사ᄂᆞᆫ힘을엇고 ᄯᅩ뎌나무가 젼ᄒᆡ에 돗엇던닙ᄉᆞ귀를 ᄇᆞ리고 새닙ᄉᆞ귀를 발ᄒᆞᆷᄀᆞᆺ치 너도젼에ᄒᆡᆼᄒᆞ던 악습을 ᄇᆞ리고 새ᄒᆡᆼ실의열ᄆᆡ를 ᄆᆡᆺ치리라ᄒᆞ니 이ᄢᅢ에 영규가 ᄒᆞᆫ편으로는 반가히듯고눈물을 흘녓스나 ᄒᆞᆫ편으로는 그은혜가너무커셔 ᄌᆞ긔는 감당치못ᄒᆞᆯ줄노알더라. (11)

한동안 잊고 지냈으나, 어릴 때부터 고민해오던 문제들이 일순간에 다 해결된 듯한 영규의 모습이다. 영규의 가슴 벅찬 모습이 구체적으로 묘사되어 있다. 또한 영규는 죄 사함에 대한 확신을 가지게 된다. 드디어 기쁨과 은혜가 그 마음에 가득하게 된 것이다.

> ᄆᆞᄋᆞᆷ이 심히 ᄋᆡ통ᄒᆞ야 자지도못ᄒᆞ고 슯히울ᄢᅢ에 하ᄂᆞᆯ노셔 ᄂᆞ려보내신쟈가 엄엄ᄒᆞᆫ위풍을 씌고 그압헤서셔 위로ᄒᆞ야 ᄀᆞᆯᄋᆞᄃᆡ 내ᄉᆞ랑ᄒᆞᄂᆞᆫ 아ᄃᆞᆯ아 죄가원통ᄒᆞ야 더울지말고 니러나셔 나를위ᄒᆞ야 열ᄆᆡ를 ᄆᆡᆺ치라 ᄒᆞ니 영규가 이말을듯고 ᄆᆞᄋᆞᆷ이 ᄆᆡᆼ렬ᄒᆞᆫ 불속에셔 나아온것ᄀᆞᆺ치 싀원ᄒᆞ고 가ᄇᆡ야와 이ᄢᅢ브터 제젼에지은 죄를 다샤ᄒᆞ야 주심을 밧은줄알고 ᄆᆞᄋᆞᆷ에 감샤ᄒᆞᆷ과즐거옴으로 ᄆᆞᄋᆞᆷ에 ᄎᆡ웟더라. (12-13)

하지만, 영규가 집을 나간 이후 보배는 매우 힘든 생활을 한다. 그 결과 그녀는 더욱 미신을 의지하게 된다.

보배는 어디를 가든지 무엇을 하던지 귀신이 있다고 믿고, 먼저 귀신을 위하고 섬기는 자세를 가지고 있다. 굶주려 죽을 걱정을 하면서도, 귀신에게는 꼭 밥을 주는 정성을 다한다. 이러한 정성이 기독교를 접한 이후에도 그대로 이어진다. 즉, 미신을 믿는 연장선상에서 기독교를 이해한 것이다.

> 보ᄇᆡ가 ᄯᅩ무르ᄃᆡ 엇더케 셤기면 됴타고 ᄒᆞᄂᆞᆫ말을 못드럿소 밤에나아가셔 물을쪄노코 칠셩의게 졀ᄒᆞᆫ다고 ᄒᆞ더잇가 그녀인ᄃᆡ답ᄒᆞ되 필경 그러ᄒᆞᆯ 듯 ᄒᆞ다ᄒᆞ고 가더라 보ᄇᆡ가 집에 도라와셔 그날브터 밤마다 나아가셔 그릇에 ᄆᆞᆰ은물을 쪄노코 칠셩의게 절하고 구ᄒᆞ기를 하ᄂᆞ님ᄭᅴ셔 나로ᄒᆞ여곰 예수를 밋게ᄒᆞ야 주옵쇼셔ᄒᆞ더라. (16)

예수를 믿게 해달라고 칠성에게 기도하는 보배의 모습은 한편으로는 안스러우면서도 한편으로는 웃음이 절로 나오는 장면이다. 저자는 보배를 통해 미신과 기독교가 혼합되어 있는 모습을 해학적으로 표현하고 있는 것이다. 하지만 보배의 간절한 마음이 아주 잘 표현되어 있다. 이러한 마음이 결국은 통해, 드디어 영규가 변하게 된다.

> 보ᄇᆡ가 이샹히녁여 ᄀᆞᆯᄋᆞᄃᆡ 이는 나의남편 이아니로다 어ᄃᆡ셔 이ᄀᆞᆺ흔새ᄆᆞᄋᆞᆷ을 엇엇ᄂᆞ뇨ᄒᆞ니 영규 ᄃᆡ답ᄒᆞᄃᆡ 내가 하ᄂᆞ님ᄭᅴ셔 보내신 예수를 밋고 그분부ᄒᆞ심을 밧아스니 눈먼 사ᄅᆞᆷ이 보ᄂᆞᆫ것ᄀᆞᆺ고 죽은 사ᄅᆞᆷ이 다시 산것ᄀᆞᆺ치 되엿ᄂᆞᆫᄃᆡ 우리ᄂᆡ외는 다 그를 밋어 은혜를 밧읍시다ᄒᆞ고 황혼ᄃᆞᆯ밤에 ᄒᆞᆷᄭᅴ 업ᄃᆞ여 하ᄂᆞ님ᄭᅴ 긔도ᄒᆞ고 예수를 ᄯᆞ라 가기로 작뎡ᄒᆞ더라. (17)

너무나 변한 영규의 태도에 보배는 한동안 믿지를 못한다. 하지만 영규의 확신에 보배의 마음도 서서히 열리게 된다.

> 영규가 ᄆᆞᆺᄎᆞᆷ동창에 날이 ᄉᆡᄂᆞᆫ거슬 보고 그안ᄒᆡ를 팔굽으로 붓들고 ᄀᆞᆯᄋᆞᄃᆡ 우리ᄎᆞᆷ보ᄇᆡ스러온 안ᄒᆡ여 이날이 새로시작 ᄒᆞ

> ᄂᆞᆫ것ᄀᆞᆺ치 우리도 젼에ᄒᆞ던 악ᄒᆞᆫ거슨 다ᄇᆞ리고 새로히ᄒᆞᆫ일을 시작ᄒᆞ야 ᄉᆡᆼ젼에 텬당길을 ᄒᆞᆷ씌ᄃᆞᆫ니다가 ᄉᆞ후에 영원ᄒᆞᆫ 복락을 ᄀᆞᆺ치 누리쟈ᄒᆞ니. (18-19)

부인 이름을 따서 "우리 참 보배스러운 아내여"라고 부인을 부르는 영규. 부인을 보배로 생각하는 그의 태도는 이전과는 완전히 다른 모습이다. 이제 영규는 부인을 정말 보배로 여긴다. 이러한 영규의 태도는 부인을 "보배"로 여겨야 한다는 이 책의 저자 애니 베어드의 태도가 투영된 것이라 하겠다. 이 책에서 뿐만 아니라, 『한국의 새벽』에서도 여주인공의 이름이 보배이다. 또한 「부부의 모본」에서는 여주인공의 이름이 진주이다. 여 주인공들의 이름을 통해, 저자의 여성관을 확실하게 알 수 있는 대목이다.

이 소설은 다음과 같은 말로 그 마지막을 장식한다.

> 그ᄯᅢ브터 영규가 집을 잘다ᄉᆞ리고 열심으로 그 리웃 사ᄅᆞᆷ의게 복음을 젼파ᄒᆞ야 모본이 되엿스니 멧ᄒᆡ못ᄒᆞ여 그곳에 밋ᄂᆞᆫ 사ᄅᆞᆷ이 만히 ᄉᆡᆼ겻더라. (19)

「고영규젼」은 「부부의 모본」의 전편이라 할 수 있다. 왜냐하면, 「고영규젼」은 믿지 않는 부부의 회심 과정을 그리고 있는 데 반해, 「부부의 모본」에서는 크리스천 남녀가 결혼하여 믿음의 가정을 이루는 과정을 그리고 있기 때문이다.

3) 허구와 현실의 만남: 「부부의 모본」

「부부의 모본」은 「고영규전」에 비해 내용이 짧을 뿐만 아니라, 묘사보다는 설명 위주로 되어 있으며, 전체 2장으로 구성되어 있다. 풍속화가 김준곤이 그린 삽화는 모두 4편이 들어있다. 각각 크리스천 가정에서 성장한 박명실과 양진주가 성인이 되어 둘이 결혼을 하여 말씀 안에서 믿음의 가정을 이룬다는 내용이다. 결혼과 관계된 성경 말씀이 이야기의 뼈대 역할을 함으로, 성경 말씀이 이야기의 중심에 위치하고 있다. 작품이 묘사보다는 설명 위주로 되어있는 이유도 여기에 있다 하겠다. 하지만, 뛰어난 문학적 기교가 돋보이는 작품이다.

먼저, 남편과 아내의 관계를 큰 나무와 멀구너출의 관계로 비유하고 있다.

> ᄒᆞ로는 명실이 산에 올나가셔 놀ᄉᆡ 거긔 큰나무에 멀구너출이 덥허잇ᄂᆞᆫ거슬보고 ᄆᆞ음에 ᄉᆡᆼ각ᄒᆞᄃᆡ 이나무는 ᄎᆞᆷ 리치대로 힝ᄒᆞᄂᆞᆫ ᄂᆡ외를 ᄀᆞᄅᆞ침이로다 뎌크고 힘만흔 나무는 지아비와 ᄀᆞᆺ치 연약ᄒᆞ고 희느러지는 넉쑬을 밧치ᄂᆞᆫ것 되고 뎌 연약ᄒᆞ고 감기ᄂᆞᆫ 너출은 지어미와 ᄀᆞᆺ치 그 ᄎᆞᆷ나무를 의지ᄒᆞ야 흠잇ᄂᆞᆫ거슬 가리우고 북풍한셜을 막ᄂᆞᆫ쟝식이 되ᄂᆞᆫ거시라 ᄒᆞ더라.[6]

저자의 세심한 관찰력과 독창적인 비유가 빼어난 장면이다. 또한 부부를 활등과 활줄로 비유한 비유법은 부부 관계에 대한 쉬우면서도

6) 배부인(애니 베어드). 「고영규전 *Two Short Stories*」. (22). 앞으로 이 책에서의 인용은 책 쪽수만 표기한다.

명확하고 독특한 표현이라 하겠다.

> 이에 그탁ᄌᆞ 우헤걸닌 활을가지고 ᄀᆞᆯᄋᆞᄃᆡ 이거슬보라 남녀 ᄇᆡ필이란거슨 이와 ᄀᆞᆺ흐니 남편은 활등과 ᄀᆞᆺ고 안ᄒᆡ는 활줄과 ᄀᆞᆺᄒᆞ야 줄이 능히 그 등을 휘일수는 잇스나 그등을 ᄡᆞ라 슈복ᄒᆞᄂᆞᆫ거시라 ᄒᆞᆫᄃᆡ. (25)

더 나아가 당시의 결혼 풍습과 특별히 딸을 둔 부모의 마음이 잘 표현되어 있다.

> 그 아부지 ᄃᆡ답ᄒᆞ되 ᄯᆞᆯ을낫ᄂᆞᆫ폐가 이섄이니 그 날ᄶᅢ브터 쟝셩ᄒᆞ기ᄭᆞ지 날노더귀ᄒᆞ고 ᄭᅩᆺ시ᄎᆞᆺᄎᆞ퓌ᄂᆞᆫ것과 ᄀᆞᆺ치 그 아름다온 ᄒᆞᆼ실이 더옥 펴지다가 ᄆᆞᆺᄎᆞᆷ 저도 아지못ᄒᆞ고 우리도 그 셩픔이 엇더ᄒᆞᆫ지 아지못ᄒᆞᄂᆞᆫ 남편이 와셔 부모 품에셔 탈취 ᄒᆞ야가ᄂᆞᆫ 거시라ᄒᆞ고. (26-27)

결혼을 부모 품에서 딸을 빼앗아 가는 것으로 묘사하고 있다. 결혼을 앞두고 온 가족이 슬퍼하는 모습은 아이러니하다 못해, 독자들도 절로 슬퍼지는 장면이다. 딸의 결혼을 앞두고 있는 한 가정의 모습을 사실적으로 그리고 있다.

> 진쥬가 그 어마니의 말을듯고 이윽ᄒᆞ야 ᄒᆞᄂᆞᆫ말이 그러나 싀집이멀고 ᄉᆡᆼ소ᄒᆞᆫ 싀어마니와 낫션 남편의게 싀집가ᄂᆞᆫ거시 ᄎᆞᆷ 근심스럽다ᄒᆞ며 가만히 우니 그어마니가제ᄯᆞᆯ이 눈물노써 그 옷가음을 젹시ᄂᆞᆫ 거슬보고 져도울며 ᄀᆞᆯᄋᆞᄃᆡ 우리 귀ᄒᆞᆫᄯᆞᆯ아 울지마라 나도 이대ᄉᆞ가 엇더케 될넌지는 알수업스나 ᄯᆞᆯ의 ᄒᆞᆯ거슨 ᄒᆞ나 밧긔업ᄂᆞ니 이는 하ᄂᆞ님을 밋고 ᄯᅩ 남편된사ᄅᆞᆷ을 밋으라 ᄒᆞ더라. (25-26)

그러면서도, 진주 부모의 관계를 보여주는 표현은 매우 정겹다. 부부간에 서로 사랑하는 다정한 부모의 모습을 보고 자란 진주가 결혼하여 행복한 가정을 이루는 것은 어쩌면 당연하다 하겠다.

> 우리ᄯᆞᆯ이 나아간후에는 이집이 얼마나 정막ᄒᆞᆯ고ᄒᆞ니 그 안ᄒᆡ가 남편의 손을잡고 ᄀᆞᆯᄋᆞᄃᆡ 그ᄯᅢ에는 우리 고젹ᄒᆞᆫ부부가 서로 더옥 ᄀᆞᆺ갑게 지냅세다ᄒᆞᆫᄃᆡ 그 남편이 안ᄒᆡ의 손을 ᄆᆞᆫ지며 그리ᄒᆞᆸ시다 ᄒᆞ더라. (27)

드디어, 명실과 진주가 결혼을 하고 신랑이 신부 방에 들어가는 장면을, 대제사장이 성소에 들어가는 것에 비유해서 묘사하고 있다.

> 그 방에드러갈ᄉᆡ 그 쳐녀를 인ᄒᆞ야 그 방이엄정ᄒᆞ매 구약 셩경에 대졔ᄉᆞ쟝이 셩소에 드러가ᄂᆞᆫ것 ᄀᆞᆺᄒᆞᆫ줄 알고 문밧긔업ᄃᆡ여 하나님ᄭᅴ 긔도ᄒᆞ되 하ᄂᆞ님ᄭᅴᄋᆞᆸ셔 나로ᄒᆞ여곰 이 혈긔를 ᄎᆞᆷ고 인정을 나타내게ᄒᆞ여 주ᄋᆞᆸ쇼셔ᄒᆞ고 방에 드러가더라. (28)

신혼 첫 날 밤의 부부의 합방을 거룩하며 하나님의 축복으로 묘사하고 있는 장면은 실로 압권이다.

제2장에서는 남편을 위해 최선을 다하는 진주의 모습을 보여주고 있다. 남편의 사랑에 보답하고자 성실히 노력하는 마음이 그대로 보인다.

> 남편이업슬ᄯᅢ라도 ᄆᆞ음으로 그남편을 모시고 잇고 남편이 올ᄯᅢ되면 그 발소ᄅᆡ를 분별ᄒᆞ야 반가히 영졉ᄒᆞ며 ᄯᅩ ᄭᆡᆨ긋ᄒᆞ고 보기됴케 ᄒᆞ랴고 닐헤동안에 ᄒᆞᆫ번식 목욕ᄒᆞ며 ᄯᅩ 날마다 목물

ᄒᆞᆫ후에 머리빗고 옷슬 더럽게 닙지아니 ᄒᆞ더라. (29)

하지만, 예수를 믿음에도 불구하고 전통적인 사고방식을 벗어나지 못하는 (시)어머니를 통해 신앙인의 한계도 동시에 보여주고 있다.

> 그 어마니가 비록 예수를 밋으나 구습을ᄯᆞ라 그 아ᄃᆞᆯ과 며ᄂᆞ리의게 인정스럽게 지내ᄂᆞᆫ거슬 보고 싀긔ᄒᆞ야 ᄒᆞᄂᆞᆫ말이 네가 안해를 이ᄀᆞᆺ치 잇기면 오ᄅᆡ지 아니ᄒᆞ야 뎌가 너를 사ᄅᆞᆷ아니라고 ᄒᆞ야 안ᄒᆡ의 직분을 경홀이녁여 제고집대로만 ᄒᆞ겟다ᄒᆞ니.(30)

그럼에도 불구하고, 며느리 입장에서 시어머니를 어떻게 대해야 하는 지, 이러한 상황에서 아들과 남편으로서의 태도는 어떠해야 하는지를 잘 보여주고 있다. 말씀 안에서 말씀을 따라 권면할 때 결국은 완고한 (시)어머니도 마음을 돌이키게 된다.

또한, 『한국의 새벽』과 「고영규젼」에서는 전혀 나오지 않던 부부의 태교의 모습이 길게 묘사되고 있다. 아마도 기독교인 부부와 비기독교인 부부가 임신을 대하는 태도에 있어서도 다름을 보여주는 장면이 아닐까 한다. 명실과 보배는 최선을 다해 태교에 임한다.

> 진쥬가 그젼에도 유순ᄒᆞ야 슌죵을 잘 ᄒᆞ엿거니와 ᄋᆞ기를 잉ᄐᆡᄒᆞᆫᄯᆡ브터 ᄋᆞ기ᄂᆞᆫ 그 어마니의 셩품이 션악ᄃᆡ로 ᄯᆞ르ᄂᆞᆫ 줄 알아 제ᄆᆞᄋᆞᆷ을 잘 다ᄉᆞ려 셩내ᄂᆞᆫ것과 싀긔ᄒᆞᄂᆞᆫ것과 ᄂᆞᆷ을뮈워ᄒᆞ야 욕ᄒᆞᄂᆞᆫ것과 잔말ᄒᆞᄂᆞᆫ거슬 다ᄇᆞ리고 더옥 ᄂᆞᆷ을 ᄉᆞ랑ᄒᆞ야 복죵ᄒᆞᆯ ᄆᆞᄋᆞᆷ으로 지내며 명실이도 그 안ᄒᆡ가 어마니가 되어 ᄐᆡ샹즁에 잇슬 동안 쳔만괴롭고 ᄒᆡ산ᄒᆞᆯᄯᆡ에도 죽을 욕을볼가ᄒᆞ야 젼보다 더욱 ᄉᆞ랑ᄒᆞ며 ᄋᆡᆨ기고 보호ᄒᆞ랴고 ᄒᆞ엿스나 그러나 ᄐᆡ모를 엇더케 간슈ᄒᆞ야 됴흘넌지 아지못ᄒᆞ더니 ᄒᆞ로는 그 곳에와서 류ᄒᆞᄂᆞᆫ 매셔의게 ᄐᆡ모위ᄉᆡᆼ라ᄒᆞᄂᆞᆫ ᄎᆡᆨ을사셔 보고

> 그 ᄀᆞᄅᆞ친 대로 홀식 그 안ᄒᆡ의 ᄆᆞ음을 평안케 ᄒᆞ고져ᄒᆞ야 악ᄒᆞᆫ 소ᄅᆡ와 모든 됴치못ᄒᆞᆫ거슬 듯고 보지못ᄒᆞ게ᄒᆞ야 범ᄉᆞ에 ᄆᆞ음을 답답게 아니ᄒᆞ며 괴로온즁에 더 괴로울가ᄒᆞ야 아모됴록 졍의만 나타내 더라. (32-33)

그리고 이웃집에 사는 비기독교인 부부의 불화하는 모습을 대조적으로 실감나게 표현하고 있다.

> 그 겻헤집에셔 요란ᄒᆞᆫ 소ᄅᆡ가 나ᄂᆞᆫᄃᆡ 남편은 호령ᄒᆞ고 안ᄒᆡ는 거ᄉᆞ려 ᄃᆡ답ᄒᆞ야 아니ᄒᆞ겟다ᄒᆞ며 ᄡᅡᆼᄡᅡᆼᄒᆞ며 소ᄅᆡ도지르다가 옷슬벗고 머리를 풀어헷친 녀인이 그 문을차고 나아와 도망ᄒᆞ매 그 남편된쟈가 몽치를 더지며 ᄶᅩᆺᄎᆞ내니. (35)

기독교인 가정과 비기독교인 가정을 극적인 대조를 통해 비교하여 보여줌으로써, 작품이 후반으로 가면서 극적 반전을 시도하고 있는 것이다. 명실의 말씀에 바탕을 둔 설득에 어머니가 드디어 마음을 바꾼다. 작품의 톤이 절정에 도달하는 순간이다.

> 그 모친의 ᄆᆞ음이 갑쟉이 변ᄒᆞ야 ᄀᆞᆯᄋᆞᄃᆡ 아ᄃᆞᆯ의 ᄒᆞᄂᆞᆫ일이 올토다 지금 내가 ᄉᆡᆼ각ᄒᆞ야보니 이ᄉᆞ이 담 이편은 텬당이 잇고 뎌편은 디옥이 잇도다 ᄒᆞ더라. (35)

결국은 마지막 장애물이었던 (시)어머니도 그 마음을 돌이킴으로 이제 이 가정은 고부간의 갈등마저 해결된 행복한 가정이 된다.

이 작품의 결론은, 기독교인이며 외국인이고 유부녀인 저자가 직접 나서서 일인칭 시점으로 주제를 말함으로 그 종지부를 찍는다. 저자의 한국 부부들을 향한 간절한 사랑이 녹아나는 대목이다.

> 새로혼인ᄒᆞ야 ᄇᆡ필된 부부들과 쟝ᄎᆞᆺ 혼인ᄒᆞᆯ 남녀들아 내경계 ᄒᆞᄂᆞᆫ말을 드러보라 사ᄅᆞᆷ이 ᄒᆞᄂᆞᆫ일즁에 혼인ᄒᆞᄂᆞᆫ거시 뎨일즁대ᄒᆞᆫ거시니 그 ᄇᆡ필마다 그일이 잘되기를 ᄇᆞ랄뿐아니라 무ᄉᆞᆷ 묘칙을 베프러야 할지니 이 묘칙은 부부둘이 다 서로 잇기고 서로 ᄉᆞ양ᄒᆞ며 피ᄎᆞ ᄌᆞ복ᄒᆞ야 용셔ᄒᆞ며 서로ᄎᆞᆷ고 견ᄃᆡᄂᆞᆫ거시오 ᄯᅩ 지어미 된 쟈는 그 지아비의 됴화ᄒᆞ고 뮈워ᄒᆞᄂᆞᆫ거슬 알고 아ᄂᆞᆫ대로 제의 ᄒᆡᆼ지 거동과 집일을 잘 단쇽ᄒᆞᆯ거시오 지아비 된쟈도 지어미의게 졍의를 베프ᄂᆞᆫ것 밧긔ᄂᆞᆫ 그 ᄆᆞᄋᆞᆷ을 감동케ᄒᆞᆯ 권능이 업ᄂᆞᆫ줄 알터인ᄃᆡ 도로혀 지아비 된쟈는 제주머귀 힘만밋고 ᄯᅩ 지어미된이는 그 지아비를 거ᄉᆞ리ᄂᆞᆫ것과 샹거가 얼마나 크리오 이 경계대로 ᄒᆡᆼᄒᆞ면 부부가 후 셰샹 락원에 드러가셔 영원ᄒᆞᆫ 복을 누릴ᄲᅮᆫ만 아니오 이류츄ᄒᆞᆫ 셰샹에 잇슬ᄯᆡ라도 락원을 ᄆᆞᆫ들고 그 가온ᄃᆡ 잇슬수 잇스리니 불구에온 죠션나라에도 이ᄀᆞᆺᄒᆞᆫ 금슬지락으로 집집이 ᄎᆡ우기를 ᄇᆞ라노라

이 작품의 아쉬움을 2가지만 지적하면 다음과 같다. 첫째는, 등장인물들에 대한 묘사가 부족하다는 것이다. 앞의 두 작품에 비해, 등장인물들이 살아있다는 느낌보다는, 마치 틀에 박힌 고정된 인물같은 느낌이다. 특히 주인공인 명실과 진주에 대한 형상화를 좀더 적극적으로 했으면, 작품에 생동감을 불어넣는데 더욱 성공적이지 않았을까 한다. 둘째는, 명실은 자신이 잘 아는 성경을 어머니에게 강요하듯이 들이댐으로 어머니를 설득하기보다는 오히려 불협화음을 더욱 조장하고 있다. 성경을 풀어서 (간접적으로) 설명한다든지, 실생활에 연관된 예를 들어서 어머니를 이해시키는 방법이 더 효과적이지 않았을까 한다.

서양 선교사가 한국에 들어오고, 성경과 찬송가의 한글 번역은 우리의 신 문학사를 여는데 중요한 역할을 했다. 다시 말해, 한글의 보급에는 기독교가 매우 중요한 역할을 했다. 개화기에서 근대로 이어지는 한국 기독교 문학사에서 외국 선교사가 영어로 또는 한국어로 한국을 소재로 쓴 기독교 소설은 당시 기독교가 한국 사회에 정착하는 과정에서 발생한 여러 현상들을 다양하게 보여주고 있다. 서로 다른 두 문화의 갈등과 소통을 문학 양식을 빌어 진솔하게 표현하고 있는 것이다. 특히, 서양 선교사의 눈을 통해 바라보고 해석된 당시 한국 사회의 모습과 종교적 양상들이 구체적이면서도 객관적으로 묘사되고 있는 것이다. 이 글에서 소개하고 분석한 애니 베어드의 작품들은 외국인이 한국에 대해 그리고 한국어로 썼다는 사실 이외에도, 작품의 완성도가 높을 뿐만 아니라 시기적으로도 다른 기독교 소설들에 비해 한층 앞선 것이어서[7] 더욱 그 의미와 자료적 가치가 있다 하겠다.

7) 「다정다한」(1907), 「야소교의 조선에 준 은혜」(1917), 「순교자」(1920), 「금십자가」(1924), 「흰닭」(1924), 「바람부는 저녁」(1925), 「마리아」(1926), 「곰」(1935) 등.

참고 문헌

김경완. 『고대 소설과 개화기 소설의 기독교적 의미』. 서울: 월인, 2000.

김병학. 『한국 개화기 문학에 나타난 기독교 사상 연구』. 조선대 박사학위논문, 2004.

리처드 베어드.『배위량 박사의 한국 선교』. 김인수 역. 서울: 쿰란출판사, 2004.

배부인(애니 베어드). 『고영규젼 *Two Short Stories*』. 경성: 야소교서회, 1911. 숭실대학교 한국 기독교 박물관 소장.

소재영, 김경완 편. 『개화기 소설』. 서울: 숭실대학교 출판부, 2000.

소재영 외. 『기독교와 한국 문학』. 서울: 대한기독교 서회, 1990.

이길연. 『한국 근. 현대 기독교 문학 연구』. 서울: 국학 자료원, 2001.

이인성. 『윌리암 베어드 박사의 한국선교와 숭실』. 서울: 숭실대학교 한국기독교박물관, 2007.

Baird, Annie L. A. Daybreak in Korea: A Tale of Transformation in the Far East. 2nd Ed. New York: Fleming H. Revell Company, 1909.

부록1. 「고영규전」 삽화

부록2. 「부부의 모본」 삽화

애니 베어드와 문서 선교

김경완 (숭실대학교)

❶ 들어가는 말

하나님께서 그분의 형상을 따라 창조하신 인간은 그 사실을 인생관의 중심에 기억하며 살아갈 때 아름다운 영혼과 마음, 그리고 소중한 몸을 가지고 자신의 생애를 풍요롭게 할 뿐만 아니라, 많은 이웃을 옳은 데로 인도하는 고귀한 생애를 살아가게 된다. 그래서 그의 이야기는 시대를 넘어 하늘의 빛과 같이 빛나며, 우주의 별과 같이 영원토록 비취게 된다.[1] 숭실대학교의 설립자 윌리엄 베어드의 부인 애니 베어드(Annie L. Baird, 안애리, 1864~1916)는 남편과 함께 이와 같은 생애를 산 인물로 볼 수 있을 것이다.

이 글은 애니 베어드와 문서 선교를 주제로 전개해 나갈 것이다. 먼저 애니 베어드의 삶과 신앙을 시간의 흐름에 따라 조명하고자 한다. 이어서 애니 베어드의 문서 선교에 대해서는 숭실대학교 한국기독교박물관에 소장되어 있는 『쟝자로인론』(1906), 『동물학』(1906), 『식물도셜』(1908), 『챵가집』(1920 2판, 초판 1915)을 통해 소개하기로 한다. 끝으로 애니 베어드의 문서 선교가 지니는 의미를 정리하고 이 글을 마칠 것이다.

---

1) 구약성경 〈다니엘〉 12장 3절..

❷ 애니 베어드의 삶과 신앙

애니 베어드의 선조는 미국의 개척자들이다. 애니 베어드는 교육을 중시하는 가정에 태어나 형제자매가 여럿이었음에도 불구하고 대학 교육을 잘 받은 지성인이었다. 애니 베어드는 신학 교육도 받았다. 그녀는 문학에도 뛰어난 소질을 보였으며, 대학을 졸업하고 기독교 단체에서 사회봉사를 하기도 했다. 애니 베어드의 삶은 그녀의 신앙이 실천되는 도장이었다고 할 수 있다. 특히 결혼 후 소천하기까지 한국에서의 여정에는 그녀의 신앙이 아름답게 아로새겨져 있음을 발견하게 된다.

1) 부모와 출생

애니 베어드는 미국 인디애나주 디케이터 카운티(Decatur County)의 부자인 농가에서 태어났다. 그녀의 아버지 제이콥 클렌데닌 아담스(Jacob Clendenin Adams, 1823-1881)는 농부였고, 지방 학교 교사였으며, 발명가요, 농민 공제조합 운동의 지도자였다. 그녀의 어머니 낸시 맥코이 해밀턴(Nancy McCoy Hamilton) 가문은 신앙적이고 검소하며 근면한 가풍을 지니고 있었고, 어려운 이들을 잘 돕기도 했다. 애니 베어드는 1864년 9월 15일에 출생했는데, 8명

---

2) Richard H. Baird, *William M. Baird of Korea a profile*, 1968. 4.

의 자녀들 중 여섯 번째였다. 그녀는 일곱 번째인 남자 동생과 쌍둥이로 태어난다[2]

애니 베어드의 부모는 미국의 청교도 신앙에 근거한 성실로 경제적 안정을 다지고 많은 자녀를 낳아 다복한 가정을 꾸렸음을 알 수 있다. 애니 베어드가 여섯 번째 자녀라는 점에서 여러 형제자매의 사랑을 받아가며, 협동심을 배우고 자랐을 것이라고 유추해본다.

2) 학창시절

애니 베어드는 1882년(18세)부터 1883년(19세)까지 오하이오주의 옥스퍼드에 있으며 웨스턴여자대학이 된 미스피바디여자신학교에서 공부했다. 1883년에서 1884년(20세)까지는 하노버대학에서 수학했다. 그녀가 하노버로 옮긴 이유는 쌍둥이 남동생과 함께 공부하기 위해서였을 것으로 보고 있다. 1884년부터 1885년(21세)까지는 와쉬번대학에서 학업에 매진하게 된다. 애니 베어드는 L.L.L.(Lady of Liberal Learning) 학위를 받는다.[3] 그녀는 자발적으로 문학 경력을 쌓으려고 습작을 했으며, 그 분야에 어떤 가능성도 보였다.[4]

애니 베어드는 교육열이 강했던 부모의 지도 아래서 여성이 대학을 졸업하는 것을 그리 반기지 않았던 시대적 환경 속에서도 적극적으로 공부에 임하여 학위를 받음으로 미래의 문서 선교를 위한 학문성과

---

3) Richard H. Baird, 3-4.

4) Richard H. Baird, 5.

문학성을 충분히 갖추게 되었던 것이다.

3) 신앙과 직업

애니 베어드의 신앙은 그녀가 학교 공부를 마친 뒤, 캔서스 주의 YWCA(여성기독교청년연합회) 간사가 된 데서 실천적으로 드러난다.[5] 신앙은 하나님의 부르심인 직업을 통해 잘 나타난다. 물론 정치 경제 사회 문화 그 어떤 분야의 일도 하나님의 부르심을 이루어드리는 것이다. 그중에서도 애니 베어드가 여성기독청년연합회의 간사로 사역을 시작했다는 것은 하나님 앞에서 사회에 믿음으로 봉사하겠다는 의지를 분명히 보여주는 선택이었던 것이다.

4) 선교 준비와 결혼

애니 베어드는 학생자원운동 집회에서 몇 차례 만났던 윌리엄 베어드와 많은 공통점을 발견하고 약혼을 하기에 이른다. 애니 베어드와 윌리엄 베어드는 1890년 여름에 조선 선교사로 지명을 받게 된다. 그리고 이들은 1890년 11월 18일에 결혼식을 올린다.[6] 애니 베어드의 약혼과 결혼은 그녀의 선교 준비와 맞물려 진행된 것을 발견할 수 있다. 결혼을 통해 한 집안에 안주하는 것이 아니라, 오히려 결혼을 통해 미지의 땅 조선에 나아가 복음을 증거하려는 열정에 불탔던 애니

---

5) 위의 글, 같은 쪽.

6) Richard H. Baird, 3-6.

베어드의 선교 비전을 읽을 수 있는 것이다.

5) 선교지로의 신혼 여행과 우리나라에의 정착

애니 베어드는 결혼식을 마치고 토페카를 떠나 서부로 향했다. 선박으로 1891년 1월 8일에 일본 요코하마에 도착한 그녀는 남편과 함께 도쿄와 오사카를 답사한다. 베어드 부부는 이곳에서 일본 선교사들을 만나 의미있는 신혼 기간을 보내게 된다. 이들은 1월 25일 고베를 출항하여 나가사끼와 대마도를 거쳐 1월 29일 부산항에 입항하므로 조선 땅에 정착하게 된다.

이들은 2월 1일 주일 저녁에 제물포에 도착했다. 애니 베어드는 인력거로 육로를 이동하게 된다. 베어드 부부는 2월 2일 저녁 헤론의 집에 도착하여 식사를 함께 한다. 이후 베어드 부부는 부산에서 사역을 개척하는 것이 결정된다.[7] 애니 베어드는 그녀의 남편과 함께 신혼 여행으로 유럽의 알프스산이나 호주의 시드니가 아닌 선교 사역지를 향해 일본을 거쳐 조선에 들어왔다. 그리고 낯선 조선 땅에 적응하기 시작했던 것이다. 그녀의 나이 27세였다.

6) 내조

애니 베어드의 선조들이 개척자였다는 점에서 조선에서의 초기 생

---

7) Richard H. Baird, 6-8.

활에 심리적 도움은 되었을 것이다. 하지만 가장 중요한 것은 그녀의 삶이 단순하며 진솔한 믿음에 의해 인도되고 유지되었다는 점이다. 애니 베어드는 하나님이 자신의 생애와 모든 우주를 이끄시며 다스려 주신다고 확실히 믿었다. 그녀는 영적인 깊이와 유쾌함, 재치, 친절과 매력, 지적 능력으로 조용하며 진지한 성품의 남편이 풍성한 삶을 살 수 있도록 내조했다. 애니 베어드의 모든 재능은 윌리엄 베어드의 사역을 동반자로서 지원하는데 헌신되었다.[8] 애니 베어드와 윌리엄 베어드는 조선에 대한 선교 비전 가운데 하나가 되어 있었다.

조용하며 차분하게 그러나 인내심 있게 선교 사역에 몰두하는 남편을 애니 베어드는 그 반대되는 성격인 유쾌함과 재치로, 공통된 성격인 영적인 깊이와 지적 능력으로 내조하므로 베어드 부부의 선교 사역이 균형과 조화를 이루어 갈 수 있도록 주도한 것을 알 수 있다.

7) 우리나라에서의 선교 활동

애니 베어드가 남편과 함께 추구한 선교 활동은 기독교 가정의 모습을 통한 복음 증거, 사랑방 전도, 문서 전도, 답사 전도 여행이었다.[9] 애니 베어드는 평양 숭실학당에서 주 1시간씩 식물학을 가르쳤다.[10] 그녀가 가르치는 식물학은 하나님의 창조물로서의 식물을 전문

8) Richard H. Baird, 83-84.

9) Richard H. Baird, 27.

10) 숭실대학교 100년사 편찬위원회, 『숭실대학교 100년사』 Ⅰ 평양숭실편, 숭실대학교 출판부, 1997. 81쪽.

성있게 바라보는 학문이었기에 그것은 탁월한 교육 선교가 될 수 있었다. 애니 베어드는 숭실학교 초기의 주요 강사였다.[11]

그녀는 남편의 전도사업과 교육사업을 돕고 교과서 번역사업에도 누구보다 선구적으로 활동했다. 또한 한국어 교습서를 지어 많은 젊은 선교사들에게 큰 도움을 주었다. 아울러 한국인이 기독교를 통해 새로운 삶을 사는 실정을 보여주는 책을 저술하여 선교본부로부터 큰 관심을 끌었다. 애니 베어드는 과학 분야에 대한 실력과 숭실학당의 교재 만드는 일을 전담하는 헌신[12]으로 구체적인 영역에서의 선교가 무엇인지를 잘 보여주었다.

그녀는 숭실학당에서 1900년에 식물학, 천문학, 화학, 물리학, 지리학 강사로, 1901년에 지리학, 산수, 수학 강사로, 1904년에 천문학, 식물학, 화학, 미술, 작문 강사로 활동한다.[13] 애니 베어드는 과학뿐만 아니라 음악에 대해서도 권위자로 인정받았다.[14] 그리고 숭실대학 건물 건축에 필요한 청사진을 직접 그리기도 했다.[15] 1913년의 숭실대학 편람 교수명단에는 심리학과 생물학 강사로 소개되고 있다.[16]

애니 베어드는 심리학, 동물학, 식물학, 음악, 미술, 건축, 천문학, 화학, 물리학, 지리학 등의 해박한 지식을 신앙의 눈으로 해석하며 학생들에게 복음을 증거하고 이들을 해당 분야의 전문 지식을 가진 유

11) 위의 책. 82쪽.
12) 위의 책. 84쪽.
13) 위의 책. 90쪽.
14) 위의 책. 130쪽.
15) 위의 책. 136쪽.
16) 위의 책. 150쪽.

능한 기독 인재가 될 수 있도록 양성함으로 선교 사명을 다하고자 했던 것이다. 기독교 신앙은 구체적인 역사와 세계 속의 문화를 변혁시키고자 한다.[17] 조선에 온 초기 선교사들은 보수적인 신앙을 가지고 있으면서도 유교 조선을 기독교 국가로 바꾸어가고자 하는 강한 의지를 가지고 있었다.[18] 애니 베어드는 청교도적 기독교 신앙의 토대 위에서 조선의 문화를 기독교 문화로 변화시킬 수 있는 기독 인재들을 키우고자 다양한 교재 개발을 통한 문서 선교를 수행했다.

8) 자녀 교육

애니 베어드는 조선에서 1894년 5월 13일(30세)에 낸시 로즈를, 1903년 1월 18일(39세)에 아서 패리스를 잃게 된다. 그리고 1894년 10월 12일(30세)에 존 애덤스를, 1898년 9월 1일(34세) 리처드 해밀턴을 낳아 양육한다. 애니 베어드는 바쁜 일정 속에서도 자녀들을 위해 시간을 체계적으로 관리했다. 오후에는 가족간의 대화 시간을 자주 가졌다. 오후 5시쯤에는 자녀들에게 그날의 일들을 이야기해 주었다.

주일 오후에는 자녀들에게 소요리문답을 가르쳤고, 미국에서 온 편지를 읽어주기도 했다. 그리고 신앙생활에 유익한 이야기를 들려 주었다. 애니 베어드는 자녀들에게 생물학과 식물학에 관한 지식을 활

17) 김영한, 한국기독교문화신학, 성광문화사, 1991 초판 1995 2판. 49쪽.

18) Chung-Shin Park, *Protestantism and Politics in Korea*, University of Washington Press, 2003. 51.

용하여 곤충과 연꽃봉오리에 대한 교육을 하기도 했다. 그녀는 자녀들의 생애가 과학과 역사와 하나님을 향해 초점이 맞춰지도록 최선을 다해 가르쳤다.[19)]

애니 베어드의 자녀 교육관은 하나님의 창조 질서 안에서 사물을 올바로 인식하고 사용하도록 하는 데 맞춰진 것을 알 수 있다. 아울러 인격적인 대화 속에서 교육이 이뤄지도록 배려한 것을 발견하게 된다.

9) 안식년과 투병 생활

애니 베어드는 1899년 3월 3일(35세) 남편과 함께 첫 안식년을 떠나 1900년 4월(36세)에 뉴욕에서 열린 에큐메니컬 선교대회에 참가하게 된다. 그리고 그 해 5월부터 6월 사이에 조선으로 돌아온다. 그녀는 1908년 5월(44세) 두 번째 안식년을 가진 뒤 11월에 돌아온다. 애니 베어드는 1908년 이후로 여러 차례 암수술을 받았다. 그 해 여름 암이 재발했고, 라듐 치료로 완치될 것을 기대했으나, 1915년(51세) 여름에 다시 재발했다.[20)]

1915년 7월부터 11월 사이에 애니 베어드는 암 치료 차 볼티모어의 존 홉킨스 대학병원에 간다.[21)] 애니 베어드의 안식년은 선교대회 참석을 통한 신앙의 재충전이나 자신의 암을 치료하기 위한 시간으로

---

19) Richard H. Baird, 84.
20) Richard H. Baird, 86.
21) Richard H. Baird, 68.

사용되었다. 그만큼 그녀는 자신의 몸을 돌볼 겨를도 없이 헌신적으로 조선을 위해 자신의 모든 것을 내놓았던 것이다.

10) 우리나라에서의 소천

1915년 애니 베어드의 몸에 잠복해 있던 암이 재발하여 미국에 가 치료를 받았지만 별 성과가 없었다. 그녀는 미국과 조선 중 어디에서 죽음을 맞이할 것인지 결정해야 했다. 그녀는 주저치 않고 조선행을 택했다. 조선의 선교를 위해 동역하고 있는 남편 윌리엄 베어드가 사역을 멈추고 도미하게 할 수 없다고 판단한 것이다. 애니 베어드는 조선으로 돌아와 1916년 6월 8일(52세) 평양에서 하나님의 나라로 부르심을 받았다.[22]

애니 베어드는 자신이 믿고 소망하고 실천하여 자신의 모든 것을 바쳤던 우리나라 땅에서 이 땅의 생을 마감했다. 그리고 그녀의 뼈는 우리나라 땅에 묻혔다. 여기에 무슨 수사려구가 필요할 것인가! 평양에 애니 베어드의 무덤이 있으며, '배부인비(裵夫人碑)' 가 평양숭실대학 캠퍼스에 세워졌다. 서울 양화진의 선교사 묘역에는 애니 베어드와 그의 남편, 그리고 두 아들의 기념비가 세워져있다.

22) Richard H. Baird, 86.

❸ 애니 베어드의 문서 선교

애니 베어드가 문서를 통해 선교에 이바지한 흔적은 다음의 작품들에서 잘 발견된다. 찬송가사 〈멀리 멀리 갔더니〉(1895), 『한국어를 배우기 위한 50가지 도움들 Fifty Helps for the Study of the Korean Language』(1897), 『조선의 새벽: 극동에서의 한 회심에 대한 이야기 Daybreak in Korea: A Tale of Transformation in the Far East』(1909), 『고영규전:「고영규전」, 「부부의 모본」』(1911), 『안에서 본 선교 생활 Inside Views of Mission Life』(1913) 등이 그것이다.[23] 여기서는 숭실대학교 한국기독교박물관에 소장되어 있는 『쟝자로인론』, 『동물학』, 『식물도셜』, 『챵가집』을 중심으로 애니 베어드의 문서 선교에 대해 언급하고자 한다.

1) 『쟝자로인론』을 통한 문서 선교

『쟝자로인론』은 성부 하나님의 독생자 예수 그리스도를 통한 인간에 대한 사랑과 구원 의지를 조선 사람들에게 걸맞게 이야기식으로 바꾸어 표현한 전도용 문서다. 이는 성경의 구원 진리를 우리나라의 문화 풍토에 맞는 언어로 표현한 것으로 문서 선교의 대표적인 형식

23) 이인성, 『베어드 선교사와 한국 기독교 그리고 숭실』, 숭실대학교 한국기독교박물관, 『윌리엄 베어드 박사의 한국 선교와 숭실』, 2007. 64-65. 참조.

을 취하고 있는 것이다.

① **겉표지: 쟝자로인론**

② **속표지 1: 구세쥬 강싱 일쳔구빅륙년**
쟝자로인론
대한 광무 십년 병오 대한예수교셔회 간인

③ **속표지 2: 영어: THE STORY OF OLD CHANG.**
By Mrs. A. L. A. Baird.
Korean Religious Tract Society.
1906
price: 3 sen each

④ **분량: 17쪽 (삽화 4쪽 포함)**

⑤ **개요**

㉠ 나이 많은 부유하고 행복한 노인 소개
㉡ 문제 많은 이웃집들 소개
㉢ 자신과 아들의 모든 것을 나누어 함께 잘 살아보려고 통지한 노인
㉣ 도저히 믿지 못하는 이웃 사람들의 반응 소개
㉤ 긍정적인 마음으로 노인의 초대에 응하는 사람들 소개

ⓑ 노인의 환대

ⓢ 노인이 준 빛난 옷을 입고 오지 않은 사람들에 대한 거절

ⓞ 노인집 문이 닫힌 후 심판을 받은 마을 소개

ⓩ 하나님이 보내주신 독생자 예수님을 믿으면 구원에 이른다는 성경 진리 소개

ⓒ 사후의 천국과 지옥을 소개하며 이생에서의 현명한 결단이 필요함을 촉구

⑥ 내용 분석

㉠ 나이 많은 부유하고 행복한 노인 소개

〈1〉 도입부: 부유한 노인

ᄒᆞᆫ 쟝자 로인이 잇스니 가산이 부요ᄒᆞ고 가대도 크고 명랑ᄒᆞᆫ 곳에 산을 등지고 물을 압헤 두고 좌우에 졍숑 록쥭이 우거지고 ...... 돈과 보물이 가득ᄒᆞ고 각식 귀ᄒᆞᆫ 즘싱의 가족과 화문셕 ᄌᆞ기 함롱과 화류 탁ᄌᆞ며 각식 귀ᄒᆞᆫ 물건이 업ᄂᆞᆫ거시 업ᄂᆞᆫ지라[24]

이야기 문서의 도입부에서 등장하는 '쟝자 로인'은 나이가 많은 어른을 지칭하는데, 이는 성부 하나님을 상징한다. 애니 베어드는 장자

24) 애니 베어드, 숭실대학교 한국기독교박물관 소장본 『쟝자로인론』(1906, 대한예수교셔회), 1쪽.

노인을 좋은 집에 사는 부자 노인으로 표현하여 당대인들이 보다 쉽게 부족함이 없는 존재임을 이해할 수 있도록 배려하고 있다.

〈2〉 독자

ᄯᅩ 무ᄆᆡ 독ᄌᆞ를 두엇시ᄆᆡ ᄌᆡ죠와 지혜와 인ᄌᆞ함이 츌즁ᄒᆞ니 극히 ᄉᆞ랑ᄒᆞ여 의복을 지으ᄃᆡ 금의 ᄎᆡ복으로 ᄉᆡᆼ젼 닙을거슬 수 업시 지여 두고 ...... 일호도 ᄆᆞ음이 부족ᄒᆞᆫ 거시 업고 부귀 영화가 비ᄒᆞᆯ데 업ᄂᆞᆫ지라[25]

'무ᄆᆡ 독ᄌᆞ'란 자매가 없는 외아들을 뜻하는데, 이는 하나님의 독생자 예수 그리스도를 나타낸다. 그 성격에 대해 재주와 지혜와 인자함이 뛰어나다고 소개한다. 노인이 독자를 사랑하여 수많은 의복과 가산을 주었다고 애니 베어드는 설명한다. 그 독자는 효성이 지극하며 순종을 잘하고 부귀영화 가운데 있다고 묘사한다.

㉡ 문제 많은 이웃집들 소개

〈1〉 노인의 걱정

그러나 그 로인이 일ᄉᆡᆼ ᄆᆞ음에 편치 못 ᄒᆞᆫ거ᄉᆞᆫ 그젼후에 잇는 동ᄂᆡ가

---

25) 애니 베어드, 「쟝자로인론」, 1쪽.

26) 애니 베어드, 「쟝자로인론」, 1~3쪽.

다 자긔의게 달닌지라 그 로인이 날마다 저녁이면 그 디경에 출입ᄒᆞᄆᆡ 그 동닉 집마다 무슴 소릐가 들니ᄂᆞᆫ딕[26]

노인의 걱정은 그 동네의 잘 되고 못됨이 자기에게 달려 있다는 사실이다. 그래서 노인은 그 주변을 다니며 소식을 듣곤 한다.

〈2〉 다툼

혹 ᄆᆡ ᄭᅳ리ᄂᆞᆫ 소릐도 나며 압흐다고 고함지르ᄂᆞᆫ 소릐도 나며 혹 불공ᄒᆞᆫ 말과 패악ᄒᆞᆫ 소릐도 나니 대단이 ᄊᆞ호ᄂᆞᆫ 모양갓기도 ᄒᆞ고[27]

그런데 노인은 그 동네에서 들리는 체벌과 고통과 비인격적인 언어 등 나쁜 소리를 통해 다툼이 일고 있음을 발견하게 된다.

〈3〉 병과 죽음

경 닑ᄂᆞᆫ 소릐도 나니 반드시 병든 사ᄅᆞᆷ 잇ᄂᆞᆫ 것ᄀᆞᆺ고 한숨쉬고 통곡ᄒᆞᄂᆞᆫ 소릐도 나니 반드시 사ᄅᆞᆷ 죽은 모양도ᄀᆞᆺ고[28]

그 동네에는 병과 죽음도 있어 사람들을 환난 가운데 처하게도 하

27) 애니 베어드, 『쟝자로인론』, 3쪽.
28) 애니 베어드, 『쟝자로인론』, 3쪽.

는 것이다. 이것은 지구상의 모든 사람이 겪게 되는 인류 공통의 근원 문제인 것이다.

〈4〉 술주정과 외도

또 쥬졍군의 소리도 나며 외입쟝이 계집어르는 소리도 나며 쟝부를 후리는 공교한 우숨 소리도 나니 음난한 일이 잇는 모양도 ᄀᆞᆺᄒᆞᆫ지라[29]

그 동네에는 술주정과 외도도 성행하고 있음을 보여준다. 타락한 인간이 보여주는 전형적인 삶의 태도라고 할 수 있을 것이다.

〈5〉 도적질 및 과부와 빈궁한 자와 고아의 고통

밤이 깁흐매 죵용ᄒᆞᆫ 모퉁이에 은근ᄒᆞᆫ 발ᄌᆞ최도 나며 혹 도망ᄒᆞᄂᆞᆫ 소릐도 나니 도적이 든 것도 ᄀᆞᆺ고 또 졂은 과부의 한숨 소릐와 빈궁ᄒᆞᆫ 사ᄅᆞᆷ의 ᄇᆡ곱흔 소릐와 부모 업ᄂᆞᆫ 아ᄒᆡ 우ᄂᆞᆫ 소릐도 나며[30]

그 동네에서 일어나는 도적질, 과부와 빈자와 고아의 고통도 잘 묘사해주고 있다. 이는 경제적으로 곤핍한 땅에서 흔히 발생할 수 있는 현상과 생활의 아픔을 잘 그려내고 있다.

---

29) 애니 베어드, 「샹자로인론」, 3쪽.
30) 애니 베어드, 「샹자로인론」, 3쪽.

〈6〉 병수발의 고통, 남편의 무책임성

혹 병든 사ᄅᆞᆷ 구원ᄒᆞ며 죽을가 십허 늣기ᄂᆞᆫ 소ᄅᆡ도 나며 남편 잇ᄂᆞᆫ 계집이 홀노 안져 그 남편이 외입도 ᄒᆞ고 불고 가ᄉᆞ ᄒᆞᄂᆞᆫ 탄식 소ᄅᆡ도 나ᄂᆞᆫ 지라[31)]

질병으로 인해 이를 수발하는 사람의 고통과 가정을 돌보지 않는 남편의 무책임한 실태를 잘 드러내고 있다.

〈7〉 외모의 불결과 마음의 추함

ᄯᅩ 낫제 ᄃᆞ니며 그 사ᄅᆞᆷ들의 옷 닙은거슬 보니 ᄒᆞ나도 졍ᄒᆞᆫ 사ᄅᆞᆷ이 업고 져의 마ᄋᆞᆷ도 더러온 것을 보니 혹 ᄲᆞᆯᄂᆡ를 자조ᄒᆞ여 닙엇서도 그 더러온 거슬 ᄎᆞᆷ아 보지 못ᄒᆞᆯ너라[32)]

의복이 깨끗하지 못하고 마음도 추한 상태가 차마 보지 못할 정도임을 나타내고 있다.

31) 애니 베어드, 「쟝자로인론」, 3쪽.
32) 애니 베어드, 「쟝자로인론」, 3-4쪽.

〈8〉 마음이 편치 못한 노인

그러ᄒᆞᆷ으로 이 로인이 그 영화롭고 평안ᄒᆞᆫ 가온ᄃᆡ라도 ᄒᆞ로도 ᄆᆞᄋᆞᆷ이 편치 못ᄒᆞᆫ지라[33)]

앞의 여러 가지 이유, 즉 다툼, 병, 죽음, 술주정, 외도, 가난, 무책임, 불결함 등으로 인해 노인의 마음이 하루도 편치 못함을 알려준다. 이는 길 잃은 양을 애석해 하는 목자와 같은 심정의 하나님을 잘 대변해주고 있는 표현이다.

㉢ 자신과 아들의 모든 것을 나누어 함께 잘 살아보려고 통지한 노인

ᄒᆞ로ᄂᆞᆫ ᄆᆞᄋᆞᆷ에 쟉졍ᄒᆞ기를 내가 내 집 ᄉᆞ대문을 열고 그 불샹ᄒᆞᆫ 사ᄅᆞᆷ들을 다 드러오게 ᄒᆞ고 고간 문도 다 열고 보물을 다 내여서 불샹ᄒᆞᆫ 사ᄅᆞᆷ들을 다 ᄂᆞᆫ화 주고 나와 ᄒᆞᆷᄭᅴ 살고 먹게 ᄒᆞ고 그 즁에 병든 사ᄅᆞᆷ도 곳쳐 주고 슬픈 사ᄅᆞᆷ을 위로ᄒᆞ고 내 손으로 그 눈을물 씨서 주고 내 영화와 권세를 다 ᄂᆞᆫ화 주고 ᄯᅩ 그 닙은 더러온 옷슬 ᄃᆡ신ᄒᆞ여 내 아ᄃᆞᆯ의 의복을

33) 애니 베어드, 「쟝자로인론」, 4쪽.

ᄂᆞᆫ화 주어 내 압헤 오기를 붓그럽지 아니 ᄒᆞ게 ᄒᆞᄃᆡ 밤ᄉᆞ이 엇더홀넌지 모로겟스니 ᄅᆡ일을 기ᄃᆞ릴 수가 업다 ᄒᆞ고 즉시 통문을 쓰ᄃᆡ 나 밧긔 너희들을 은혜롭게 ᄒᆞ여 줄이 업다 ᄒᆞ며 ...... ᄆᆞ음 쟉정ᄒᆞᆫ대로 통문에 다 쓰고 도셔를 쳐셔 하인을 불너 집마다 보내고 안져 기ᄃᆞ리더니[34)]

동네의 문제들을 익히 잘 알고 있는 노인은 어느날 마음에 결단을 내린다. 그 문제 많은 사람들을 불쌍하게 바라본 것이다. 이 긍휼히 여기는 마음으로 그들을 초청하여 위로하며 필요한 것을 나누어 주고자 한다. 그런데 그 문제들을 해결하는 방안으로 아들의 의복을 나누어 주어 그 옷을 입고 오게 함으로 부끄럽지 않도록 하려는 것이다. 그리고 이 내용을 글로 써서 하인을 통해 집집마다 전달하고 기다리게 된다.

이는 하나님께서 죄와 죽음의 세력으로 인해 고통 가운데 죽어갈 수밖에 없는 인간들을 위해 독생하신 예수 그리스도를 보내주시고 그를 믿는 사람마다 구원에 이르게 하시며[35)] 이 복음을 여러 사역자들을 통해 증거토록 하신 것을 당시의 조선 사람들이 알아듣기 쉽도록 다시 쓴 것이다.

---

34) 애니 베어드, 『쟝자로인론』, 4쪽.

35) 신약성경 〈요한복음〉 3장 16절.

㉣ 도저히 믿지 못하는 동네 사람들의 반응 소개

그 동닉 사룸들이 그 통문을 보고 훈결갓치 듯지 아니 ᄒᆞ고 엇던 사룸은 그러홀 리가 업스니 밋을 수 업다 ᄒᆞ고 쏘 엇던 사룸은 보고 모슨 일인지 ᄌᆞ셰히 모로고 뭇지도 아니 ᄒᆞ고 상관 업게 넉이고 쏘 엇던 사룸은 말ᄒᆞ기를 진실노 그러홀지라도 렴치가 업서 못 가겟다 ᄒᆞ고 쏘 엇던 사룸은 말ᄒᆞ기를 그럴쯧ᄒᆞ다마는 내가 혼사를 졍ᄒᆞ엿스니 인간 대ᄉᆞ를 아니 ᄒᆞ고 갈 수 업다 ᄒᆞ고 쏘 훈 사룸은 말ᄒᆞ기를 큰 흥졍을 ᄒᆞ엿스니 그 회계를 ᄒᆞ여야 쓰겟다 ᄒᆞ고 쏘 엇던 사룸은 쌜내를 시작ᄒᆞ엿스니 밧비 못가겟다 ᄒᆞ고 쏘 훈 사룸은 말ᄒᆞ대 틱일도 아니 ᄒᆞ고 갑작이 이사할 수 업다 ᄒᆞ고 쏘 훈 사룸은 졔ᄉᆞ날이 되엿스니 궐졔 ᄒᆞ면 불효를 면치 못ᄒᆞ겟다 ᄒᆞ고 쏘 훈사룸은 무슨 일이던지 그러케 급히 홀 수 업다 ᄒᆞ고 쏘 훈 사룸은 즉시 가고십흐되 다른 사룸이 별노 가는이가 업스니 혼ᄌᆞ 가기가 좀 무엇훈듯ᄒᆞ여 못가겟다 ᄒᆞ고 쏘 훈 사룸은 말ᄒᆞ기를 우리가 다른 거슨 업스니 부득이 가거니와 옷슨 내 옷만 ᄒᆞ여도 넉넉훈딕 제 아들의 옷슬 닙고 오라 ᄒᆞ니 남의 옷슨 옷 아니로 아니 아니ᄭᅪ 안가겟다 ᄒᆞ고 쏘 훈 사룸은 말ᄒᆞ기를 옷시 더럽거든 쌜아 닙고 가지 물이 업나 볏치 업나 게으른 거슬 남 뵈이고 남의 옷 닙고 갈 수 업다 ᄒᆞ고 쏘 엇더훈 사룸은 말ᄒᆞ기를 우리가 면무식이나 ᄒᆞ엿스니 그 로인도 유식훈거슬 조화ᄒᆞ실터인즉 오히려 무식훈 사룸이 옷 잘 닙고 간 것보다 람루ᄒᆞ게 닙고 간 우리를 더 반가워 ᄒᆞ리라 ᄒᆞ고 쏘 엇던 사룸은 말ᄒᆞ기를 졈잔은 사룸이 남의 옷슬 엇어 닙고 가는거시 아니 될 말이오 그 로인이 오히려 우리를 더 낫게 볼터이니 그리 아니훈들 데면으로 볼지라도 말 못ᄒᆞ리라 ᄒᆞ

고 ᄯᅩ 엇더ᄒᆞᆫ 사ᄅᆞᆷ은 아모리 ᄉᆡᆼ각ᄒᆞ여도 ᄭᆞ닭업시 이 모양 ᄒᆞ는거시 필유 곡절이 잇고나 만일 사ᄅᆞᆷ이 아니 가면 크게 걱정 될터인즉 ᄯᅡ로이 품갑슬 줄지라도 사ᄅᆞᆷ을 만히 후려드려 오기를 됴히 넉일지라 ...... ᄯᅩ 엇던 녀인들은 말ᄒᆞ기를 우리들은 례도 모로고 말ᄒᆞᆯ줄도 모로고 큰 살림도 ᄒᆞᆯ 줄 모로니 근본 간난ᄒᆞᆫ 사ᄅᆞᆷ이라 빗ᄂᆞᆫ 옷슬 밧고아 닙어도 모양도 아니 나고 스ᄉᆞ로 붓그러오리니 부득이 못가겟다 ᄒᆞ고 여러 사ᄅᆞᆷ이 핑계ᄒᆞᄂᆞᆫ지라[36]

노인의 초청을 받은 동네 사람들은 여러가지 이유로 가지 못하겠다고 변명한다. 그 놀라운 초청을 이해할 수 없어 못가겠다는 사람, 부끄러워 못가겠다는 사람, 제사나 이사 등의 집안 일로 못가겠다고 핑계하는 사람들을 보여준다. 노인의 아들이 주는 옷이 어울리지 않을 것 같아 못입겠기에 갈 수 없다고 주저하기도 한다. 이는 전도를 받았을 때, 여러 가지 이유를 말하며 받아들이지 못하는 사람들의 실존을 대변하기도 한다.

ⓜ 긍정적인 마음으로 노인의 초대에 응하는 사람들 소개

그러나 그 즁에 진실이 밋고 고맙게 넉여 온젼이 밧을 ᄆᆞ음으로 쥬의를 뎡ᄒᆞᆫ 사ᄅᆞᆷ들이 잇서 제 근본브터 닙든 더러온 옷슬 벗고 그 로인 주신 빗ᄂᆞᆫ 옷슬 닙고 젼에 귀이 쓰던 집안 물건을 보니 그 새로 닙은 옷세 비

36) 애니 베어드, 『쟝자로인론』, 4-8쪽.

ᄒᆞ면 ᄆᆞᄋᆞᆷ에 ᄆᆡ우 더러온걸노 보고 다시 ᄉᆡᆼ각ᄒᆞᄃᆡ 내가 나간 후에 ᄂᆞᆷ이 보고 흉볼가 무셔워 다 졍히 씨셔 버리고 마당ᄭᆞ지 졍히 쓸고 ᄯᅩ ᄉᆡᆼ각ᄒᆞᄃᆡ 내가 젼에 더러온거슬 모로고 고ᄉᆡᆼ을 격고 거의 죽게 되엿다가 이 로인의 은혜를 닙어 이처럼 살게 되고 내 몸이 이처럼 귀이 되엿스나 나ᄂᆞᆫ 조곰도 ᄂᆞᆷ의게 은혜를 ᄭᅵ친거시 업고 도로혀 ᄂᆞᆷ을 ᄒᆡᄒᆞ게 ᄒᆞᆫ 일이 만흐니 붓그러올 ᄲᅮᆫ 아니라 내가 이후라도 복을 밧지 못ᄒᆞ리라 ᄒᆞ고 ...... 이젼에 나와 ᄀᆞᆺ이 고ᄉᆡᆼ하ᄂᆞᆫ 사ᄅᆞᆷ들이 고집되히 ᄂᆞᆷ의 은혜 짓는거시 신신치 아니 ᄒᆞ다 ᄒᆞ고 내 말노 여러 ᄎᆞ를 권ᄒᆞ여도 듯지 아니 ᄒᆞ고 혹 내 말을 좃ᄂᆞᆫ 쟈도 잇ᄂᆞᆫ지라[37]

하지만 노인의 초대에 대해 긍정적으로 반응하는 이들은 원수진 것을 풀고 잘못한 것은 사죄하여 마음까지 깨끗케 한 후에 초청에 응하게 된다.

㉥ 노인의 환대

ᄌᆞᄌᆞ 날이 저물매 그 로인의 집 문을 보니 ᄉᆞ문에 등불이 다 죠요ᄒᆞᆫ지라 이 사ᄅᆞᆷ들이 드러가니 대문을 넓게 열고 즁문에 하인이 잇서 드러가ᄂᆞᆫ 사ᄅᆞᆷ을 인도ᄒᆞ고 그 집 쥬인ᄭᆞ지 나와셔 손을 잡고 인도ᄒᆞ여 안에 드러 가셔 일용지물을 다 셤겨주고 젼에 고ᄉᆡᆼᄒᆞ던 거슬 위로ᄒᆞ며 즐겨ᄒᆞ니

---

37) 애니 베어드, 「쟝자로인론」, 8-12쪽.

38) 애니 베어드, 「쟝자로인론」, 12쪽.

젼에 ᄒᆞ던 걱정과 괴로옴이 다 봄눈ᄀᆞᆺ치 살아지는지라[38]

노인은 초대에 응하여 집에 들어오는 사람들을 반갑게 맞아들이며, 그 날 필요한 모든 것을 제공한다. 아울러 극진히 섬겨주므로 그 동안의 고생을 위로한다. 초대 받아 간 이들은 모든 괴로움이 봄 눈 녹는 것과 같음을 체험하게 된다.

㉦ 노인이 준 빛난 옷을 입고 오지 않은 사람들에 대한 거절

ᄌᆞᄌᆞ 밤이 깁ᄒᆞᄆᆡ 큰 문 밧긔 여러 사ᄅᆞᆷ이 모혓ᄂᆞᆫᄃᆡ 혹 엇던 사ᄅᆞᆷ은 크게 깃븜ᄒᆞ며 점잔은 모양으로 온 사ᄅᆞᆷ도 잇고 혹 셩경현젼을 가지고 온 사ᄅᆞᆷ도 잇고 혹 귀히 넉이는 보물도 가지고 온 사ᄅᆞᆷ도 잇고 혹 인물 잘 ᄉᆡᆼ긴 사ᄅᆞᆷ도 잇서 말ᄒᆞ기를 외모로 ᄭᅮ민다 ᄒᆞ되 다 저 닙던 더러온 것만 닙고 그 주인 주신 빗난 옷슨 ᄒᆞ나도 닙고 온 사ᄅᆞᆷ이 업는지라 문을 닷고 드리지 아니 ᄒᆞ니 이 사ᄅᆞᆷ들이 오면서 ᄒᆞ던 ᄉᆡᆼ각은 다 쓸 데 업고 적막히 섯더라[39]

그런데 외모를 점잖게 차리고 온 사람, 귀하다고 생각되는 책을 가져온 사람, 자신의 보물을 가져온 사람, 보기좋게 치장을 하고 온 사람들이 문 앞에서 들어 갈 수 없는 처지에 놓이게 된다. 노인이 준 아들의 빛난 옷을 입고 오지 않은 사람들이기 때문이다. 기독교의 구원

39) 애니 베어드, 「쟝자로인론」, 12쪽.

이 스스로의 힘으로 이루어지는 것이 아니라, 하나님이 정한 은혜의 법으로 말미암게 되는 성경의 진리를 단적으로 표현하는 내용이다.

◎ 노인집 문이 닫힌 후 심판을 받은 마을 소개

그 동ᄂᆡ 잇는 사ᄅᆞᆷ들이 분쥬히 ᄒᆞ는 일이 물건 사고 파는 거시며 빗주고 밧는 거시며 잔ᄎᆡᄒᆞ고 대쇼샹 차리는 일이며 굿ᄒᆞ며 노름ᄒᆞ며 ᄒᆞ는 말이 ᄌᆞ미는 우리 ᄌᆞ미에셔 더ᄒᆞᆫ 것 업고 셰월 가는 줄을 모로고 ᄯᅩ 쉬온 말노 서로 의론ᄒᆞ기를 우리가 이 일 다ᄒᆞ고 ᄒᆞᆯ 일 업거든 거긔나 가보자 ᄒᆞ더라 이 ᄯᆡ에 밤이 더 깁고 그 로인ᄃᆡᆨ 문도 굿게 닷고 날이 흐려 캄캄ᄒᆞᆫ대 ᄉᆞ면에 번ᄀᆡ 빗치며 텬동 소ᄅᆡ가 대단히 요란ᄒᆞ매 아모 일도 ᄒᆞᆯ 수 업는지라 그 동내 사ᄅᆞᆷ의 노ᄅᆡᄒᆞ는 징 쟝구 소ᄅᆡ와 우슴 소ᄅᆡ가 다 변ᄒᆞ여 애통ᄒᆞ는 소ᄅᆡ가 되엿는대 하늘에셔 서긔가 빗최며 갑작이 디동ᄒᆞ더니 그 동내가 디함이 되어 바다으로 드러간 것 ᄀᆞᆺ더라[40]

동네 사람들이 분주하게 물건을 사고 팔며, 빚을 주고 갚는 일이며, 굿하고 노름하는 일에서 재미를 만끽할 때 번개와 천둥 속에 심판이 이루어진다. 사람들은 더 이상 아무 일도 할 수 없게 된다. 노래 소리, 징소리, 장구 소리, 웃음소리는 애통하는 소리로 바뀌었다. 마침내 그 동네는 바다 속으로 들어가는 심판을 맞은 것 같다고 소개되고 있다.

40) 애니 베어드, 『쟝자로인론』, 12-13쪽.

㉨ 하나님이 보내주신 독생자 예수님을 믿으면 구원에 이른다는 성경 진리 소개

이 말ᄉᆞᆷ이 거즛말 ᄀᆞᆺᄒᆞ여도 ᄎᆞᆷ말이오 셩경 륙십 륙권 가온대 큰 ᄯᅳᆺ시오 이 셰샹은 걱졍 근심으로 사는거시라 서로 다토는 일과 시비ᄒᆞ는 일과 포악ᄒᆞᆫ거스로 셰샹을 지내니 님군 브더 하쳔ᄒᆞᆫ 사ᄅᆞᆷᄭᆞ지 걱졍 업는 사ᄅᆞᆷ이 ᄒᆞ나도 업는지라 이 ᄒᆡ 풍년이라도 훗 ᄒᆡ 흉년들가 걱졍이오 오날 잘 먹고 잘 닙어도 래일 엇더ᄒᆞᆯ지 알 수 업고 오날 몸이 편ᄒᆞ여도 래일 병드러 죽을넌지 알 수 업고 ᄯᅩ 사ᄅᆞᆷ마다 ᄉᆞ후에 조흔 곳에 아니 가고 시분 이가 어대 잇스리오 이 셰샹에 뎨일 놉흔 이보다 더 놉흐신 하ᄂᆞ님ᄭᅴ셔 텬당 문을 열고 우리 셰샹 사ᄅᆞᆷ 귀쳔간에 다 드러오라 ᄒᆞ시고 그 텬당에 잇는 권세와 영화와 한 업는 락을 다 우리를 난화 주시마 ᄒᆞ셧스나 더럽고 죄 만코 회ᄀᆡᄒᆞᆯ 마음이 업시니 엇지 그곳에 드러갈 수 잇스리오 하ᄂᆞ님의 ᄉᆞ랑ᄒᆞ심으로 우리 닙던 더러온거슬 벗게 ᄒᆞ시고 빗난 새 옷슬 주셧스니 이 옷슨 예수씨의 올흔 거시오 예수씨는 뉘신고 ᄒᆞ니 하ᄂᆞ님의 귀ᄒᆞ신 외아드님이라 하ᄂᆞ님ᄭᅴ옵서 우리를 ᄉᆞ랑ᄒᆞ샤 우리가 죄에 범ᄒᆞ고 디옥에 ᄲᆞ질거슬 불샹히 넉이샤 그 아드님으로 우리 죄를 대신ᄒᆞ여 우리를 샤ᄒᆞ여 주시려고 이 셰샹에 ᄂᆞ려 보내여 사람이 되엿스나 우리와 ᄀᆞᆺ치 죄 잇는 몸이 되지 아니 ᄒᆞ시고 온젼이 착ᄒᆞ시고 올흐신 몸으로 우리 대신 무수히 해욕을 밧고 죽기 ᄭᆞ지 ᄒᆞ셧스니 우리 죄로 우리 몸에 형벌밧을 거슬 ᄉᆡᆼ각ᄒᆞ면 엇더케 감사ᄒᆞ오릿가 이갓치 우리 죄를 벗겨 주셧

---

41) 애니 베어드, 『쟝자로인론』, 13-15쪽이하의 밑줄은 의미를 부각시키기 위해 필자가 표시한 것임.

스니 즉시 그 올흐시고 착ᄒᆞ신거슬 닙어야 올흔 사ᄅᆞᆷ이 되어 텬당에 갈 터이어늘[41)]

죄많은 인생이 구원을 얻는 길은 예수 그리스도를 믿는 것임을 설명하고 있다. 예수 그리스도가 인간의 죄를 대신하여 형벌받아 돌아가셨기에 이 예수의 옳고 착한 것을 사람이 입게 될 때 천당에 가게 된다고 역설한다. 앞에서 소개한 노인과 아들의 옷 이야기를 하나님이 제시하신 예수 그리스도를 믿는 믿음의 옷에 연결시켜 문서 선교의 핵심 주제를 부각시키고 있다.

㉰ 사후의 천국과 지옥을 소개하며 이생에서의 현명한 결단이 필요함을 촉구

슬프다 그 주인이 주신 고흔 옷 닙은 사ᄅᆞᆷ이 어대 잇스리오 사ᄅᆞᆷ마다 저의 근본을 됴흔톄ᄒᆞ는 힝실노 올흔 사ᄅᆞᆷ될 줄 알고 텬당에 가기 어렵지 아니 ᄒᆞ다 ᄒᆞ며 ᄒᆞ는 말이 내가 불효ᄒᆞᆫ 바도 업고 봉세사도 못ᄒᆞᆫ 바도 업고 념불노 말ᄒᆞ여도 날과 ᄀᆞᆺ치 부즈런히 ᄒᆞ는 사ᄅᆞᆷ이 업슬뜻ᄒᆞ고 ᄯᅩ 사신 위ᄒᆞ는거슬 말ᄒᆞ면 나보다 더 자조 굿ᄒᆞᆫ 사ᄅᆞᆷ이 업슬터이오 ᄯᅩ ᄒᆞ는 말이 사ᄅᆞᆷ의 ᄆᆞᄋᆞᆷ 속이야 누가 알리오 내 속은 엇지 되엿던지 외양으로 말ᄒᆞ면 풍치가 누구만 못ᄒᆞᆫ가 톄례가 남만 못ᄒᆞᆫ가 언어수작이라도 무식ᄒᆞᆫ 픔은 아니 뵐터이오 텬당은 근본 올흔 사ᄅᆞᆷ이 가는 곳이라 우리 ᄀᆞᆺᄒᆞᆫ 사ᄅᆞᆷ이 아니 드러가면 어ᄃᆡ던지 별노 나흔 사ᄅᆞᆷ이 업스리라 ᄒᆞ고 헛도히 바라니 이거시 그 쥬인 주시는 옷슨 닙지 아니 ᄒᆞ고 저 닙던 옷만

넙고 가니 하ᄂᆞ님 보시기에 버슨 사ᄅᆞᆷ과 ᄀᆞᆺᄒᆞᆫ지라 드리지 아니 ᄒᆞ시고 닐너 ᄀᆞᆯᄋᆞ샤ᄃᆡ 내 ᄯᅳᆺ슬 배반ᄒᆞᄂᆞᆫ ᄌᆡ 내게 오지 말나 너ᄀᆞᆺᄒᆞᆫ 사ᄅᆞᆷ을 인ᄒᆞ여 디옥 불 구덩이를 예비ᄒᆞ여 너희들과 마귀와 함ᄭᅴ 잇게 ᄒᆞ리라 ᄒᆞ시리라 사ᄅᆞᆷ들이 다 이 말ᄉᆞᆷ을 외국으로붓허 왓다ᄒᆞ고 고집내여 듯지 아니ᄒᆞ고 경히 넉이고 하ᄂᆞ님의 말ᄉᆞᆷ이라 ᄒᆞ면 허탄ᄒᆞ다ᄒᆞ고 ᄉᆡᆼ각도 아니ᄒᆞ고 ᄯᅩ 엇던 사ᄅᆞᆷ은 말ᄒᆞ기를 가령 그 말을 올타 ᄒᆞᆯ지라도 ᄉᆡᆼ애에 골몰ᄒᆞ니 나죵에는 그에셔 더 됴흔 곳이 잇슬지라도 지금 굴머 죽을거시 무섭다 ᄒᆞ고 ...... 누구던지 이 말ᄉᆞᆷ을 듯고 밋고 그젼에 지은 죄를 다 벗고 예수의 올흠을 닙고 셰샹 사ᄅᆞᆷ 가온ᄃᆡ셔 나오고 예수의게 븟흔 사ᄅᆞᆷ이 되면 엇지 그 사ᄅᆞᆷ의 즐거옴을 측량ᄒᆞ오릿가 그런 사ᄅᆞᆷ들이 걱졍 근심 잇는 곳을 ᄯᅥ나 디옥에 ᄲᅡ짐을 면ᄒᆞ고 ᄭᆡ ᄭᅳᆺᄒᆞ고 명랑ᄒᆞᆫ ᄃᆡ 가면 엇지 반갑지 아니 ᄒᆞ리오 우리 바라는 것슨 그 쥬인이 주시는 옷슬 닙고 가서 텬당 문을 두다리면 하나님ᄭᅴ옵셔 반갑게 마져드려 그 영화로온 잔ᄎᆡ에 참예ᄒᆞᆯ 것밧ᄭᅴ 더 바랄 것 업소 이 말슴 보는 사ᄅᆞᆷ은 오날 ᄆᆞᄋᆞᆷ을 쟉뎡ᄒᆞ실 것슨 ᄉᆞ후에 가는 곳이 두 곳 밧ᄭᅴ 업스니 텬당에 가는 것과 디옥에 가는 거시 어느 것시 됴흘넌지 이 말ᄉᆞᆷ을 보신 후에 즉시 작뎡ᄒᆞ시고 ᄅᆡ일노 밀우지 마시오 사ᄅᆞᆷ의 ᄉᆞᄉᆡᆼ을 모로는 것슨 오날 죽을지 ᄅᆡ일 죽을지 모로는 거시니 자세히 ᄉᆡᆼ각ᄒᆞ시오[42]

마지막 단락에서 글쓴 이는 지옥과 천국을 사실적으로 그려준다. 주인이 내어준 옷을 입지 않고 오면 하나님이 예비하신 예수 그리스

42) 애니 베어드, 『쟝자로인론』, 15-17쪽.

도를 믿는 믿음이 없는 것과 같다. 이는 사람이 외부로부터 몸을 보호하는 옷을 벗은 것과 같이 죄와 죽음에서 보호받을 수 있는 방패가 없는 것과 동일한 것이 된다. 그래서 천국 잔치에 참여할 수 없고 이것은 주인의 뜻을 배반하는 것이다. 그는 지옥 불덩이 속에서 마귀와 함께 있게 된다. 글쓴 이는 사람이 언제 이 세상을 떠날지 알 수 없으므로 구원의 길인 예수를 지금 믿어야 함을 강조한다. 하지만 이 예수 그리스도를 믿거나 믿지 않는 것은 어디까지나 개인의 인격적인 결단에 달려 있음을 설명한다.

이상의 내용은 마태복음 22장에 나오는 혼인 잔치의 비유와도 흡사하다. 어떤 임금이 아들의 혼인 잔치에 사람들을 초청했지만 밭 일과 상업 때문에 갈 수 없다고 거절한다. 그러자 종들을 보내 길거리의 사람들을 초청하여 들인다. 그런데 임금은 예복을 입지 않은 한 사람을 어둠 가운데 두게 된다.[43] 이와 같은 성경의 내용을 토대로 이 글의 구조가 형성된 것이다. 애니 베어드의 『쟝자로인론』은 성경에 대한 이해의 접촉점이 부족했던 조선 사람들에게 쉽게 하나님의 독생자를 통한 구원의 길을 설명하고 마음을 움직이는데 효과적인 역할을 하는 대표적 문서 선교의 산물이라고 평가할 수 있을 것이다.

43) 신약성경 〈마태복음〉 22장 1-14절.

2) 『동물학』을 통한 문서 선교

애니 베어드는 하나님의 창조 질서 안에서 동물을 전문적으로 이해할 수 있도록 하는 교육용 문서인 교과서로서 『동물학』을 편찬하게 된다. 그녀는 이 책을 우리말로 정리하는 과정에서 자신의 동물과 인간에 대한 성경적 이해의 지평을 효과적으로 적용하게 된다.

① **속표지** : ZOOLOGY
예수강싱 일쳔구빅륙년
동물학
대한 광무 십년 병오

② **책의 편집 순서 및 분량**

㉠ 셔문 1쪽
㉡ 동물학춍론 7쪽
㉢ 목록 3쪽
㉣ 동물 그림 2쪽
㉤ 본문 233쪽
㉥ 동물목록 26쪽
㉦ 영문 설명 1쪽
㉧ INDEX 15쪽

③ 『동물학』 차례

[1] 셔문

[2] 동물학총론

[3] 뎨일쟝은 동물의 눈흔 것과 두 손(Bimana)(二手)잇는 젹은 쩨를 의론홈이라

[4] 뎨이쟝은 사름과 다른 동물을 비교홈이라

[5] 뎨삼쟝은 네손(Quadrumana)(四手)잇는 작은 쩨를 의론홈이라

[6] 뎨ᄉᆞ쟝은 늘기로 손노릇ᄒᆞ는(Cheiroptera)(翼手動物) 작은 쩨와 네발(Quadrupeds)(四足)잇는 작은 쩨를 의론홈이라

[7] 뎨오쟝은 고기먹는 쇽(Carnivora)(食肉獸)을 다시 의론홈이라

[8] 뎨륙쟝은 고기먹는(Carnivora)(食肉獸) 쇽을 다시 의론홈이라

[9] 뎨칠쟝은 버러지먹는(Insectivora)(食虫獸) ᄒᆞᆫ 쇽과 너는(Rodentia) (齧齒獸) ᄒᆞᆫ 쇽을 의론홈이라

[10] 뎨팔쟝은 니업는(Edentata)(無牙獸) ᄒᆞᆫ 쇽과 주머니잇는(Marsupialia)(有袋獸) ᄒᆞᆫ 쇽을 의론홈이라

[11] 뎨구쟝은 가족둡거온(Pachydermata)(厚皮獸) 쇽을 의론홈이라

[12] 뎨십쟝은 싹임질ᄒᆞ는(Ruminantia)(返嚼獸) ᄒᆞᆫ 쇽을 의론홈이라

[13] 뎨십일쟝은 싹임질ᄒᆞᄂᆞᆫ(Runminantia)(返嚼獸) ᄒᆞᆫ 쇽을 ᄯᅩ 의론ᄒᆞ고 슈족업ᄂᆞᆫ(Cetacea)(無手足動物) 작은 ᄯᅦ를 의론홈이라

[14] 뎨십이쟝은 새(Birds)(鳥部) ᄯᅦ를 의론홈이라

[15] 뎨십삼쟝은 잘안ᄂᆞᆫ새(Insessores)(雀屬類)과를 의론홈이라

[16] 뎨십ᄉᆞ쟝은 잘안ᄂᆞᆫ새(Insessores)(雀屬類)과를 다시 의론홈이라

[17] 뎨십오쟝은 반목됴(Scansores)(攀木鳥)와 소발됴 (Rasores)(搔撥鳥)와 치쥬됴 (Cursores)(馳走鳥)의 과를 의론홈이라

[18] 뎨십륙쟝은 물새 작은 ᄯᅦ를 의론홈이라

[19] 뎨십칠쟝은 파힝부(Reptiles)(爬行部)를 의론홈이라

[20] 뎨십팔쟝은 파힝부(Reptiles)(爬行部)를 다시 의론홈이라

[21] 뎨십구쟝은 물고기 ᄯᅦ(Fish)(魚部)를 의론홈이라

[22] 뎨이십쟝은 관졀(Articulates)(關節)동물을 의론홈이라

[23] 뎨이십일쟝은 경시(Coleoptera)(硬翅) 츙부를 의론홈이라

[24] 뎨이십이쟝은 직시(Orthoptera)(直翅) 츙부를 의론홈이라

[25] 뎨이십삼쟝은 ᄆᆡᆨ시(Neuroptera)(脈翅) 츙부를 의론홈이라

[26] 뎨이십ᄉᆞ쟝은 ᄉᆞ모시(Hymenoptera)(四膜翅) 츙부를 의론홈이라

[27] 뎨이십오쟝은 린시(Lepidoptera)(鱗翅) 츙부를 의론홈이라

[28] 뎨이십륙쟝은 반시(Hemiptera)(半翅) 츙부와 쌍시(Diptera)(雙翅) 츙부와 미현시(Aphaniptera)(未現翅) 츙부와 무시(Aptera)(無翅) 츙부를 의론홈이라

[29] 뎨이십칠쟝은 다족(Myriapoda)(多足)부와 지쥬(Arachnida)(蜘蛛)부를 의론홈이라

[30] 뎨이십팔쟝은 갑각부(Crustacea)(甲殼部)와 련졉부(Annelida)(連接部)를 의론홈이라

[31] 뎨이십구쟝은 연톄(Mollusks)(軟體)동물을 의론홈이라

[32] 뎨삼십쟝은 샤형(Radiates)(射形)동물을 의론홈이라

[33] 뎨삼십일쟝은 샤형(Radiates)(射形)동물을 다시 의론홈이라[44]

④ **내용 분석**

[1] 셔문

하ᄂᆞ님씌셔 지으신 모든 물건을 샹고ᄒᆞ야 세 등분에 논호앗ᄉᆞ니 쳣지

44) 애니 베어드, 「동물학 목록」, 숭실대학교 한국기독교박물관 소장본 「동물학」(1906), 1-3쪽.

ᄂᆞᆫ 동물인ᄃᆡ 사ᄅᆞᆷ과 나ᄂᆞᆫ 새와 ...... 둘ᄌᆡᄂᆞᆫ 식물인ᄃᆡ ᄭᅩᆺ과 풀과 나무들이니 가히 공긔를 ᄲᆞᆯ아 먹으ᄃᆡ 동ᄒᆞ야 ᄃᆞ니지ᄂᆞᆫ 못ᄒᆞ며 셋ᄌᆡᄂᆞᆫ 뎡물인ᄃᆡ ...... 이제 동물의 류를 샹고ᄒᆞ여 보건ᄃᆡ 동물즁에 지극히 신령ᄒᆞᆫ 쟈ᄂᆞᆫ 사ᄅᆞᆷ밧긔 업ᄂᆞᆫ지라 그러나 사ᄅᆞᆷ이 지혜와 우쥰ᄒᆞᆫ거ᄉᆞᆯ 판단ᄒᆞ며 ᄌᆞ세히 살필줄도 알며 죡히 사ᄅᆞᆷ을 흥긔케도ᄒᆞ는 거슨 그 ᄆᆞ음 가온ᄃᆡ 계셔 쥬ᄌᆡᄒᆞ시ᄂᆞᆫ 이의 긔묘ᄒᆞᆷ이 셰쇽에 용줄ᄒᆞᆫ 쟈의 의견과 크게 다름이라(요빅긔 십이쟝 칠졀노 십졀[45] 이제 시험ᄒᆞ야 즘싱의게 무르면 뎌가 너를 ᄀᆞᄅᆞ칠거시오 공즁에 나는 새의게 무르면 뎌가 쟝ᄎᆞᆺ 너를 ᄀᆞᄅᆞ치리로다 ᄯᅡ헤셔 말ᄒᆡ도 뎌가 너를 ᄀᆞᄅᆞ칠거시오 바다에 고기를 ᄯᅩᄒᆞᆫ 네게 ᄀᆞᄅᆞ치리로다 이 모든 것들을 뉘가 여호와의 손으로 지으신 줄을 아지 못ᄒᆞ리오 대개 그 손에 모든 물건을 살니ᄂᆞᆫ 긔운과 모든 사ᄅᆞᆷ의 신령ᄒᆞ심이 잇도다ᄒᆞ셧ᄂᆞ니라[46]

애니 베어드는『동물학』서문에서 동물에 대한 전문적이면서도 성경적 관점을 우리말 표현 속에서 잘 부각시키고 있다. 하나님께서 지으신 모든 것을 동물과 식물과 정물로 나눈다. 동물은 사람과 새와 짐승과 곤충 등으로 세분화한다. 특히 동물 중에서도 사람은 신령한 존재로 표현한다.

사람에게 지혜와 판단력과 분석력과 지도력이 있는 것은 사람의 마음 속에 계시며 인도하시는 하나님의 기이함이 있기 때문임을 드러낸

45) 욥기 12:7-10,「구약성경」,「성경전서」.

46) 애니 베어드,「셔문」,「동물학」(1906).

다. 이것을 하나님의 형상이라고 집약할 수 있을 것이다. 저자는 모든 동물이 하나님의 손으로 지어진 것임을 설명하며, 하나님의 손에 모든 생명체의 비밀이 있음을 풀이해주고 있다. 이 서문에 나타난 동물을 보는 성경적 시각을 전제로 이 책이 전개되는 것이다.

[2] 동물학총론

ᄯᅩ 여러 가지 즘ᄉᆡᆼ의 죵ᄌᆞ마다 각각 제 각별ᄒᆞᆫ 힝습이 잇고 그 몸에 ᄉᆡᆼ긴 것도 제 힝습에 뎍당ᄒᆞᆫ 거니시 이ᄂᆞᆫ 하ᄂᆞ님 풍셩ᄒᆞ신 지혜와 능ᄒᆞ심이 ᄒᆞᆫ량 업솜을 나타내ᄂᆞᆫ거시라[47]

편찬자는 여러 가지 짐승의 종류마다 각별히 행하는 습관이 있는데 이 모든 것이 하나님의 풍성하신 지혜와 능력 때문임을 설명한다.

이 여러 가지로 몸이 ᄉᆡᆼ긴 것 가온ᄃᆡ 하ᄂᆞ님ᄭᅴ셔 극히 공변되신 의ᄉᆞᄅᆞᆯ 쓰샤 혼돈 셰샹이 되지 아니ᄒᆞ고 ᄎᆞ셔ᄃᆡ로 된 거시라 죵ᄌᆞ브터 지파ᄭᆞ지 다 헤아려보아도 유쳑동물과 관절동물과 연톄동물과 샤형동물이 다 그러ᄒᆞ니라[48]

편찬자는 하나님께서 공정한 계획 가운데 유척동물과 관절동물과

47) 애니 베어드, 「동물학총론」, 「동물학」(1906), 1~2쪽.
48) 애니 베어드, 「동물학총론」, 「동물학」(1906), 2쪽.

연체동물과 사형동물 등의 생명체를 질서있게 만드셨다고 논리를 전개하며 동물학의 기본틀을 잡아가고 있다.

또 동물이 이 셰샹 디구 우헤 퍼지ᄂᆞᆫ거술 말ᄒᆞ건ᄃᆡ 아모 곳이나 다 살 수 잇ᄂᆞᆫ 거ᄉᆞᆫ 사ᄅᆞᆷ 밧긔 업ᄂᆞ니 대개 사ᄅᆞᆷ은 령혼과 ᄆᆞᄋᆞᆷ이 잇셔 그 잇ᄂᆞᆫ 곳에 슈토와 잇ᄂᆞᆫ 물건의게 뎍당케 ᄒᆞᆯ 수 잇스며 사ᄅᆞᆷ 다음에 쳐쳐에 잘 퍼지ᄂᆞᆫ 거ᄉᆞᆫ 사ᄅᆞᆷ을 잘 ᄯᆞ르ᄂᆞᆫ 집파리와 ᄉᆡ향쥐ᄀᆞᆺᄒᆞᆫ 거시며[49]

편찬자는 동물 중에 이 지구상에서 어디서든지 잘 살 수 있는 것은 사람 뿐이라고 말한다. 그 이유는 영혼과 마음이 있어서 물과 흙과 그 가운데 존재하는 물건들에 잘 적용할 수 있기 때문임을 설명한다. 그리고 이 사람을 잘 따르는 집파리나 생쥐도 사람 다음으로 곳곳에 잘 퍼져 살 수 있다고 말한다.

이런 거술 다 보니 우리 눈압헤 잇ᄂᆞᆫ 것만 하ᄂᆞ님 묘ᄒᆞ신 권능을 나타낼 ᄲᅮᆫ 아니라 우리 발 아ᄅᆡ 잇ᄂᆞᆫ 씌쓸과 호흡ᄒᆞᄂᆞᆫ 공긔와 마시ᄂᆞᆫ 물에도 다 하ᄂᆞ님의 조셩ᄒᆞ신 권능을 나타내여 영화ᄅᆞᆯ 하ᄂᆞ님ᄭᅴ 돌녀 보내ᄂᆞᆫ 거시라 이 동물을 다 합ᄒᆞ야 보니 조고마ᄒᆞᆫ 극미동물브터 지극히 큰 코기리와 고ᄅᆡᄭᆞ지 다 서로 샹관이 잇ᄉᆞ니 이 샹관은 무엇신지 아직 다 알 수 업스나 동물박학ᄉᆞ가 궁구ᄒᆞᄂᆞᆫᄃᆡ로 더옥 알지로다 하ᄂᆞ님ᄭᅴ셔 이 텬디 만물을 잘 다ᄉᆞ리샤 엇던 동물이 너머 왕셩ᄒᆞᄂᆞᆫ 것도 막으시도 엇던 동

---

49) 애니 베어드, 「동물학총론」, 「동물학」(1906), 3~4쪽.

물의 죵ᄌᆞ가 다른것의게 아조 쇼멸ᄒᆞᄂᆞᆫ 것도 막으시ᄂᆞ니라 이 즘ᄉᆡᆼ들ᄭᅴ리만 서로 샹관ᄒᆞᆯ ᄲᅳᆫ 아니오 모든 즘ᄉᆡᆼ이 사ᄅᆞᆷ의게도 먼 샹관이나 갓가온 샹관이 다 크게 잇ᄂᆞ니 이ᄂᆞᆫ 사ᄅᆞᆷ사ᄂᆞᆫ 곳마다 다ᄀᆞᆺ치 잇고 그 잇ᄂᆞᆫ 동물은 사ᄅᆞᆷ을 위ᄒᆞ야지으심이라 고로 모든 동물이 사ᄅᆞᆷ과 샹관이 이ᄀᆞᆺ치 만흐나 사ᄅᆞᆷ은 동물 즁에 특별이 령혼이 잇ᄂᆞᆫ고로 이보다 더 놉흔 셰샹과도 샹죵ᄒᆞ게 되엿ᄉᆞ니 이 셰샹에 잇ᄂᆞᆫ 동물과 샹관이 ᄭᅳᆫ허지면 하ᄂᆞ님ᄭᅴ 이보다 더옥 영화로온 다른 몸을 밧아 그 영원히 잇ᄉᆞᆯ 곳과 뎍당케 될 거시로다[50)]

편찬자는 동물학 총론의 말미에서 우리 눈 앞에 보이는 생물 뿐 아니라 우리 발 아래 있는 티끌과 공기와 물에도 하나님의 권능이 나타나는 것이며 이 모든 것들이 하나님께 영광을 돌리는 것이 존재 목적임을 설명한다. 미세한 동물로부터 커다란 코끼리나 고래도 서로 상관관계에 놓여 있으며 하나님께서 그 개체 수가 적절히 조절되게 창조하셨음을 드러낸다. 모든 동물은 사람에게도 직간접적인 영향을 미치게 되어 있으며 그 동물들 모두가 또한 사람을 위해 지어졌음을 말해준다. 영혼이 있는 사람은 이 세상의 동물들과 상관을 갖게 되며, 그 상관이 끊어지면 더욱 영화로운 몸을 입고 영원히 있을 곳에 정착하게 된다고 설명하므로 동물학의 수준을 인간과 연관해서는 천국 영생에까지 연관시키고 있다.

---

50) 애니 베어드, 「동물학총론」, 「동물학」(1906), 7쪽.

[3] 뎨일쟝은 동물의 눈흔 것과 두 손(Bimana)(二手)잇는 젹은 쩨룰 의론홈이라

(十二) 셩셔에 닐너스되 하ᄂᆞ님쎄셔 처음에 ᄒᆞᆫ 혈ᄆᆡᆨ으로 ᄇᆡᆨ셩을 셰샹에 ᄂᆡ이샤 온 짜헤 거ᄒᆞ게 ᄒᆞ셧다 ᄒᆞ셧스니 ...... ᄌᆞ셰히 보면 ᄀᆞᆺᄒᆞᆫ 즁에도 좀 다르니 이럼으로 셰샹에 두 사ᄅᆞᆷ의 모양과 쏙ᄀᆞᆺᄒᆞᆫ거시 업ᄉᆞ나 하ᄂᆞ님의 크신 능력이 아니면 엇지 그러케 ᄒᆞ엿스리오(시편 일ᄇᆡᆨ삼십구편 십ᄉᆞ졀노십륙졀) 쥬쎄셔 나의 몸을 지으시니 신묘홈을 혜아릴 수 업도다 쥬의 경륜이 긔이 ᄒᆞ시니 이는 나의 아는 바요 쏘 쥬씌 찬숑ᄒᆞᄂᆞ니 내가 모틱에서 지음을 밧음이 심히 공교ᄒᆞ고 쎠가 자람도 다 쥬쎄셔 ᄒᆞ심인줄 내가 알고 쏘 내가 틱되여슬 째에 쥬의 눈이 보시고 내가 나지 못ᄒᆞ여슬제도 모든 일을 다 쥬쎄셔 뎡ᄒᆞ신 바오니 이 거슨 쥬의 칙에 긔록ᄒᆞ엿도다

습문

문O하ᄂᆞ님쎄셔 지으신 물건을 몃가지에 눈홧ᄂᆞ뇨 ...... O사ᄅᆞᆷ의 권셰를 셩경에 엇더케 닐넛ᄂᆞ뇨[51)]

편찬자는 성경을 근거로 하나님께서 사람을 온 땅에 흩으셨으므로 전 세계에 흩어져 있는 사람이 한 형제라고 강조한다. 대한과 중국과 일본도 같은 몽고리안 종족이라고 설명하므로 성경적 사해 동포주의

---

51) 애니 베어드, 『동물학』(1906) 뎨일쟝, 4~6쪽.

를 드러내고 있다. 아울러 같은 사람이면서도 제 각각 독특성을 지니는 것을 들어 하나님의 크신 능력을 증거한다. 그러면서 시편 139편 14절에서 16절을 통해 하나님의 인간에 대한 신비한 창조와 섭리를 나타낸다. 저자는 연습문제를 통해 하나님께서 그 지으신 것을 몇가지로 나누었는지, 그리고 성경은 사람의 권세를 어떻게 말하고 있는지를 질문한다. 기독교학적 입장에서의 동물학 교재를 통해 학생들에게 실질적인 교육적 문서 선교를 시도하고 있는 것이다.

[4] 뎨이쟝은 사ᄅᆞᆷ과 다른 동물을 비교ᄒᆞᆷ이라

하ᄂᆞ님ᄭᅴ셔 지으신 모든 사ᄂᆞᆫ 물건 즁에 사ᄅᆞᆷ이 가쟝 ᄀᆡ묘ᄒᆞ고 존귀ᄒᆞ니 셰샹 삼ᄌᆡ 가온ᄃᆡ 거ᄒᆞ야 만물 우희 ᄲᅱ여난지라 (챵셰긔 일쟝 십륙절노 삼십일졀) 하ᄂᆞ님이 ᄀᆞᆯᄋᆞ샤ᄃᆡ 우리 무리가 맛당히 사ᄅᆞᆷ을 지으되 우리의 형샹과 ᄀᆞᆺ치 ᄒᆞ야 그로ᄒᆞ여곰 바다에 고기와 나ᄂᆞᆫ 새와 닷ᄂᆞᆫ 즘ᄉᆡᆼ과 ᄯᅡ와 밋 ᄯᅡ헤 잇ᄂᆞᆫ 버러지를 다ᄉᆞ리게 ᄒᆞ쟈 ᄒᆞ고 하ᄂᆞ님ᄭᅴ셔 ᄌᆞ긔 형샹ᄃᆡ로 사ᄅᆞᆷ을 지으샤 사나히와 녀인을 지으신 후에 복을 주시고 ᄯᅩ 닐ᄋᆞ샤ᄃᆡ ᄉᆡᆼ육이 만하 ᄯᅡ헤 가득ᄒᆞ야 바다와 고기와 나ᄂᆞᆫ 새와 밋 ᄯᅡ우희 모든 곤츙을 다ᄉᆞ리게 ᄒᆞ리라 ᄒᆞ시고 ᄯᅩ 닐ᄋᆞ샤ᄃᆡ 볼지어다 온 ᄯᅡ헤 씨 잇ᄂᆞᆫ ᄎᆡ소와 실과ᄂᆞᆫ 다 너를 주어 먹게 ᄒᆞ고 닷ᄂᆞᆫ 즘ᄉᆡᆼ과 나ᄂᆞᆫ 새와 밋 ᄯᅡ헤 기ᄂᆞᆫ 모든 ᄉᆡᆼ물은 풀을 먹게 ᄒᆞ리라 ᄒᆞ시니 그 말ᄉᆞᆷᄃᆡ로 된지라 하ᄂᆞ님ᄭᅴ셔 지신거ᄉᆞᆯ 보시고 됴타ᄒᆞ시니라[52]

52) 애니 베어드, 『동물학』(1906) 뎨이쟝, 7쪽.

편찬자는 하나님께서 지으신 존재 중에 사람이 다른 동물과 다른 것은 바로 하나님의 형상을 따라 지음을 받았으며 다른 동물을 관리할 수 있는 사명을 부여받았고, 하나님께서 사람을 가장 좋아하시므로 최상의 가치를 부여하셨기 때문이라고 말한다. 그리고 하나님께서 사람에게는 사람 이외의 모든 동물을 먹을거리로 주셨음을 증거한다.

(十六) 금슈는 다만 사ᄅᆞᆷ만 알고 하ᄂᆞ님은 아지 못ᄒᆞ는ᄃᆡ 사ᄅᆞᆷ은 임의 제 몸 잇는 거술 안 연후에 그 근본을 상고ᄒᆞ여 제 몸을 ᄂᆡ시고 셩품을 주신 하ᄂᆞ님 계신 줄ᄭᅡ지 알고 ᄯᅩ 하ᄂᆞ님은 홀노 계신 줄도 아ᄂᆞ니라[53]

편찬자는 사람과 다른 동물의 근본적인 차이에 대해 다른 동물은 하나님을 모르지만, 사람은 하나님을 알아 그 하나님이 사람에게 성품을 주셨으며 홀로 계신 분임을 깨닫고 있다는 사실을 드러낸다.

(十八) 무릇 셰샹에 금슈ᄂᆞᆫ 다만 령그러온 셩품만 갓초아스나 령혼은 갓초지 못ᄒᆞ여스니 이럼으로 죽은 후에ᄂᆞᆫ 곳 업서지거니와 유독 사ᄅᆞᆷ은 그러치 아니 ᄒᆞ야 날 ᄯᅢ브터 영ᄉᆡᆼᄒᆞ고 죽지 안ᄂᆞᆫ 령혼이 갓초인고로 만물 가온ᄃᆡ ᄀᆞᆺ치 쳐ᄒᆞ여셔도 그 즁 뎨일 존귀ᄒᆞᆫ 거ᄉᆞᆫ 사ᄅᆞᆷ이라 그 가온ᄃᆡ 크게 분간ᄒᆞᆯ 것 ᄒᆞᆫ가지 잇ᄉᆞ니 셰샹에 지극히 우쥰ᄒᆞ고 비미ᄒᆞᆫ 사ᄅᆞᆷ이라도 지극히 춍명ᄒᆞᆫ 금슈보다 오히려 나흐니 그 크게 다름이 하ᄂᆞᆯ과 ᄯᅡᄀᆞᆺᄒᆞᆫ지라(챵셰긔 구쟝이절) ᄯᅡ헤 모든 즘ᄉᆡᆼ과 나는 새와 긔여ᄃᆞᆫ니는 물건

53) 애니 베어드, 『동물학』(1906) 뎨이장, 12쪽.

들과 바다에 고기를 내가 다 네 손에 붓쳐서 네게 복죵케 ᄒᆞ리라 ᄒᆞ시고 (시편팔편) 여호와 우리의 하ᄂᆞ님이시여 아름다오신 그 일홈이 온 싸헤 퍼지고 쥬의 영광이 하늘 우희 빗최엿도다 쥬ᄭᅴ셔 원슈의 ᄭᆞ닭으로 어린 ᄋᆞ희와 졋먹는 ᄋᆞ희의 입으로 찬미ᄒᆞ야 원슈가 입을 닷고 말ᄒᆞ지 못ᄒᆞ게 ᄒᆞ셧ᄂᆞ이다 내가 쥬ᄭᅴ셔 ᄆᆞᄃᆞ신 하늘과 ᄯᅩ 베프신 ᄃᆞᆯ과 별을 보니 셰샹 사ᄅᆞᆷ은 뉘가 되기에 쥬가 ᄉᆡᆼ각ᄒᆞ시며 사ᄅᆞᆷ의 ᄌᆞ손은 뉘가 되기에 도라보시ᄂᆞ뇨 쥬ᄭᅴ셔 사ᄅᆞᆷ으로 ᄒᆞ여금 텬ᄉᆞ보다 좀 낫게 ᄒᆞ시고 ᄯᅩ 존영으로 뎌의게 씨우셧ᄉᆞᆸᄂᆞ이다 ᄯᅩ 쥬의 손으로 지으신 거ᄉᆞᆯ 다ᄉᆞ리게 ᄒᆞ시고 륙축과 금슈와 바다에 고기와 밋 ᄇᆡᆨ가지 물건들을 다 져의 발아릐 복죵케 ᄒᆞ시도다 여호와 우리 하ᄂᆞ님이시여 아름다오신 일홈이 온 셰샹에 퍼졋ᄂᆞ니라[54]

금수는 그 자체의 성질만 있고 영혼이 없기에 죽은 후에 그냥 없어지고 말지만 유달리 사람은 영생하며 만물 가운데 가장 존귀한 존재임을 강조한다. 편찬자는 창세기 9장 2절과 시편 8편을 들어 가장 미비한 사람이라도 지극히 총명한 금수보다 나음이 하늘과 땅 차이이며, 세상의 모든 존재가 여호와 하나님의 영광을 드러내기 위해 있다는 사실을 선포하고 있다. 애니 베어드가 편찬한 『동물학』은 성경의 창조론적 관점에서 동물학의 전문적 지식을 체계적으로 입증해주는 학제적 기독교학의 전형을 보여주고 있다.

54) 애니 베어드, 『동물학』(1906) 뎨이쟝, 12-13쪽.

3) 『식물도셜』 번역을 통한 문서 선교

애니 베어드는 그레이 박사의 『식물도셜』을 번역하는 가운데 식물이 성경과 어떤 관계 속에 있는 존재인지를 우리말로 잘 설명해 주고 있다.

① **겉표지: 식물도셜**

② **속표지 1: 구쥬 강싱 일쳔구빅팔년**
식물도셜
대한 륭희 이년 무신

③ **속표지 2: 영어:** BOTANY FOR YOUNG PEOPLE
AND COMMON SCHOOLS
BY Dr. A. L. GRAY
Adapted from the English
BY MRS. A. L. A. BAIRD.
Korean Religious Tract Society.
1908.
price: 1 yen, 50 sen.

④ **분량:** 본문 233쪽, 목록 18쪽 (본문 사이 사이에 삽화 포함)

⑤ 내용 분석

마태복음 륙쟝 이십 팔졀노 구졀ᄭᆞ지 보니 들에 ᄇᆡᆨ합 ᄭᅩᆺ치 엇더케 자ᄅᆞᄂᆞᆫ가 ᄉᆡᆼ각ᄒᆞ여 보아라 슈고도 아니ᄒᆞ고 질삼도 아니 ᄒᆞᄂᆞ니라 그러나 나ㅣ 너희게 말ᄒᆞ노니 솔노문의 지극ᄒᆞᆫ 영광으로도 닙은 거시 이 ᄭᅩᆺ ᄒᆞ나만 ᄀᆞᆺ지 못ᄒᆞ엿ᄂᆞ니라 ᄒᆞ셧ᄉᆞ니 우리 쥬님이 이술 ᄭᅩᆺ ᄀᆞᄅᆞ쳐 말ᄉᆞᆷᄒᆞ실 ᄯᅡ에 하ᄂᆞ님ᄭᅴ셔 셰샹 사ᄅᆞᆷ을 ᄒᆞᆼ샹 도라보심을 ᄀᆞᄅᆞ시랴고 ᄒᆞ신 말ᄉᆞᆷ이니 긔이ᄒᆞᆫ 풀과 아ᄅᆞᆷ다온 ᄭᅩᆺᄉᆞ로 ᄯᅡ흘 닙히ᄂᆞᆫ 거ᄉᆞᆫ 하ᄂᆞ님ᄭᅴ 그 ᄆᆞᆫᄃᆞ신 ᄉᆡᆼ물을 도라보시ᄂᆞᆫ 거시오 ᄯᅩ 예수ᄭᅴ셔도 우리가 ᄒᆞᆼ샹 보ᄂᆞᆫ 풀을 뵈이샤 자ᄅᆞᄂᆞᆫ 모양이 엇더 ᄒᆞ며 수가 만ᄒᆞᆫ 것과 모양이 ᄉᆡᆨᄉᆡᆨᄒᆞ고 아ᄅᆞᆷ다온 것과 ᄆᆞᆫᄃᆞ신 ᄌᆡ죠가 이샹ᄒᆞᆫ 거ᄉᆞᆯ ᄉᆡᆼ각ᄒᆞ여 보라 ᄒᆞ셧ᄉᆞ니 엇지 ᄌᆞ미 잇고 요긴ᄒᆞ게 녁이지 아니ᄒᆞ리오[55]

책의 서두에서는 신약성경 마태복음 6장 28절부터 29절까지 나오는 식물인 '들의 백합화'를 예로 들면서 하나님께서 그 만드신 생물을 돌보시며, 예수님도 하나님의 창조물인 식물을 활용하여 복음을 전하셨음을 설명한다. 식물에 대해 성경에 근거하여 기독교적 세계관으로 바라보도록 인도하는 것이다.

ᄯᅩ 알거ᄉᆞᆫ 하ᄂᆞ님ᄭᅴ셔 우리ᄅᆞᆯ 먹이고 닙히고 덥게 ᄒᆞ고 우리 몸을 덥흐랴고 ᄒᆞ샤 ᄆᆞᆫᄃᆞ신 거시니 이 식물공부는 ᄒᆞ도록 더옥 ᄌᆞ미 잇ᄂᆞ니라[56]

---

55) 애니 베어드 역, Dr. A. L. Gray 저, 『식물도셜』(죠션경셩예수교셔회, 1908), 1~2쪽.

56) 애니 베어드 역, Dr. A. L. Gray 저, 『식물도셜』(죠션경셩예수교셔회, 1908), 7쪽.

역자는 하나님께서 우리를 먹이고 입히려고 식물들을 만드신 면이 있다는 점을 부각시키면서 이 식물공부가 얼마나 재미있는지를 드러낸다. 애니 베어드는 상세한 그림을 곁들인 『식물도셜』의 우리말 번역을 통해 학생들에게 성경적 식물관을 갖게 하므로 창조주 하나님과 인간과 식물의 상호관계성을 전달하고 있는 것이다.

4) 『챵가집』 편찬을 통한 문서 선교

애니 베어드는 베커부인과 공동으로 『챵가집』을 편찬하는 가운데 창가와 찬양가의 합집을 통해 조선 사람들이 문화적 생소함을 극복하며 찬송에 접근할 수 있는 길을 열어 놓고 있다.

① **겉표지: 구셰쥬 강싱 일쳔구빅이십년**
챵가집
대일본 대졍 구년 둘직판

② **속표지:** BOOK OF SONG.
compiled and edited by
A.L.A. Baird and L.B. BECKER
second edition

③ **판권 주요 내용:** 編輯者 安愛理
發行者 裵緯良

大正 四年 二月 二日 印刷
大正 四年 二月 六日 發行
大正 九年 九月 一日 再版發行
發行所 平壤 鐘路 耶蘇教書院
發行所 京城 鐘路 朝鮮耶蘇教書會

④ 분량: 창가 46편, 찬양가 19편 (악보 및 삽화 편별 삽입)

⑤ 내용 분석

㉠ 〈서문〉

대뎌 노래ᄂᆞᆫ 사ᄅᆞᆷ이 ᄉᆞ물과 시셰에 감격될 ᄯᅢ에 즁심의 ᄯᅳᆺ슬 말노 나타내고 률에 응케 ᄒᆞ야 입으로 부르고 ᄆᆞᄋᆞᆷ으로 화답ᄒᆞᄂᆞᆫ 거슬 니ᄅᆞᆷ이니 녯적이나 지금이나 이 나라에나 뎌 나라에나 디방의 풍쇽과 ᄯᅢ의 형편을 좃차 이에 합ᄒᆞ게 브르ᄂᆞᆫ 노래가 잇ᄂᆞ이다 그런고로 녯적 다윗왕의 시편은 만유 쥬의 영광을 찬숑ᄒᆞ엿고 슌님금의 오현금은 빅셩의 온로를 풀엇ᄂᆞ이다

공부ᄌᆞㅣ 륙예를 ᄀᆞᄅᆞ칠 ᄯᅢ에 음악이 ᄒᆞᆫ가지 과졍이 되엿스며 우리 셩도들이 하ᄂᆞ님을 찬숑 ᄒᆞᆯ ᄯᅢ에 노래로 브르ᄂᆞ니 사ᄅᆞᆷ이 노래ᄂᆞᆫ 알지 아니치 못ᄒᆞᆯ 거시올시다 오늘은 챵가를 닐너 ᄀᆞᄅᆞ침으로 유치원에셔나 학교에셔나 다 ᄀᆞᄅᆞ치ᄂᆞ니 ᄯᅩᄒᆞᆫ 이에 합ᄒᆞᆫ 챵가가 ᄯᅩ 잇서야 ᄒᆞᆯ지라 그런고로 본셔 챵가 수십쟝을 편슐ᄒᆞ엿ᄉᆞ오나 힝여 독쟈 제시의게 유익이 되

기를 ᄇᆞ라ᄂᆞ이다

본셔 편즙으로 말ᄒᆞ면 졔군의 도음을 만히 밧은 즁 최ᄌᆞ경씨의 도음을 밧앗ᄂᆞᆫᄃᆡ 친히 져술ᄒᆞᆫ 것과 교열ᄒᆞ시고 특별히 그림으로 도음을 밧앗스며 ᄯᅩᄒᆞᆫ 졔군의 져술을 ᄎᆡ용ᄒᆞᄂᆞᆫ 즁 ᄆᆡ쟝에 씨명은 각긔치못ᄒᆞᆷ은 여러ᄒᆡ 젼 신문 잡지에셔 내여쓴 고로 ᄌᆞ세히 아ᄂᆞᆫ 거슨 젹고 아지 못ᄒᆞᄂᆞᆫ 것만하 균일치 못ᄒᆞᆷ으로 긔록지 못ᄒᆞᆷᄂᆡ다[57]

이 창가집의 서문에서는 노래가 가사와 곡의 만남으로 형성되며, 하나님을 찬양하는 찬송가나 창가가 공부하는데 유익한 교재가 되므로 편집된 것임을 드러내고 있다. 이 작업에서 조선 사람 최자경의 도움을 받았음도 밝히고 있다. 이 책은 학교 음악 교재를 통해 복음을 증거하려는 문서 선교를 시도하고 있는 것임을 알 수 있다.

ⓛ 챵가 3장 〈감은가〉

(1절) 감샤ᄒᆞ신 텬부ᄭᅴ셔 츈하츄동 마련ᄒᆞ샤 / 동물식물 내이시니 모두우리 거시로다

(2절) 봄이오면 ᄯᅡ듯히셔 돌과ᄀᆞᆺ흔 어름록고 / 일만산에 초목들은 깃븐세샹 맛낫도다 (6절까지)

〈감은가〉 1, 2절에서는 하나님께서 봄 여름 가을 겨울을 만드셨고,

---

57) 베어드 부인과 베커 부인 편, 『챵가집』(죠션경셩예수교셔회, 1920 2판, 1915 초판), 1~2쪽.

동물과 식물을 내셨고, 계절의 변화가 있게 하셨음을 잘 드러내준다.

㉢ 챵가 23장 〈하학가〉

(1절) 동벽샹에 걸닌시계 외표ᄂᆡ표 긔묘ᄒᆞ다 / 시침분침 초침보니 일졍ᄒᆞ게 도라간다

(2절) 오젼구시 학교와셔 셩경보고 긔도후에 / 오후ᄉᆞ시 당도ᄒᆞ니 하학죵을 쌍쌍친다

(3절) 학도들아 학도들아 우리쳥년 학도들아 / 졍금세월 앗기여셔 락심말고 공부ᄒᆞ세

〈하학가〉에서는 학생들이 오전 9시에 학교에 등교하자마자 성경을 읽고 기도를 한 뒤에 공부를 시작하는 것이 바람직한 학교생활의 규범임을 알 수 있게 해주고 있다.

㉣ 챵가 35장 <모세의 쟝ᄉᆞ지ᄂᆡᆫ 일을 찬미ᄒᆞᆷ>

(1절) 요단강을 건너못가 놉고놉흔 니보산에 / 모압잇ᄂᆞᆫ 골짝이에 젹젹ᄒᆞᆫ뫼 ᄒᆞᆫ나잇네

육신손이 쌍못파고 육신눈도 못보아도 / 하ᄂᆞᆯᄉᆞᄌᆞ ᄂᆞ려와셔 귀ᄒᆞᆫ시톄 쟝ᄉᆞ힛네

(2절) 녜로브터 이런쟝례 이디구에 업셧도다 / 츌관ᄒᆞᆯᄯᅢ 육신이목 못들엇고 못보앗네

죵용ᄒᆞᆫ것 맛치ᄉᆡ벽 먼동편에 바다면에 / ᄯᅴ은빗치 발ᄉᆡᆼᄒᆞ여 태

양되는 것과ᄀᆞᆺ고 (9절까지)

<모세의 쟝ᄉᆞ지ᄂᆡᆫ 일을 찬미ᄒᆞᆷ> 1, 2절은 구약성경에 나오는 모세의 죽음을 보며 그의 행적을 찬미함으로 하나님의 인도하심을 생각하게 하는 가사다.

ⓜ 챵가 41장 <녀름바ᄅᆞᆷ>

(1절) 활발ᄒᆞ다 녀름바람 멀고더먼 바다로서 / 놉고놉흔 산을넘어 위엄잇게 모라올ᄯᅢ
ᄲᅢᆨᄲᅢᆨᄒᆞ게 모힌구름 ᄉᆞ면으로 흣허진다
(2절) 신긔ᄒᆞ다 녀름바람 슈목ᄉᆞ이 지날ᄯᅢ에 / 너의긔동 ᄇᆞ라보니 너의셩품 알니로다
환영ᄒᆞᆯᄆᆞᆷ 업드ᄅᆡ도 젼송ᄒᆞᆯ제 겸손ᄒᆞ다
(3절) 반갑도다 녀름바람 ᄯᆞᆷ흘니고 답답ᄒᆞ제 / 서늘ᄒᆞᆫ이 정ᄌᆞ아래 나를블너 ᄃᆡ졉ᄒᆞ니
하ᄂᆞ님의 조물즁에 너도ᄀᆞ장 유익코나
(4절) 그리스도 역ᄉᆞ쟈들 뎌바람을 ᄌᆞ셰보소 / 머물너도 됴흐련만 뭇사ᄅᆞᆷ을 도으랴고
제목뎍을 굿게잡고 쉴식업시 가ᄂᆞᆫ도다

창가 <녀름바ᄅᆞᆷ> 은 구름을 흩고 모으며 더위를 식혀주는 여름 바람이 하나님의 창조물로 매우 유익한 것임을 노래하고 있다.

ⓑ 챵가 44장 <노아ᄯᆡ홍슈>

(1절) 흑운은 ᄌᆞ옥ᄒᆞᆫᄃᆡ 쏘다지ᄂᆞᆫ 더빗소리 / 방방쏼쏼 흐르더니 칠일 후에 홍슈로다

(2절) 텬디는 흠암ᄒᆞᆫᄃᆡ 흉용ᄒᆞᄂᆞᆫ 파도소ᄅᆡ / 죄악싱명 다죽으니 하ᄂᆞ님의 진노로다

(3절) 방향은 젹막ᄒᆞᆫᄃᆡ 왕ᄅᆡᄒᆞᄂᆞᆫ 바람소ᄅᆡ / 아라랏산 멀니뵈니 새세샹이 갓갑도다

(4절) 디면은 불원ᄒᆞᆫᄃᆡ 각ᄉᆡᆨ즘ᄉᆡᆼ ᄌᆡ촉소리 / 어셔밧비 ᄂᆞ리자니 나도 더욱 밧불셰라

(후렴) 어긔어ᄎᆞ ᄇᆡᄡᅥ나 희망닷과 밋음사슬 / 창파즁에 드리우니 둥둥 ᄡᅥ셔 ᄇᆡ회ᄒᆞᆫ다

챵가 44장 <노아ᄯᆡ홍슈> 전문은 구약성경 창세기에 나오는 노아의 홍수 기사를 통해 죄악된 세상을 심판하시는 하나님의 진노와 의인 노아의 방주를 통한 구원 과정을 현실감있게 그려내고 있다. 애니 베어드가 베커 부인과 함께 편집한 『챵가집』은 조선의 창가와 기독교의 찬양가를 합본한 것인데, 조선의 창가 형식 속에 성경의 가치를 담은 개작 가사를 충실히 수용해내고 있음을 볼 수 있다. 이는 전통 문화를 통해 기독교 복음을 전하는 문서 선교의 탁월한 방법으로 평가할 수 있을 것이다.

❹ 애니 베어드의 문서 선교가 지니는 의미

애니 베어드의 문서 선교는 다음과 같은 몇 가지 의미를 부여할 수 있을 것이다.

첫째, 성경의 구원 진리를 조선 사람들이 이해하기 쉽게 정리하여 이야기체 문서로 출판해냈다는 점에서 중요한 의미를 지닌다고 할 수 있다. 아무리 소중한 진리라도 그 문화권의 사람들이 이해할 수 있는 것이어야 하는데, 이와 같은 문서 선교의 방법은 이 문제를 잘 해소시켜 줄 수 있는 것이다.

둘째, 동물학 교재를 통해 하나님의 생명 창조를 소개하고, 동물학의 구분 속에서 하나님의 형상을 따라 창조된 인간의 존엄성을 드러내며, 인간의 창조론적 위치를 규정하므로 학생들이 올바른 창조관과 인간관을 발견하게 할 뿐만 아니라, 기독교와 동물학의 학제간 연구 가능성을 명확히 열어놓고 있다는 점에서 기독교학이 나아갈 방향을 분명히 제시하고 있다는 점을 높이 평가할 수 있을 것이다.

셋째, 식물학 교재의 서두 설명을 통해 창조주 하나님과 구주 예수 그리스도, 그리고 인간과 식물의 세계에 담긴 질서를 올바로 발견할 수 있도록 안내하고 있다는 점에서 여타 학문과 기독교학의 연계성을 잘 드러내고 있는 점이 탁월하다는 사실을 알 수 있다.

넷째, 조선의 노래인 창가와 찬양가를 묶은 창가집의 편집과 출간은 음악으로서의 전통 문화와 내용으로서의 기독교 신앙을 연결시키므로 문화적 충격을 최소화하고 올바른 복음 가치를 증거하고자 했다는 점에서 큰 의미를 지닌다고 할 수 있다.

다섯째, 하나님의 창조 세계 안목에서 보면 어떤 문서든 그 논리 속에서 기독교적 해석을 정당하게 가미하여 보다 균형잡힌 지식을 발견하며 소중한 구원의 길을 제시할 수 있다는 사실을 여실히 보여주고 있다는 점에서 그 의미가 소중한 것이다.

❺ 맺는 말

애니 베어드는 청교도적 가치를 중시하는 부유한 가정에 태어나 기독교 교육과 문학을 포함한 일반 학문을 두루 섭렵하고 세계 선교의 비전을 공유하며 먼 조선 땅에 나아와 다양한 형태로 선교 사역을 감당했다. 물론 그녀도 한 사람의 인간이기에 편히 인생을 향유하고 싶은 마음도 있었을 것이다. 무엇보다도 당시의 미국에 비해 문화적으로 불편한 것이 많았을 조선 땅에서 모든 고통을 감수하며 자신이 품은 인생의 목적을 실현하기 위해 최선을 다한 애니 베어드의 삶과 신앙 열정의 고귀함은 그윽한 향기로 다가와 우리에게 진한 감동을 안겨준다.

특히 애니 베어드가 조선 땅에서 우리 말을 충실히 터득하여 고등교육기관의 교재와 교회에서 필요로 하는 전도용 문서들을 만들면서 그 속에 기독교 세계관을 불어넣으므로 문서를 통한 선교의 길을 모색하고, 기독교와 여타 학문 사이에 학제간의 교류 가능성을 열어 놓았다는 점은 이번 연구를 통해 얻어진 가치있는 발견이라고 할 수 있을 것이다.

이제 애니 베어드가 남긴 개별 문서들에 대한 보다 심도있는 분석과 해석, 그리고 현대 문화 속에서의 적용 가능성을 탐색하는 과제가 우리 앞에 놓여 있다. 애니 베어드는 초기 숭실대학에서의 연구와 교재 편찬, 그리고 강의를 통해 기독교 대학에서의 연구와 교재와 강의가 어떠해야 하는지에 대한 깊은 통찰을 남겨주고 있다.

하나님께서 창조하신 이 세상의 모든 정치 경제 사회 문화 과학 등은 하나님의 영광을 드러내기 위해 존재하며, 동시에 하나님의 형상을 지닌 인간을 유익하게 하기 위해 존재한다. 따라서 모든 학문 영역에 대한 기독교적 해석과 의미 부여가 반드시 필요한 것이다. 이것은 오늘날의 기독교 대학이 추구해야 할 여타의 모든 학문과 기독교학의 학제적 연구와 교재 편찬, 그리고 그 이해를 돕는 강의를 통해 열매를 맺을 수 있을 것이며, 이것은 문서 선교의 중요한 본보기가 될 것이다.

참고문헌

애니 베어드, 『쟝자로인론』(대한예수교셔회, 1906), 숭실대 한국기독교박물관 소장.

애니 베어드, 『동물학』(1906), 숭실대 한국기독교박물관 소장.

애니 베어드 역, Dr. A. L. GRAY 저, 『식물도셜』(대한예수교셔회, 1908), 숭실대 한국기독교박물관 소장.

애니 베어드 · 베커 부인 編, 『챵가집』(平壤 鐘路 耶蘇敎書院 · 京城 鐘路 朝鮮耶蘇敎書會, 1920 2판, 초판 1915), 숭실대 한국기독교박물관 소장.

Annie L. A. Baird, *Daybreak in Korea – A Tale of Transformation in the Far East –*, Fleming H. Revell Company, 1909.

Annie L. A. Baird, *Daybreak in Korea – A Tale of Transformation in the Far East –*, Fleming H. Revell Company, 1909. 유정순 역, 『먼동이 틀 무렵』, 현대신서 113, 대한기독교서회, 1981.

Annie L. A. Baird, *Daybreak in Korea – A Tale of Transformation in the Far East –*, Fleming H. Revell Company, 1909. 심현녀 역, 『어둠을 헤치고-빛을 찾은 사람들-』, 다산글방, 1994.

Annie L. A. Baird, *Daybreak in Korea – A Tale of*

Transformation in the Far East –, Fleming H. Revell Company, 1909. 유정순 역, 『따라 따라 예수 따라 가네』, 도서출판 디모데, 2006.

Richard H. Baird, *William M. Baird of Korea a profile*, 1968.

Richard H. Baird, *William M. Baird of Korea a profile*, 1968.

김인수 역, 『배위량 박사의 한국 선교』, 쿰란출판사, 2004.

숭실 인물사 편찬위원회, 『인물로 본 숭실 100년』제1집, 숭실대학교 출판부, 1992년 초판 1쇄, 1995 초판 3쇄.

숭실대학교 100년사 편찬위원회, 『숭실대학교 100년사』 Ⅰ 평양숭실편, 숭실대학교 출판부, 1997.

김영한, 한국기독교문화신학, 성광문화사, 1991 초판 1995 2판.

Chung-Shin Park, *Protestantism and Politics in Korea*, University of Washington Press, 2003.

숭실대학교 한국기독교박물관, 『윌리엄 베어드 박사의 한국 선교와 숭실』, 2007.

유영식 · 이상규 · 존 브라운 · 탁지일, 『부산의 첫 선교사들』, 한국장로교출판사, 2007.

김경완, 배위량 부인의 '섬김' 의 삶과 그녀의 기독교 문학, 숭실대학 신문 제764호, 1999. 10. 11.

김경완, 『한국 소설의 기독교 수용과 문학적 표현』, 태학사, 2000.

로즈 베어드의 선교와 신학사상

이덕주 (감신대학교)

❶ 머릿글

이 글은 숭실대학교 설립자 윌리엄 베어드(William M. Baird, 裵偉良, 1862-1931) 선교사의 두 번째 부인 로즈 베어드(Rose May Fetterolf Baird, 裵路使)의 생애와 신학 사상을 살펴보는데 목적이 있다. 미국 인디애나주에서 출생한 윌리엄 베어드는 하노버대학과 매코믹신학교를 졸업한 후 미국 북장로회 해외선교부 파송을 받아 1891년 내한하여 부산과 대구, 서울을 거쳐 1897년 평양에 정착한 후 숭실학당을 설립하고 별세하기까지 이 학교를 육성, 발전시킴으로 '숭실의 아버지'란 칭호를 받았다.[1] 윌리엄 베어드와 함께 내한한 첫 번째 부인 애니 베어드(Annie Laurie A. Baird, 1864-1916)는 가정을 돌보는 일 외에 숭실학교 교사로 과학과 미술 과목을 가르쳤으며, 다양한 교재를 집필함으로 선교의 동반자로 활약하다가 1916년 6월 9일

---

1) 윌리엄 베어드에 관하여는 Richard H. Baird, *William M. Baird of Korea: A Profile*, Chicago, 1968(김인수역, 《배위량 박사의 한국선교》, 쿰란출판사, 2004)이 기본적인 자료이며 베어드에 관한 논문으로는 2007년 11월 숭실대학교 한국기독교문화연구소가 주최한 '개교 110주년 기념 한국기독교학문연구소 베어드학 학술대회'에서 발표된 박용규의 "윌리엄 베어드와 한국선교", 김명배의 "베어드와 숭실대학", 이상규의 "윌리엄 베어드와 문서선교" 등이 있다. 〈개교 110주년 기념 한국기독교학문연구소 베어드학 학술대회 자료집: 베어드와 한국선교〉, 숭실대학교 한국기독교문화연구소, 2007.11.13.

2) J.S. Gale, "An Appreciation: Mrs. Baird", The Korea Mission Field(이하 KMF), Jul. 1916, 190-191쪽. 애니 베어드의 선교활동에 대해서는 이인성의 "애니 베어드의 선교 문학", 김경완의 "애니 베어드와 문서선교" 등 참조. 〈개교 110주년 기념 한국기독교학문연구소 베어드학 학술대회 자료집: 베어드와 한국선교〉, 숭실대학교 한국기독교문화연구소, 2007.11.13.

52세 나이에 암으로 별세하였다.[2] 홀몸이 된 윌리엄 베어드는 2년 후 1918년 미국에서 재혼하였는데 그 상대가 바로 로즈 베어드다.

로즈 베어드는 남편을 따라 1918년 내한한 후 선교사 아내로서 가사를 돌보는 외에, 교육과 전도, 집필 분야에서 남성 선교사 및 독신 여선교사에 뒤지지 않는 활발한 활동을 보였다. 그는 1931년 남편 별세 후에도 일제말기 강제 추방되기까지 한국에 남아 선교 사역에 임하였는데 특히 선교 후반기에는 평양 여자고등성경학교(후의 평양 여자신학교) 교장으로서 토착교회 여성 목회자 양성에 주력하였다. 그는 자신의 모교인 시카고의 무디성경학교 출신답게 복음주의적 신학 교육과 전도활동에 주안점을 두었고 자신의 교육과 선교 경험을 바탕으로 《신구약대지》와 《개인전도연구》란 저술을 남겼다.

이 글에서는 이런 선교 업적을 남긴 로즈 베어드의 선교활동을 정리한 후 그의 신학사상을 조명하기로 한다. 그에 관한 자료는 윌리엄 베어드와 애니 베어드에 비해 절대 부족한데 다행히 미국 북장로회 해외선교부에 보낸 선교보고서와 이를 근거로 작성된 연례 회의록, 미국에서 발행된 여성선교 잡지에 실린 글이 있어 이것들을 중심으로 살펴볼 것이다.

❷ 생애와 선교활동

로즈 베어드의 생애는 1) 출생부터 결혼까지(1881-1918년), 2) 내한직후 초기 선교활동(1918-27년), 3) 1차 안식년 휴가 후 1920년대

후반 선교활동(1927-31년), 4) 남편 별세 후 1930년대 초반 선교활동(1931-34년), 5) 2차 안식년 휴가 후 일제말기 선교활동(1934-46년) 등 5기로 나누어 살펴볼 수 있다.

1) 출생부터 결혼까지(1881-1918년)

로즈 베어드는 1881년 1월 1일 미국 펜실베니아주 콜럼비아카운티 미플린빌(Mifflinville)에서 독일계 이민 1세대 제분업자인 아버지와 영국 출신의 독실한 감리교도인 어머니 사이에서 출생하였는데 어머니의 영향을 받아 어려서부터 철저한 신앙생활을 하였다. 1903년 블룸스버그대학(Bloomsburg State Normal)을 졸업한 후 콜럼비아카운티에 있는 농촌지역 초등학교 교사로 활동하다가 '뭔가 특별한 영역' 에서 봉사하려는 생각으로 1907-08년 필라델피아 드렉셀학원(Drexel Institute)과 1908-10년 뉴욕 프랫학원(Pratt Institute)에서 미술 교육을 전공하였다. 이후 3년 동안 윌크스바레스(Wilkes-Bares) 지역 공립학교에서 미술 교사로 활약하였으며 펜실베니아주 교육공무원으로서 해리스버그(Harrisburg)에서 근무하기도 하였다.[3)]

이처럼 대학 졸업 후 교사로, 혹은 교육 공무원으로 평범하면서도 '안정적인' 직장 생활을 하던 중 30대 접어들어 "그리스도인으로 뭔가 특별한 사역에 자신의 삶을 헌신하겠다."는 결심을 하게 되었는데

---

3) Richard H. Baird, *William M. Baird of Korea*: A Profile, Chicago, 1968, 95쪽.

그렇게 된 데는 어려서부터 받은 어머니의 신앙지도 영향이 컸다. 즉 그는 어려서부터 가지고 있던 해외선교와 신앙교육에 대한 꿈을 펼치기 위해 주정부 교육 공무원 자리를 포기하고 1914년 시카고 무디성경학교(Moody Bible Institute)에 입학하였다. 그는 훗날(1919년) 자신이 그런 결정을 하게 된 과정을 다음과 같이 설명했다.

> "저는 외국 선교사가 된다는 것을 그 어떤 소명보다 귀한 것으로 여겨 왔습니다. 주님의 소명이 너무도 분명하였기에 저는 일반 학교 교사직을 사임하고 무디성경학교로 들어가 기독교 사역을 준비한 것도 하나님의 말씀을 가르치고 싶은 비전 때문이었습니다. 그 후 2년 동안 전도단 사역과 연계하여 말씀을 가르칠 수 있었던 것은 제게 큰 은총이었습니다."[4]

그가 입학한 무디성경학교는 19세기 말 일어난 미국의 제 2차 대각성운동의 주역이었던 부흥운동가 무디(Dwight L. Moody, 1837-1899)가 "예수 그리스도의 복음을 완벽하고 효과적으로 전하기 원하는 교사와 전도자, 선교사, 음악가 등을 포함한 기독교 사역자를 양성하기 위해" 설립한 초교파 복음주의 신학교였다. 이 학교는 무디가 도시를 중심으로 대규모 전도집회를 열어 얻은 많은 개종자와 전도 헌신자들을 전도 사역자로 훈련하기 위해 1886년 시카고에 설립한 학교였다. 신학적으로 근본주의에 가까운 복음주의 노선을 취하였던 무디는 19세기 말 미국 교회와 신학계에 대두기 시작한 '근대주의'(modernism)와 '자유주의'(liberalism) 흐름에 대항하여 성경의 절

4) Personal Report of Rose M. Baird, May. 1919.

대 권위와 임박한 종말론에 근거한 '대중적' 전도운동을 전개하면서[5] 이 학교를 통해 본문 중심의 성경공부와 복음주의 신학훈련을 받은 후 곧바로 전도현장에 투입할 수 있는 전도자를 양성하는 것에 주목적을 두었다.

로즈는 이런 신학교에 들어가 2년 과정을 마치고 1916년 졸업하였는데 재학 중 여학생 기숙사 사생장(舍生長)으로도 활약하였다. 졸업과 함께 미국의 유명한 대중전도자 빌리 선데이(Billy Sunday)가 조직한 필라델피아 전도단(Philadelphia Campaign) 단원으로 참여하여 1년간 필라델피아 일대를 순회하며 전도하였는데 그는 특히 여자고등학교 학생들을 대상으로 한 전도 사역에 주력하였고 대중집회에서 독창자로 활약하였다.[6] 빌리 선데이 전도단 활동으로 그 능력을 인정받은 그는 무디성경학교 교원으로 채용되어 강의와 기숙사 감독을 맡게 되었다. 다시 교육 현장에서 봉사하게 된 것이다. 그러나 이 무렵 그는 교육 이외의 다른 소명, 즉 '해외 선교'에 대한 강한 의지를 갖게 되었는데 그 꿈이 윌리엄 베어드를 만남으로 이루어졌다. 로즈는 내한 직후 그 대목을 다음과 같이 회고하였다.

> "1917년 여름 일리노이주 그린빌에서 전도 집회를 마쳤을 때 제 사역에 뭔가 변화가 있어야 한다는 강한 확신이 들었습니다. 그 때

---

5) K.S. Latourette, *Christianity in a Revolutionary Age, vol.4*: The Twentieth Century outside Europe, Zondervan Publishing House, Grand Rapids, 1969, 102쪽; M.E. Marty, *Protestantism in the United States*: Righteous Empire, Charles Scribner's Sons, New York, 1986, 163-164쪽.

6) Richard H. Baird, *William M. Baird of Korea*: A Profile, 95-96쪽.

> 는 어떤 변화일지 분명치 않았습니다. 그 때 케어리 양을 만나 이렇게 말한 적이 있습니다. '주님께서 내가 선교사로 살기를 원하신다면 나를 처음 이 자리로 부르셨을 때처럼 분명하게 당신의 뜻을 밝혀 주시겠지요?' 그랬더니 케어리 양은 '그럼요. 그 분께서 확실하게 알려 주실 것입니다.' 하였습니다. 그 때는 주님의 계획이 어떤 것인지 잘 몰랐으나 지금(1919년) 저는 한국에 와 있는데 이는 주님께서 당신의 종을 내게 보내주신 결과입니다."[7)]

로즈가 '주님의 종'으로 표현한 인물이 바로 한국에서 온 선교사 윌리엄 베어드였다. 그는 1년 전 첫 번째 부인(애니 베어드)을 여의고 1917년 8월 안식년 휴가를 얻어 귀국한 후 여러 지역 교회와 학교를 방문하여 한국 선교에 대한 강연을 하고 있었다. 그런 식으로 시카고 무디성경학교도 방문했는데 로즈가 학교를 대표하여 베어드를 영접하고 안내하였다. 그런 배경에서 로즈는 베어드를 만났다. 앞서 살펴본 것처럼 로즈는 그린빌 집회 이후 '뭔가 새로운 변화', 즉 해외 선교사로 나갈 수 있는 기회를 찾고 있었고 베어드 역시 한국 선교를 계속하기 위해 가정을 돌봐줄 '선교 동역자'를 구하고 있었다. 자연스럽게 두 사람의 의지가 한 곳으로 모아졌고 둘은 1918년 8월 7일 시카고 제4장로교회에서 결혼하였다.[8)] 이로써 '로즈 베어드'가 탄생하였다. 그때 윌리엄의 나이 56세, 로즈의 나이 37세였다.

---

7) Personal Report of Rose M. Baird for 1919, May. 1919.

8) 결혼식 주례는 미국 북장로회 총회장을 지낸 저명한 스토운(John Timothy Stone) 박사가 맡았다. Richard H. Baird, *William M. Baird of Korea*: A Profile, 95쪽..

2) 내한 직후 초기 선교활동(1918-1927년)

① 평양 부임과 정착

결혼한 베어드 부부는 일본을 거쳐 1918년 11월 평양에 도착하였다. 평양역에서부터 숭실전문학교와 숭실중학교 학생들의 밴드 연주와 도열 환영을 받으며 신양리 사택에 짐을 푼[9] 로즈 베어드는 도착 6개월 후, 선교본부에 제출한 첫 번째 선교보고서를 '좋은 남편'과 함께 '좋은 선교지'에서 새로운 생활을 하게 된 것을 감사하는 것으로 시작하였다.

> "주님께 곱절로 감사드릴 것은 제게 아주 훌륭한 남편을 주셨을 뿐 아니라 아주 안락한 집까지 주셨기 때문입니다. 제가 한국 평양에 있게 된 것도 또 다른 은총입니다. 저는 1918년 11월 19일 이곳에 도착했습니다. 제가 처음 한 일은 두 주일 반 동안 선교부 병원 치장을 돌봐 주는 일이었고 다음으로 한 일은 병원 직원들과 연속으로 축제를 벌이는 것이었는데 그 결과 몸무게가 상당히 늘어난 상태에서 새해를 맞이하게 되었습니다."[10]

로즈 베어드는 평양에 도착하자마자 북장로회 평양 선교부 안에서 진행되고 있던 성탄절 준비와 축제에 참여하는 것으로 한국 생활을 시작하였다. 바쁜 성탄절 휴가 기간을 보낸 후 1919년 1월이 되어서

---

9) Rose M. Baird, "My First Impressions of Chosen", Women's Work, Feb. 1920, 31쪽.

10) Personal Report of Rose M. Baird for 1919, May. 1919.

수준에 이른 남편의 사역에 방해를 받지 않도록 세심한 주의를 기울였다. 리처드의 표현대로 아내를 잃고 외로웠을지도 모를 윌리엄 베어드의 말년 사역이 로즈의 합류로 '복되고 풍성하게'(blessed and enriched) 되었다. 이 모든 과정을 가까이서 지켜보았던 선교사 마펫(S.A. Moffett)이 로즈를 평하여 윌리엄의 '아주 적합한 돕는 배필'(fitting helpmeet)라고[15] 표현한 것도 당연하였다.

그러나 로즈는 가정주부의 역할에 만족하지 않았다. 그의 궁극적인 관심은 '선교 활동'에 있었다. 이를 위해 그는 1919년 초부터 본격적으로 한국어 공부를 시작하였다. 어학공부는 선교를 위한 가장 기본적인 준비였다. 로즈로서는 투박한 독일어 발음에 익숙했던 혀로 한국어 '부드러운' 발음을 하기란 쉽지 않았지만 흥미를 느끼며 공부를 게을리 하지 않았다. 그리고 그 해 봄부터 평양 외국인학교와 숭의여학교에 나가 그림을 가르치기 시작했다.

> "평양 외국인학교에 나가 성경과 그림을 가르친 것은 적지 않은 기쁨이었습니다. 저는 매 주일 두 과목, 성경과 그림을 가르쳤습니다. 이런 일들을 하면서 비로소 제가 전혀 쓸모없는 인간은 아니라는 것을 느끼게 됩니다. 최근 저는 남문밖교회 주일학교 중등부 여학생들을 맡게 되었고 매주 두 번씩 숭의여학교에 나가 그림을 가르치기 시작했습니다. 이런 일들은 우리 집 꽃밭에서 땀을 흘리는 것보다 더 유쾌한 일입니다."[16]

---

15) 창세기 2장 18절에 나오는 표현이다. S.A. Moffett, "Reverend William Martyn Baird, Ph.D, D.D." Annual Report of the Korea Mission of the Presbyterian Church in the USA(이하 ARPCUSA), 1932, 24쪽.

16) Personal Report of Rose M. Baird for 1919, May. 1919.

미술교육 전공자답게 로즈는 자기만의 독특한 교수법을 고안하였고 그 결과 미술을 통한 인성교육이 잘 이루어졌다. 1925년 당시 외국인학교 교장 스미스(R.K. Smith)는 로즈의 미술교육 효과를 다음과 같이 보고하였다.

> "베어드 부인은 미술교육을 계속하고 있는데 전교 학생을 세 반으로 나누어 자유 실기를 가르치고 있다. 그는 학생들에게 선과 색깔을 좀 더 잘 고르는 법과 서로 다른 색깔을 간단한 방법으로 어떻게 조화시키는지 흥미롭게 가르치고 있다. 그 결과 학생들이 미술을 아주 좋아하게 된 것을 알 수 있다."[17)]

로즈는 북장로회 선교부에서 운영하는 숭의여학교(崇義女學校)에도 나가 미술을 가르쳤고 한국인을 대상으로 한 선교를 평양 남문밖교회 주일학교 중등부 여학생들을 지도하는 것으로 시작하였다. 이처럼 로즈는 한국어를 배우기 시작한 단계에서 한국인 학생들을 접촉하기 시작하였다. 그만큼 선교에 대한 열정이 강했다는 말이다.

② 선교 영역의 확장

한국선교 2년차 되는 1920년 로즈의 선교 영역은 더욱 확대되었다. 선교사 아내로서 가정을 돌보고 어학공부에 많은 시간을 할애해야 하였지만 그런 중에도 교육을 통한 선교 사역에 적극 참여하였다.

---

17) R.K. Smith · D.L. Soltau, "Pyengyang Foreign School Report", ARP CUSA, 1925, 98-99쪽.

평양 외국인학교와 숭의여학교 미술 교육은 계속하였으며 1920년 1월부터는 한국인 학생들을 '한국어로' 성경을 가르치기 시작했다. 아직은 어학공부에 전념해야 할 시기였음에도 "한국인들에게 성경을 가르쳐야 한다."는 복음전도와 신앙교육 의지가 강했던 그는 기다리고만 있을 수 없어 '한국어' 사역을 시작한 것이다. 1920년 선교보고다.

> "지난[1920년] 1월 숭혜여학교(崇惠女學校, Lula Wells Institute)에 나가 처음으로 한국어로 성경을 가르쳤는데 2학년에게 에베소서를 강의했습니다. 그 다음 1학년에게 그리스도의 생애를 가르쳤는데 초신자들에게 강의할 수 있도록 요약해달라는 베스트(Best) 양의 요청을 받고 만든 교재를 사용했습니다. 이외에 2월 20일부터 27일까지 평양 남문밖교회에서 개최된 여자사경회에 나가 가르쳤고 뒤이어 평양에서 개최된 지방 연합여자사경회에 가서 초급 노인반을 가르쳤습니다. 대부분 글을 읽을 수 없는 이들이고 저도 이들과 대화를 나눌 수 있는 충분한 시간이 없어서 워털루(Waterloo)에[18] 봉착한 것은 아닌가 우려하였는데 주님께서 도와주셔서 참으로 큰 축복을 받았습니다. 우리 믿는 자들에겐 워털루는 없는 것이겠지요?"[19]

---

18) 워털루는 벨기에의 작은 마을로 1815년 나폴레옹이 이곳에서 영국과 러시아 연합군에게 패배하여 세계 정복의 꿈을 이루지 못한 곳으로 유명하다.

19) Personal report of Rose M. Baird for 1919-1920, May 1920.

20) 북장로회 선교부에서 가정형편 때문에 정규교육을 받지 못한 기혼자와 빈곤층을 위해 1912년 평양 신양리에 설립한 여학교였다. 처음엔 웰즈(L. Wells) 부인이 교장을 맡아 보았고 1915년 그가 귀국한 후에는 도리스(A. Doriss)가 교장을 맡았다. R.A. Rhodes ed., *History of Korea Mission of the Presbyterian Church in the USA*, vol. Ⅰ, *Chosen Mission of the Presbyterian Church in the USA., Seoul, 1934, 168쪽.*

가난하고 나이든 여학생들이 주로 다니던 숭혜여학교[20] 뿐 아니라 남문밖교회에서 개최된 여자사경회에서 한국말로 성경을 가르쳤으며 매주일 남문밖교회 주일학교 여자 장년부에도 가서 성경을 가르쳤고 1920년 가을부터 평양 여자성경학교(Women's Bible Institute)에도[21] 나가 강의를 시작하였다. 그는 성경 강의를 하면서 무디성경학교 경험을 되살려 직접 교재를 만들어 사용하였는데 성경을 요약하고 도표를 만들어 가르쳤다.

그러나 로즈의 1920년 체험 중 가장 의미가 컸던 것은 '지방 사경회 인도'였다. 로즈는 그해 가을 버츠(M. Butts)와 함께 진남포에 가서 지방 여자사경회에 "매일 한 반을 가르쳤으며 저녁 집회에는 찬송을 인도하였고 매일 오후 전도하러 나갔고 그 외에 '만두국' 잔치에도 네 번 참석했다."[22] 한 주간 사경회 기간 중 성경 강의 외에 처음으로 노방 전도를 하면서 시골의 불신자들을 만난 것이 소중한 체험이었다. 진남포 사경회를 마치고 돌아온 직후 로즈는 평북 강계에서 활동하고 있던 홀드크로프트(J.G. Holdcroft) 부인으로부터 황해도 곡산에서 개최되는 지방 여자사경회를 인도해 달라는 부탁을 받고 곧

---

21) 평양 여자성경학교는 1907년 평양 대부흥운동 이후 수요가 급증한 전도부인 양성을 목적으로 하여 단기 성경교육을 위해 설립한 것으로 1910년 신양리에 교사를 마련하고 정규학교로 출발하였다. 베스트(M. Best)가 초대 교장이었으며 뒤를 이어 버츠(A. Butts)와 도리스(A. Doriss) 등이 교장을 역임하였다. 6년 과정으로 매년 봄에 3개월 동안 수업을 받았다. R.A. Rhodes ed., History of Korea Mission of the Presbyterian Church in the USA, vol. Ⅰ, 160-161쪽.

22) Rose M. Baird, "Personal Report of Rose M. Baird, 1921", KMF, Sep 1921, 195쪽.

바로 곡산으로 갔다. 곡산 사경회는 진남포보다 감동적이었다. 곡산 집회에 대한 로즈의 보고다.

> "참으로 많은 사람들이 참석했는데 곡산에서는 지금까지 모인 것 중에 제일 많이 모였다고 하며 참석한 여성들의 분위기도 아주 좋았습니다. 저는 초급반을 가르쳤는데 이제껏 제가 해온 일 중에 제일 힘들었습니다. 노인들이 제일 많았고 젊은 여성과 어린 소녀들도 섞여 있었는데 제대로 읽는 사람은 거의 없었습니다. 제일 잘 읽는 학생이 아주 어린 소녀였는데 앞니가 빠져 혀 짧은 발음으로 읽는 소리는 알아듣기 어려웠습니다. 예배당 안 제 가까이 있던 난로는 불만 때면 연기가 나서 불을 붙인 후엔 창문을 모두 열어놓아야만 했습니다. 우리는 한군데 모여 부들부들 떨어야 했습니다. 그 때 나이 많은 노인들이 내게 다가와 눈물을 글썽거리면서 '내려와 주어서 고맙다' 고 하였습니다."[23]

1921년에 들어서도 로즈는 평양 외국인학교와 숭의여학교의 미술 강의, 숭혜여학교와 평양지방 여자사경회, 평양 여자성경학교의 성경 강의와 남문밖교회 주일학교 여자부 지도를 계속하던 중 1921년부터는 여자 교인과 주일학교 학생들을 데리고 평양 시내로 나가 노방전도를 실시하였다.[24] 지금까지 추진했던 교육선교 외에 '전도사역' 이 새롭게 추가된 것이다. 거리로 직접 나가 전도하는 '개인전도' (personal work)는 그가 무디성경학교 시절부터 몸에 익혀온 대표적인 전도방식으로 그것을 한국 선교 현장에 적용하기 시작한 것이다.

그러나 무엇보다 로즈에게 1921년은 그 해 6월 24일 딸(Mary

---

23) Rose M. Baird, "Personal Report of Rose M. Baird, 1921", 195-196쪽.

24) Rose M. Baird, "Personal Report of Rose M. Baird, 1921", 196쪽.

Anna)의 탄생으로 인해 개인적으로나 가정적으로 '큰 기쁨'의 해였다. 그의 표현대로 '늦둥이' 딸은 '한 작은 햇살'(a little sunbeam) 처럼 베어드 집안 뿐 아니라 평양 선교부 전체를 환하게 밝혀 주었다.[25] 그 때문에 로즈는 출산을 전후로 한 4개월 동안 사역을 중단하고 갓난아기를 돌보면서 어학공부에 매진하였다. 로즈는 1921년 가을부터 남문밖교회 주일학교를 돌보는 것으로 사역을 재개하였고 그 해 11월 곡산에 다시 가서 여자 사경회를 인도하였다. 곡산 주변 여러 지역에서 150명이 참석했는데 오전에는 그가 성경을 가르쳤고 오후에는 전도부인들이 개인전도법을 가르쳤으며 저녁 전도집회에서 그가 찬송을 인도하였다. 그로서는 내한 2년 만에 처음으로 그가 주도하여 집행한 사경회 모임이라 특별한 의미가 있었다.[26]

한국 선교 '3년차'에 접어든 1922년부터 로즈의 사역은 활기를 띄었다. 그해 1월 평양 시내교회 연합여자사경회에 나가 '누가복음 비유'를 강의하였으며 평양여자성경학교 봄 학기에 나가 갈라디아서를 강의하였다.[27] 그리고 가장 많은 시간을 숭혜여학교애 할애했다. 그는 가난한 기혼 여성들이 주로 다녔던 학교였기에 학생들이 스스로 학비와 생활비를 마련할 수 있도록 도와주기 위해 만든 '공작부'(工作部, work department)를 맡아 보았다. 로즈의 1923년 선교보고다.

---

25) 딸을 생산하였을 당시 로즈는 40세, 윌리엄은 59세였다. Personal Report of Rose M. Baird for 1922, May 1922.

26) Rose M. Baird, "My First Country Trip in Chosen", Women's Work, Feb. 1922, 31-32쪽.

27) Personal Report of Rose M. Baird for 1922, May 1922.

"지난 6월부터 금년[1923년] 2월까지 제가 주로 한 일은 숭혜여학교 공작부를 관리하는 것이었습니다. 학교를 운영할 수 있는 자금이 없었던 탓에 우리는 한 푼이라도 돈이 되는 일이라면 가리지 않고 하였습니다. 그 결과 50원 가량을 마련하였습니다. 지금도 공작부에 들어오겠다는 학생들이 많이 있지만 방이 부족해서 더 이상 받아들일 수가 없습니다. 제가 이 사업에 대해 보고하는 것처럼, 누군가 한 사람이 이 일에 전적으로 매달리고 또 토착인 교사 월급이 확보만 된다면 이 학교는 가장 바람직한 형태로 발전할 것입니다. 제가 알기에 선교부운영 학교 중에 이런 일을 하는 곳은 여기뿐입니다."[28)]

로즈는 숭혜여학교 사역 외에 남문밖교회 주일학교 사역도 계속하였는데 1923년 1월부터 매주 토요일 주일학교 교사들을 모아 성경을 가르치기 시작하였고 평양 시내 연합사경회 뿐 아니라 지방 연합 사경회에도 나가 성경을 가르쳤다. 특히 여자만 566명이 참석한 재령 지방 연합여자사경회에는 남편의 만류에도 '어린 딸'을 데리고 참석하여 "세례 받은 성인 교인들에게 누가복음 비유를 가르쳤는데 참석자가 100명이 넘었고 주일학교 교사반에서 에베소서를 가르쳤는데 150명이 넘었다."[29)] 그리고 1923년 봄부터 평양여자성경학교 사역도 재개하였는데 그림 교육 외에 '개인전도'를 가르쳤다. 이 부분에 대한 그의 보고다.

"금년[1923년] 봄부터 저는 스왈른 부인의 여자성경학교 전도사역

28) Personal Report of Rose M. Baird for 1922-23, May 1923.

29) Personal Report of Rose M. Baird for 1922-23, May 1923.

을 돕고 있습니다. 우리는 학생들을 시내 각 교회로 파송하여 주일학교를 돕고 교회 주변에서 전도하도록 하였습니다. 매주 월요일 오후 1시 반에 보고회 시간을 갖는데 아주 감동적입니다. 이처럼 개인적으로 영혼을 구하는 사역에 참여하면서 얻은 기쁨을 표하는 학생들이 여럿입니다."[30]

1921년 남문밖교회 주일학교 교사들에게 실시했던 개인전도 사역을 성경학교 학생들에게 적용하였는데 좋은 효과를 얻었다. 이후 개인전도는 성경교육과 함께 로즈의 대표적인 전공사역이 되었다. 그리고 로즈는 1923년 3월, 전문 여성 목회자(전도사) 양성을 위해 새로 설립한 평양 고등여자성경학교(女子高等聖經學校, Women's Higher Bible School)에 나가 그림을 가르치기 시작하였다.[31] 이 학교는 이후 로즈의 주요활동 무대가 되었다.

이처럼 로즈는 내한 5년 만에 외국인학교와 숭의여학교, 숭혜여학교, 성경학교에 나가 미술과 성경을 가르쳤고 남문밖교회 주일학교와 평양 시내 및 지방 연합사경회에서도 성경 교육과 개인전도를 지도했다. 그러나 로즈는 여기에 만족하지 않았다. 지금까지 사역은 외국인학교를 제외하고 모두 여학교와 여자사경회, 여자주일학교 등 여성들만을 상대로 한 것이었다. 선교 5년차에 이르러 한국 언어와 문화에 어느 정도 자신감을 갖게 된 로즈는 자신의 선교가 남성 영역까지 확대되기를 원했다. 로즈의 그러한 희망은 곧바로 실현되었다. 1923년부터 남편이 교장으로 있는 '숭실전문학교'에 나가 남학생들에게 성

30) Personal Report of Rose M. Baird for 1922-23, May 1923.

31) Personal Report of Rose M. Baird for 1922-23, May 1923.

경 강의를 시작한 것이다. 이에 대한 로즈의 1924년 선교보고다.

> "지난 가을과 겨울 학기에 전문학교(college) 하급반 학생들에게 계속 성경을 가르쳤습니다. 우리는 1923년 4월 학기 초부터 창세기로부터 열왕기하까지 종합적으로 공부하였고 예언서 중 아모스와 호세아를 공부하였습니다. 수업이 힘은 들었지만 아주 흥미로웠습니다. 특히 예언서를 공부할 때가 좋았습니다. 다만 제가 1-2월 병 때문에 학기말까지 수업을 계속하지 못한 것이 참으로 아쉽습니다. 앞으로 우리 교회 지도자들이 될 청년들이 확고한 신앙을 수립할 수 있도록 이처럼 성경을 일목요연하게 정리해서 가르치는 것도 중요하다고 생각합니다."[32)]

숭실전문학교 학생들이 '예언서' 공부에 특별한 관심을 기울였다는 진술은 숭실 학생들의 민족의식과 결부하여 해석할 수 있는 대목이다. 4년 전 삼일운동이 일어났을 때 숭실학교는 평양과 인근지역 만세운동 확산의 진원지였고 그 때문에 숭실 교사와 학생 다수가 체포되어 옥고를 치렀다. 이런 배경에서 아모스와 호세아 같은 구약의 '포로기' 예언서는 숭실 학생들의 강한 민족의식을 충족시켜 주었던 것이다.

그 외에 로즈는 1923년 11월과 12월, 평양 교외 안골과 북마을, 송산, 칠골 등지에 나가 여자사경회를 지도했으며 특히 송산교회에서는 그가 성경공부를 지도하는 동안 교인들이 여전도회를 조직하여 여성들의 힘으로 전도부인을 파송하였다.[33)] 그리고 예년처럼 1924-25년

32) Report of Rose M. Baird for 1923-1924, May. 1924.

33) Report of Rose M. Baird for 1923-1924, May. 1924.

에도 로즈의 평양 여자성경학교 성경 강의와 고등여자성경학교 및 외국인학교 미술 강의는 계속 이어졌다. 이처럼 로즈는 남편과 갓난아기를 돌봐야 하는 가정주부였음에도 불구하고 교육과 전도 사역에서 여느 독신 여선교사에 뒤지지 않는 활약을 보여 주었다.

로즈는 정확하게 내한 7년 만인 1925년 11월 29일, 남편과 함께 안식년 휴가를 얻어 평양을 떠났다.[34] 휴가 기간 중 로즈는 고향을 찾아 식구들과 휴식을 취하는 외에 모교인 무디성경학교를 비롯하여 미국의 여러 지역 교회와 학교를 방문하였고, 펜실베니아에서 개최된 총회와 뉴욕에서 개최된 선교사 대회에도 참석하여 한국 선교에 대해 보고하였다.[35] 로즈로서는 한국선교 1차 기간을 성공적으로 마친 후 얻은 의미 있는 안식이었다.

3) 1920년대 후반 선교활동(1927-1931년)

① 학교와 사경회를 통한 성경교육

베어드 가족은 안식년 휴가를 마치고 16개월 만인 1927년 4월 5일 평양에 귀환하였다. 로즈는 돌아오자마자 외국인학교와 여자성경학교 강의를 시작하였다.[36] 그리고 7월 황해도 소래에 가서 선교사 기도회와 여름휴가를 마치고 돌아온 직후 평양 서문밖교회 주일학교 사

---

34) "Notes and Personals", KMF., Dec. 1925, 278쪽.

35) Personal Report of Rose M. Baird for 1927, May 1927.

36) Personal Report of Rose M. Baird for 1927, May 1927.

역을 맡게 되었다. 이에 대한 1928년 로즈의 선교보고다.

> "소래에서 돌아오자마자 서문밖교회 주일학교 자모반(子母班)을 맡아달라는 부탁을 받았습니다. 처음 시작할 때는 30명가량이었는데 지금은 75-85명가량 어머니와 그 수만큼 어린이들이 모여 유치원 교실이 좁은 형편입니다. 이른 시일에 새 건물을 마련하여 공간을 넓어지기를 기대합니다. 전반적으로 주일학교는 증가하였습니다. 매주일 새 등록자가 나옵니다. 우리는 영아부도 하나 운영하고 있는데 성경학원 학생이 조금 자란 아이들에게 그림을 보여주며 공과 공부를 시키는 동안 어머니들은 고등여자성경학교 졸업생에게 공부를 합니다. 이것이 우리 주일학교 과정 중 가장 흥미로운 부서입니다."[37)]

안식년 휴가를 다녀온 이후 로즈는 소속교회를 서문밖교회로 바꾸어 주일학교와 자모반을 지도했다. 자모반은 어머니와 아동 모두에게 복음을 전할 수 있는 좋은 기회였다. 로즈는 1년 후 서문밖교회 자모반의 모습을 다음과 같이 보고했다.

> "서문밖교회 주일학교 자모반 사역을 계속하였습니다. 우리는 지금 새로 지은 유치원 교실에서 모임을 갖는데 넓고 쾌적해서 조금도 불편함이 없습니다. 네 개 반으로 나누어 운영하는데 좋은 선생들이 지도합니다. 지난주부터 생일감사 헌금을 실시했는데 두 아이가 헌금을 가지고 왔습니다. 어떤 할머니는 한 살짜리 어린 손자를 위해 10전 헌금을 냈습니다. 그리고 영아부도 조직했는데 교사 한 명이 조금 큰 아이들에게 영아를 어떻게 다루는지 보여주는 그림을 붙여 놓았습니다."[38)]

---

37) Personal Report of Rose M. Baird for 1928, May 1928.

38) Personal Report of Rose M. Baird for 1929, May 1929.

로즈는 서문밖교회 사역 외에 1928년 안식년 휴가를 떠난 베스트를 대신하여 장대현교회 주일학교 교사반 교육도 맡아 하였다.[39] 그리고 숭의여학교에도 나가 강의를 하였는데 안식년 휴가를 다녀온 후에는 미술 대신 성경을 가르쳤다. 즉 숭의여학교 1학년부터 5학년까지 전 과정 학생들에게 성경을 강의하였고 보육과 학생 및 교사들에게도 한 주일에 한 시간씩 성경을 가르쳤다.[40] 평양 여자성경학교와 평양 고등여자성경학교의 강의도 계속하였다.

로즈의 강의는 학교에서만 이루어지지 않았다. 그는 학생 뿐 아니라 일반 평신도들을 대상으로 한 성경교육도 중요시하였다. 그 중요한 무대가 사경회였다. 로즈는 소속교회인 서문밖교회 사경회 뿐 아니라 평양 시내 연합사경회, 지방 연합사경회에 주기적으로 나가 성경을 강의했고 남편이 관리하던 재령지방 외에 휴가를 떠난 다른 선교사들이 관리하던 지방에도 내려가 사경회를 인도하였다. 그는 시골사람들을 만날 수 있는 지방 사경회에 특별한 관심이 깊었다. 지방에서는 도시교회에서 잘 볼 수 없던 '영적 부흥'을 체험할 수 있었기 때문이다. 한 예로, 1928년 안식년 휴가를 떠난 클라크(C.A. Clark)를 대신해 중화(中和)지방 선교를 담당하게 된 남편과 함께 내려가 사경회를 인도했는데 건산교회에서는 1907년 일어난 평양 부흥운동과 같은 회개와 헌신운동이 일어났다. 로즈의 보고다.

"지방 여자사경회에는 중화에서 55명이 참석했고 인근 지역에서

39) Personal Report of Rose M. Baird for 1928, May 1928.
40) Personal Report of Rose M. Baird for 1929, May 1929.

1백여 명이 참석했습니다. 저로서는 건산(乾山, 중화군 당정면 건산리) 사경회에 참석한 것이 큰 축복이었습니다. 시작할 때는 아주 적은 수로 시작했는데 다섯 명이 아침과 저녁, 어떤 때는 아주 늦은 밤까지 기도했습니다. 그랬더니 다른 사람들도 참여하기 시작하였습니다. 한 주간 사경회가 끝나기 직전 죄를 자백하고 전도 사역에 헌신하겠다는 고백을 하는 여성들이 나왔습니다. 그들은 인근 지방으로 나가 전도하면서 불신자들을 불러 모았습니다. 그 중 많은 이들이 그리스도를 구주로 받아들였습니다."[41]

1929년에는 역시 안식년 휴가를 떠난 번헤슬(C.F. Bernheisel)의 선교지 황주로 가서 사경회를 인도하였다. 로즈는 황주 사경회에서 토착 교인들의 '새벽기도회' 에서 특별한 감동을 받았다. 중화처럼 황주에서도 회개와 자복의 부흥운동이 일어난 것이다.

"지방 여자사경회에서 저는 새벽기도회를 담당하였습니다. 금년에는 '죄를 이김' 이란 주제로 사경회를 열었는데 선교사와 한국 부인들이 교대로 예배를 인도하였습니다. 아침 5시에 집회를 시작하였는데도 매일 아침 성경학교 교실이 가득 찼습니다. 집회 중에 죄를 자백하고 간증하고 자기 가족과 친구를 위해 기도해 달라는 요청이 쇄도했습니다."[42]

로즈는 이처럼 매년 연말과 연초에 평양과 지방에서 개최되는 4-5차 사경회에 강사로 참여하였다. 그러면서 교육의 내용과 방법에서 질을 높일 수 있었다. 로즈는 1931년 사경회 강의 경험을 다음과 같이 보고하였다.

41) Personal Report of Rose M. Baird for 1929, May 1929.

42) Personal Report of Rose M. Baird for 1930, May 1930.

> "금년[1931년] 봄 처음으로 미가서를 가르칠 기회를 얻었습니다. 미가서 강의를 세 번 하였는데 미가서를 요약한 다음 그것을 처음으로 평양 도사경회에서 한 주간 동안 가르쳤습니다. 속도를 달리 하였는데 처음엔 궤도를 사용하여 요점을 정리하며 천천히 시작하였고 본문에 들어가면서 속도를 높였더니 마지막 강의가 끝나자 한 부인이 '오늘 아침은 자동차를 탄 것 같네요.' 하였습니다. 같은 내용을 지방 도사경회에서 10일간 가르쳤고 재령성경학교에서는 두 주간 가르쳤습니다. 이제 비로소 책에 수록된 진리의 핵심을 알게 되었습니다."[43]

로즈는 사경회를 통해 토착교인들과 접촉하는 것을 중요하게 여겼다. 교인들에게 성경을 가르치는 것도 중요하였지만 교인들의 반응과 질문을 통해 자신의 성경 교육 내용과 방향을 교정할 수 있었다는 점을 더욱 중요시 여겼다. 교육의 기본 원리인 교육자와 피교육자 사이의 '상호 교류' (feedback)가 이루어진 것이다.

② 개인전도 교육과 실습

로즈가 선교 사역에서 성경공부와 함께 중요하게 여겼던 것은 '개인전도' 였다. 그는 선교사로 오기 전, 무디성경학교 시절부터 전도에 특별한 관심을 갖고 거리 집회, 대중 집회에 참여하며 전도 훈련을 받았던 경험을 살려 한국에서도 직접 사람들을 만나 전도하는 일을 선교의 '궁극적인 목적' 으로 삼았다. 그는 토착민과의 접촉을 전도의 기회로 삼았다. 그런 맥락에서 로즈는 평양 집도 토착 교인들과 주민

---

43) Personal Report of Rose M. Baird for 1930-1931, May. 1931.

들에게 개방하였다.

> "이곳 사람들과 함께 살면서 그리스도를 전하는 일은 참으로 기쁜 일입니다. 그들 집을 찾아가 복음도 전하고 그저 방문도 합니다만 어떤 때는 그들을 우리 집에 초대도 합니다. 개인 혹은 단체로 우리 집을 방문하는데 단체로 온 경우만 보면 고등여학교 졸업생과 교사들, 서문밖교회 주일학교 교사들, 우리 주일학교 자모반 어머니와 아이들, 우리 지방에서 일하는 부인 사역자들이 있으며 황주에서 단체로 온 부인들은 41명이 되고 인근 지역에서 온 이는 103명이나 됩니다. 주님께서 우리로 하여금 인내와 겸손으로 이 사역을 감당하도록 이끄시기를 바랍니다. 예수 그리스도의 헤아릴 수 없는 보화를 전할 수 있는 특권을 주신 주님께 다시 한 번 감사드립니다."[44]

그러나 로즈는 방문객을 상대로 한 '초청전도' 보다 불신자들을 찾아 나가는 '방문전도' 에 관심이 깊었다. 그는 선교 초기부터 남문밖교회 주일학교 교사 및 교인들과 함께 '노방전도' 를 실시한 경험이 있었다. 그런데 안식년 휴가를 다녀온 후에는 '개인전도' 를 정규 교육과정으로 발전시키려 애썼다. 그 실험장이 평양 고등여자성경학교였다. 그는 베스트 교장의 지원을 받아 1928년 학교 안에 '개인전도 사역부' (Personal Workers Department)를 만들어 학생들에게 전도에 대한 이론과 실습을 교육하였다. 로즈의 1929년 선교보고다.

> "저는 요한복음 13장, 14장, 16장을 요약하여 1, 2학년 전도사역반 학생들에게 가르쳤고 하루 저녁은 전도사역에 대한 특강을 하였습니다. 평양시내 전도사역반을 위해 기도모임을 가졌으며 지방

---

44) Personal Report of Rose M. Baird for 1930, May 1930.

> 전도사역반에는 누가복음 비유를 가르쳤습니다. 현재 성경학교 전학생들에게 한 주일에 두 번씩 전도사역을 가르치고 있습니다. 여성들이 이처럼 귀중한 하나님의 말씀에서 예기치 못했던 보화를 발견하고 있음을 느끼고 있습니다."[45]

로즈는 우선 개인전도에 참여하기 전 학생들에게 성경을 가르쳤다. 그에게 성경은 전도의 내용이자 방법이었다. 성경 공부를 통해 '값진 보화'를 발견한 전도자들이 그것을 알지 못하는 사람들에게 전하는 것이 곧 전도였다. 마침 로즈의 소속교회였던 평양 서문밖교회에서 1928년 여름, 번잡한 서문 거리에 2층짜리 전도관(傳道館)을 설립하였는데 성경학교 학생들에겐 더없이 좋은 전도 실습장이었다.[46] 특히 로즈에게 전도 훈련을 받은 여학생들이 나가 활동하여 전도관을 통해 개종하는 사람들이 늘어났다. 그러자 1929년 평양의 다른 두 교회에서도 전도관을 설립하였다. 전도관 집회 광경을 로즈는 다음과 같이 소개하였다.

> "작년[1929년] 평양 시내 세 곳 교회에서 평양 시내 세 곳에 거리 전도관을 개설하였다. 부녀자 집회는 한 주일에 하루 저녁만 모이고 나머지 날은 남성 집회로 모인다. 이 집회는 어떻게 보면 본국(미국)의 구제전도집회(rescue mission meeting) 같기도 하지만 다른 점도 많다. 청중들은 시내 여러 곳에서 남녀 할 것 없이 모이는데 공장에서 일을 마치고 가던 사람들이 많고 술이 취해 집 혹은 다른 어느 곳으로 가다가 들린 사람들도 많은데 그런 사람들로 집회는 종종 활기를 띤다. 길 가던 소녀, 어린애를 등에 업고 가던 어

---

45) Personal Report of Rose M. Baird for 1929, May 1929.

46) "西門外教會 通信一束", 〈기독신보〉, 1928.11.7.

머니들, 노소를 불문하고, 가진 자와 가난한 자들이 모두 온다."[47]

그 중에 서문밖교회 전도관 안에서 이루어지는 전도집회 광경을 다음과 같이 소개하였다.

"집회는 서문밖교회 교인들이 주로 맡아 인도하는데 평양 신학교와 고등여자성경학교 학생들, 남녀 사경회 참석자들, 숭실전문학교 학생들이 와서 돕는다. 이들은 거리로 나가 지나가는 사람들을 인도해 들어오게 한다. 어떤 경우엔 악기를 연주하고 축음기를 틀어 관심을 끈다. 어느 정도 사람들이 모이면 누군가 찬송을 부르기 시작한다. 어떤 때는 사역자들이 마루바닥에 앉아 일대일로 복음을 설명한다. 그리고 기도를 드린 후 짧지만 핵심을 찌르는 설교를 한다. 어떤 학생들은 복음을 아주 잘 요약해서 간결하고도 흥미롭게 전달하는 법을 알고 있는데 이렇게 훈련받은 것이 훗날 교회의 중추 사역자들이 될 그들에게 아주 큰 도움이 될 것이다."[48]

이런 식으로 서문밖교회 전도관이 개설된 후 1년 동안 "집회에 참석한 사람이 총 3,678명에 이르렀고 그 중에 믿겠다고 이름을 적어낸 사람이 1,553명이었다."[49] 이렇게 전도관을 통해 결신한 사람들을 교회에 등록시키는 일이 전도부인들의 역할이었다. 이 무렵 로즈와 함께 일했던 전도부인은 김화목이었는데 그는 "다양한 분야에 능력이

47) Rose M. Baird, "New Work in Old Pyengyang", Women and Missions, Feb. 1930, 407-408쪽.

48) Rose M. Baird, "New Work in Old Pyengyang", 408쪽.

49) Rose M. Baird, "New Work in Old Pyengyang", 408쪽.

50) 김화목은 1930년 가을 평양 서문밖교회 권찰로 추대되면서 로즈의 사역에서 손을 뗐다. Personal Report of Rose M. Baird for 1930-31, May. 1931.

있었고 특히 개인전도 사역에 도움이" 되었다.[50] 로즈는 이 전도부인과 함께 전도영역을 넓혀 나갔다. 우선 1928년부터 "유능한 전도부인의 도움을 받아 시내 고무신공장 여섯 곳에 나가 전도집회를 열기"[51] 시작하였다. 공장 전도는 미국에서도 보기 드문 독특한 것이었고 효과도 좋았다.

> "또 다른 흥미로운 전도는 공장 전도사역이다. 미국에서는 보기 어려운 전도방법인데 여기서는 효과가 크다. 성경학교 학생들이 전도부인, 어떤 때는 교회 부인들과 함께 점심 때 공장으로 가는데 선교사가 동행하는 경우가 많다. 이곳엔 공장이 많은데 그 중에 고무신 공장이 제일 많다. 고무신공장 여섯 곳에서 허락을 받고 우리는 점심시간을 이용해 집회를 연다. 전에 신던 짚신은 잘 떨어지기 때문에 단단한 고무신이 미국의 가죽신만큼이나 인기가 많다. 또 많은 공장을 교인들이 경영하고 있고 공장 노동자 중에 교인도 적지 않아 주일이면 공장 문을 닫는 경우가 많다. 이런 공장은 분위가 아주 좋아 우리 방문을 적극 환영한다. 이런 곳에서는 곧바로 메시지를 전하고 그리스도를 구주로 받아들이라고 권면한다. 어떤 경우엔 방안에 모인 사람 모두 믿겠다며 손을 들기도 한다. 그렇게 되면 공장 안에 있는 교인 노동자들이 용기를 얻어 동료들에게 복음을 전하고 교회로 인도해 들이기 쉽다."[52]

이처럼 고무신공장에서 시작한 노동자 전도는 그 대상을 넓혀나갔다. 1930년 로즈와 전도부인은 고무신공장만큼 여성 노동자가 많은 실(絲)공장을 대상으로 삼아 접근하였는데 고무신공장만큼 수월하지는 않았지만 효과는 있었다. 로즈의 1931년 보고다.

---

51) Personal Report of Rose M. Baird for 1928-1929, May 1929.
52) Rose M. Baird, *New Work in Old Pyengyang*, 408쪽.

> "여러분 중 많은 분들이 공장 선교에 관심을 갖고 여성 노동자들이 많이 있는 실공장에 들어갈 수 있기를 기도하셨을 것입니다. 우리는 그동안 헤이즈(Hayes) 양의 차를 타고 기름도 많이 허비하고 회사에 가서 높은 사람부터 관리 직원들과 차도 많이 마시면서 애를 썼지만 아직은 우리에게 공장 안으로 들어와도 된다고 허락하지를 않았습니다. '계속 기도합시다.' 우리는 최근 공장을 찾아갔을 때 여자 노동자 두 명을 만났고 그들에게 우리가 온 이유를 설명하자 그들은 아주 기뻐했습니다. 우리는 그들에게 공장 안에 있는 기독교인 노동자들과 함께 힘을 모아 언젠가 집회를 할 수 있는 날이 오도록 기도하자고 하였습니다. 이런 식으로 그들이 공장 안에서, 우리가 밖에서 기도하면 언젠가 공장 문이 활짝 열릴 것입니다. 그 외에 담배공장을 비롯하여 우리가 들어가려고 하는 공장이 몇 군데 더 있습니다."[53]

로즈는 공장 전도에 큰 기대를 걸었다. 열악한 환경에서 중노동을 하고 있는 여성 노동자들에 대한 선교적 관심도 있었겠지만, 바쁜 일상생활에서 복음을 접할 수 있는 시간적 여유를 갖지 못한 노동자들의 노동 현장을 찾아가 전도함으로 교인이 될 수 있는 기회를 제공할 수 있다는 점에서 중요했다. 이런 식으로 평양 교인들이 찾아가 전도한 고무신 공장은 1931년에 이르러 12곳으로 늘어났다.[54] 로즈는 '특수' 전도영역이 확대되기를 기대했다.

> "사실, 요즘 사람들은 너무 바쁘게 지내고, 노동시간도 너무 길어 복음에 관심이 있더라도 시간을 내서 교회를 찾아갈 수없는 형편이다. 그런데 거리 전도관에서 이런 바쁜 사람들을 만날 수 있고 점심 때 공장에 가서 노동자들을 일터에서 만남으로 그 바쁜 일상생

53) Personal Report of Rose M. Baird for 1930-31, May. 1931.

54) Personal Report of Rose M. Baird for 1930-31, May. 1931.

> 활 가운데 사는 저들에게 복음을 전할 수 있는 아주 좋은 방법인 것은 분명하다. 이런 식으로 사역을 한다면 더 많은 일꾼들이 필요하다. 공립학교와 형무소, 병원, 윤락업소 등 많은 사람들을 만날 수 있는 장소가 아직도 많이 있기 때문이다."[55]

로즈가 기대한 대로 전도부인이 새롭게 개척한 또 다른 전도영역은 평양 시내 일반 공립학교 학생들이었다. 학생 전도는 공장 전도와 같은 시기, 1928년에 시작하였다. 로즈의 1929년 선교보고다.

> "최근 우리 전도부인이 공립학교 학생들을 대상으로 전도 사역을 시작하였습니다. 그는 매일 오후 학과가 끝난 후 학생들을 찾아 갑니다. 학생들은 농담을 하면서 '우리도 교인이에요.' 하는 식으로 대꾸를 하는데 전도부인은 그래도 더 가까이 다가가 그들을 교회로 인도하려 노력합니다. 우리 전도부인이 이런 여학생들 가운데 몇 명이라도 얻어서 그들로 하여금 불신자 학생들을 전도하도록 이끌게 되기를 기대합니다."[56]

1930년 봄부터 '병원 전도'에 착수하였다. 평양 시내 병원 몇 곳에서 방문 전도를 허락하여 전도부인과 성경학교 학생들이 꽃을 갖고 가서 환자들을 상대로 전도하기 시작한 것이다.[57] 결과도 좋았다. 이처럼 평양 교인들의 '개인전도' 영역이 늘어나면서 로즈와 그의 지도를 받는 성경학교 학생들의 활동도 다양해졌다. 특히 로즈의 노력으로 '개인전도'가 성경학교 정규과목이 되면서 학생들은 의무적으로

---

55) Rose M. Baird, *New Work in Old Pyengyang*, 408쪽.

56) Personal Report of Rose M. Baird for 1928-1929, May 1929.

57) Personal Report of Rose M. Baird for 1930, May 1930.

전도 현장에 나가야 했고 그 결과 "실제적인 경험을 통해 학생들은 자기 발전을 이룩할 수 있었다."[58] 고등성경학교 교장 베스트는 1930년 개인전도사역부 활동과 결과를 다음과 같이 보고하였다.

> "금년 들어 개인전도사역부는 베어드 부인이 담당하게 되면서 보강되었고 가장 중요한 과목으로 발전할 것으로 기대된다. 평양 시내에 있는 6개 신발공장을 매달 한 차례, 어떤 곳은 두 달에 한 번 점심 때 찾아가서 전도 집회를 열수 있도록 허락을 받았다. 그 외에 시내 여러 곳 병원을 한 주일에 한 번 방문해서 전도하기로 하였는데 그 가운데는 정부에서 설립한 병원도 포함되었다. 그리고 매주 시내 전도관에 나가 공립학교에 다니는 여학생들을 대상으로 전도하도록 과제를 주었다. 주일에는 파송된 교회로 나가 주일학교 교사직 외에 개인적으로 전도를 하도록 과제를 주었다. 장기적으로 볼 때 서너 주에 달하는 성탄절 휴가 때 학생들이 지방에 내려가 사경회를 인도할 수 있도록 훈련을 받을 수 있는 교육과정이 있어야 할 것으로 본다. 지방에선 이들을 필요로 하고 있으며 그 욕구에 부응할 수 있도록 보다 폭넓은 교육을 받아 자질을 키울 필요가 있다."[59]

이처럼 로즈는 1927년 1차 안식년 휴가를 마치고 돌아온 후 한층 성숙하고 다양한 형태의 선교 사역에 종사하였다. 이 시기 로즈가 이룩한 중요한 선교 업적 중 하나가 '부인사역자회'(婦人使役者會) 조직이었다. 이는 토착교회 여성 평신도들이 참여하는 기존 '여전도회'(女傳道會)와 다른 전도부인과 여전도사들의 협의체였다. 로즈의

58) M. Best, "Woman's Higher Bible School Report", ARPCUSA 1929, 100-101쪽.

59) M. Best, "Higher Bible School, Report 1929-1930", ARPCUSA 1930, 99쪽.

1931년 선교보고다.

> "지난[1930년] 가을 여선교사 몇 분과 상의한 후 우리는 시내 각 교회의 지도급 여성 사역자들을 소집하여 함께 기도하고 사역의 문제점이나 계획에 대해 토의할 수 있도록 정기적인 모임을 만드는 것이 어떤지 물어보기로 하였습니다. 지난 1월 처음으로 우리 집에서 모임을 가졌습니다. 참석자들은 이런 의견에 아주 기뻐하면서 그런 모임을 매월 한 차례 갖기로 즉석에서 결의하였습니다. 그들은 소속 교회 목사들과 여러 사람의 조언을 받아 모임 명칭을 '부인사역자회'로 하기로 하였고 임원을 선출한 후 주일학교 사역을 하는 기혼자의 집에서 모임을 가진 이후 지금까지 정기적으로 모이고 있습니다."[60]

로즈는 부녀자를 대상으로 한 교육과 전도 사역에 종사하면서 전도부인을 비롯한 토착 여성 사역자들의 지원과 협력이 절대적으로 필요하다는 것을 느꼈다. 이런 배경에서 평양시내 교회의 여성 사역자들의 모임인 '부인사역자회'가 탄생한 것이다. 로즈는 한국에서 여성 선교는 궁극적으로 '토착여성이 토착여성에게'(native women to native women) 형태로 이루어져야 함을 인식하였고 그런 맥락에서 토착교회 여성 사역자들의 모임을 만들었던 것이다.

60) Personal Report of Rose M. Baird for 1930-31, May 1931.

4) 1930년대 초반 선교활동(1931-1935년)

① 남편의 별세

로즈는 1918년 내한 이후 거의 대부분 시간을 남편 윌리엄과 함께 지냈다. 대부분 시간을 평양에서 함께 살았을 뿐 아니라 재령이나 곡산, 황주 등 지방 사경회를 인도하러 갈 때도 남편과 함께 가서 남자반과 여자반으로 사경회를 나누어 지도하였다. 그러다가 1931년 초에 처음으로 4개월 정도 떨어져 지냈는데 그 경험을 로즈는 이렇게 증언하였다.

> "남편이 외부 일을 많이 하는 사람이 아니라 제가 한국에 온 후 가족을 그리워하며 살지는 않았습니다만 금년[1931년]에는 1월부터 3월까지 남편이 성경 개역작업 일로 서울에 가 있었기 때문에 나와 딸은 3개월 동안 따로 떨어져 있어야 했습니다. 그 기간이 얼마나 길게 느껴졌던지 다시 만났을 때 참으로 기뻤습니다. 그런데 그 기간도 오래지 않아 저는 곧바로 4월에 2주간 동안 재령지방 여자사경회에 참석하여 요한 1,2,3서를 3년급에, 미가서를 졸업반에 가르쳤고 개인 전도를 지도했습니다."[61]

이처럼 남편에 대한 사랑과 그리움이 남달랐던 로즈는 그 해 겨울 남편과 '영원한 이별'을 하였다. 윌리엄 베어드가 여름부터 장티푸스에 걸려 고생하다가 1931년 11월 29일 별세한 것이다. 그의 나이 70

61) Personal Report of Rose M. Baird for 1930-31, May. 1931.

62) S.A. Moffett, "Rev. William Martyn Baird, D.D." KMF Jan. 1932, 5-6쪽.

세, 한국에 선교사로 온 지 40년 되는 해였다. 그의 유해는 첫 번째 부인 애니가 묻혀 있던 서울 양화진 외국인 묘지에 안장되었다.[62]

남편의 별세로 로즈의 신분과 환경의 변화는 불가피했다. 남편의 죽음으로 더 이상 그는 '남편의 후광과 후원'을 받을 수는 없었다. 한국 선교를 정리하고 귀국하던지, 한국에 남아 선교를 계속하려면 신분을 갱신해야만 했다. 이 부분에 대한 로즈의 의지는 확고했다. 그는 미국에서 남편을 만나기 전부터 '해외 선교'에 대한 확고한 의지를 갖고 있었고 결혼은 그 꿈을 이루어준 방편이었다. 그가 내한한 후 가정주부이면서도 독신 여선교사들에 뒤지 않는 선교활동을 보인 것도 그의 궁극적인 목적이 '가정'이 아니라 '선교'였기 때문이었다. 남편의 죽음이 그의 선교사역 중단의 요인이 될 수 없었다. 어떤 면에서 남편의 별세로 가정에 매이지 않고 보다 적극적인 자세로 선교에 임할 수 있는 환경이 되었다. 로즈는 장례식을 마치고 열 살 된 딸과 함께 휴양 차 미국으로 들어가면서 주변 선교사들에게 "한국에 계속 머물 계획이다" 분명하게 밝혔다.[63] 동료 선교사들도 그를 필요로 하였다.

이런 배경에서 로즈는 1932년 7월 다시 내한하였다. 딸과 함께 평양으로 돌아온 로즈는 먼저 '독신'으로 바뀐 신분에 맞도록 생활환경을 바꾸었다. 즉 남편과 함께 살던 '저택 같은' 큰 집을 나와 선교부 안의 '독신' 여선교사 주택으로 옮겨 평양 고등여자성경학교 교장 베스트(M. Best)와 같은 학교 교수 버츠(A. Butts), 그리고 평양 여자

63) "Necrology Report", ARPCUSA 1932, 24쪽.

성경학교 교장 헤이즈(L. Hayes) 등과 함께 생활하기 시작했다.[64] 그리고 로즈는 내한해서 곧바로 황해도 소래에서 개최된 북장로회 한국선교사회 연례회 기간 중 열린 남편 추도식에 참석하였다.[65] 추도식을 마친 후 로즈는 선교사들로부터 부탁을 받고 개인전도에 대한 특별 강의를 하였다. 소래 모임을 마친 후에는 남장로회 선교사들의 후양지인 지리산 노고단으로 가서 한 달간 휴식을 취하였는데 거기서도 개인전도에 관한 특별강의를 하였다. 이것이 인연이 되어 로즈는 그 해 겨울 남장로회 선교사들의 초청을 받아 광주와 목포로 가서 기독교학교 학생들에게 개인전도를 강의하였다. 이런 식으로 로즈는 귀환하자마자 강의로 바쁜 일정을 보냈다.[66]

평양으로 귀환한 로즈는 곧바로 새로 맡겨진 사역에 임했다. 그것은 평양 고등성경학교 교장 직무였다. 이 학교는 1922년 미국 북장로회 여선교부에서 여성 목회자 양성을 목적으로 설립한 여자신학교였다. 1년에 한 번 모여 3개월 공부하는 단기 성경학교 형태의 여자성경학교와 달리 고등여자성경학교는 일반 전문학교와 같이 3년 과정에 매년 3학기 수업을 받아야 했고 졸업생들은 국내 뿐 아니라 일본과 만주 지역 교회의 여전도사로 파송받아 나갔다. 고등여자성경학교는

64) Richard H. Baird, *William M. Baird of Korea*: A Profile, 96쪽.

65) 1932년 북장로회 한국선교회 연례회는 7월 8일부터 16일까지 황해도 소래 구미포에 있던 언더우드 별장에서 개최되었다. ARPCUSA 1932, 1, 6쪽

66) Personal Report of Rose M. Baird for 1932-1933, May 1933.

67) R.A. Rhodes ed., *History of Korea Mission of the Presbyterian Church in the USA*, vol. Ⅰ, 161쪽; "平壤高等女聖經學校," 〈기독신보〉, 1931.1.1.

학교 설립 이후 독자적인 교사(校舍) 없이 여자성경학교 건물을 빌려 사용하다가 1930년 12월 3층짜리 벽돌 교사를 마련하였다.[67] 로즈는 1923년부터 이 학교에 나가 그림과 성경, 개인전도학을 강의한 바 있었다.

이런 평양 고등여자성경학교에 로즈가 교장이 된 것은 설립당시부터 10년간 교장으로 봉직한 베스트가 1932년 7월 소래에서 개최된 선교사 연례회에서 교장직 사임 의사를 밝히면서 후임 교장으로 로즈를 강력하게 추천한 때문이었다.[68] 베스트는 1897년 내한하여 평양에서만 35년간 선교한 '1세대' 선교사로서 나이도 65세, 은퇴를 앞두고 있어 학교 운영을 '유능한' 로즈에게 맡기는 것이 학교 발전에도 도움이 될 것으로 여겨 사임을 결심한 것이다. 그리하여 로즈는 1932년 가을학기부터 평양 고등여자성경학교 교장이 되었고 베스트는 '명예 교장'으로 그를 도왔다. 이후 로즈는 일제말기 강제 추방되기까지 이 학교 운영과 발전에 혼신의 힘을 기울였다.

② 평양 고등여자성경학교 교장

교장직을 맡게 된 로즈는 평양 고등여자성경학교를 자신의 모교인 미국 무디성경학교 수준으로 끌어올리려 노력하였다. 그는 무엇보다 전도부인과 여성 목회 후보자들의 신앙적 소양을 함양하는데 교육의

68) M. Best, "Report of Higher Bible School For Women", ARPCUSA 1932, 101-102쪽.생각한다.

1차적 목표를 두었다. 복음 전도인 양성을 교육 목표로 삼았던 무디 성경학교의 교육 이념과 방법을 평양 고등성경학교에 그대로 적용한 것이다. 이를 위해 학생들의 신앙 교육과 훈련을 최우선시하였다. 이는 1933년 7월 개최된 북장로회 한국선교사회 연례회에서 그가 교장으로서는 처음으로 보고한 내용에서 확인된다.

> "학교는 꾸준하게 발전하고 있습니다. 작년에 79명이 등록하였습니다. 금년 봄 학기에 87명이 등록하여 그 중 4명이 중도 포기하였는데 세 명은 학교와 교회에 일자리를 얻어 나갔고 한 명은 가정 일 때문에 그만두었습니다. 그 결과 83명이 남아 학기를 마쳤습니다. 우리가 간절히 바라는 바는 학생들이 은총 가운데 성장하고 진정한 기독교인으로서 성품을 개발하며 기독교 신앙의 기초에 단단히 뿌리를 내리고 진리의 말씀을 올바로 구별하며 이 말씀으로 뭇 영혼들을 예수 그리스도께 인도하여 구주로 받아들이도록 만드는 것입니다."[69]

로즈는 신학 교육에서 성경과 교리 교육을 중요시하였고 신앙집회를 자주 열어 학생들로 하여금 '신앙의 근본'이 무엇인지 깨우쳐 주고자 노력했다. 그리고 이렇게 해서 얻은 신앙의 내용을 전도 실습을 통해 현장에 적용하도록 유도하였다. 그가 교장이 된 후 전부터 강의했던 '개인전도' 과목이 더욱 강조된 것은 물론이다. 1933년 그의 선교보고다.

> "고등성경학교 일로 바쁜 1년을 보냈습니다. 우리 학교 많은 학생

---

69) Rose M. Baird, "Report of the Women's Higher Bible School", ARP CUSA 1933, 86쪽.

들이 개인전도 사역부에 들어와 훈련을 받고 성탄절 휴가 기간 동안 지방으로 흩어져 사경회를 인도하였습니다. 이들이 인도한 사경회 수가 35개에 달하는데 많은 학생들이 2개 이상 사경회를 지도하였습니다. 그런데도 아픈 학생이 하나도 없었고 이들은 돌아와 사경회를 인도하면서 체험한 하나님의 놀라운 능력을 간증하였습니다. 여러 곳에서 부흥운동이 일어나 새 신자들이 여러 명 생겼습니다. 전도하겠다며 날을 바치는 곳도 많았습니다."[70]

매년 성탄절과 겨울 방학 때 학생들이 지방으로 흩어져 사경회를 인도하는 것은 성경학교의 연례행사가 되었다. 1933년 겨울에도 그런 식으로 학생들이 3주간 지방에 흩어져 나가 50회 이상 사경회를 인도한 결과 새 신자 422명을 얻었다.[71] 학생들은 이런 겨울 전도 외에 학기 중에도 개인전도 사역에 참여해야만 했는데 전부터 실시하였던 공장과 병원 전도, 공립학교 학생 전도, 시내 전도관 사역, 주일학교 사역에 참여하였다. 로즈는 교장이 되어서도 학생들에게 직접 성경을 강의하는 일도 계속하였는데 "1933년 가을 학기엔 1학년에 마태복음, 3학년에 아가서를 가르쳤고 겨울 학기엔 3학년에게 계시록과 성경교수법을 가르쳤고 1934년 봄 학기엔 3학년에게 요한복음과 요한서신을 가르쳤다."[72] 성경 강의는 그가 포기할 수 없는 중요한 선교 사역이었다.

그리고 로즈는 성경학교 교수진을 확충하고 다양한 강의와 실습을 통해 전도자로서 학생들의 능력을 배양하기 위해 노력하였다. 이를

70) Personal Report of Rose M. Baird for 1932-1933, May 1933.

71) Personal Report of Rose M. Baird for 1933-1934, May 1934.

72) Personal Report of Rose M. Baird for 1933-1934, May 1934.

위해 베스트와 버츠, 윤필상, 임종호 등 기존 교수진 외에 다양한 재능을 보유한 선교사 부인들을 강사로 위촉하여 학생들에게 다양한 수업을 듣도록 하였다. 1934년 6월 선교사 연례회에서 보고한 내용이다.

> "우리 학교 교수진은 작년과 변동이 없습니다. 이들 외에 파커(Parker) 부인이 한 주일에 한 시간씩 나와 성경 그림(Bible Drawing)을 가르치고 세브란스 간호학교 출신인 김은재 양이 나와 육아법을 가르칩니다. 과외로 가르치는 이 두 과목은 학생들에게 인기가 높습니다. 우리는 학교 안내 책자에 파트타임 교사 사진까지도 함께 수록했습니다. 영어를 가르치는 마펫(Moffett) 부인과 선교부 안에 머물 때는 나와서 성경을 가르치고 있는 버츠 양에게 깊은 감사를 드립니다. 학생들의 성악을 지도하고 예배시간 합창단을 지도해 주시는 루츠(Lutz) 부인에게도 무한한 감사를 드립니다. 제대로 교회 사역자를 양성하는 학교로 자리 잡으려면 음악부를 따로 지도하는 교수가 있어야 할 것입니다. 학생들은 음악을 아주 좋아하며 개학식 같은 특별한 행사에 학생 연주회를 엽니다. 학생들은 금년 봄 백선행기념관에서 평양신학교 학생들과 연합공연을 갖기도 하였습니다."[73]

로즈는 교장으로서 학교 운영과 발전을 위해 계획을 수립하고 추진했다. 로즈는 1933년 성탄절 휴가 때 중국 북경으로 가서 그곳 선교부 운영 각종 학교들을 탐방하기도 했다.

이처럼 성경학교 교장으로 학교 운영과 강의 등으로 바쁜 일과 중에도 로즈는 전부터 하던 '학교 밖' 사역도 계속했다. 소속교회인 서

---

73) Rose M. Baird, "Report of the Women's Higher Bible School", ARP CUSA, 1934, 108쪽.

문밖교회 주일학교 자모반을 지도하는 일 외에 별세한 베어드 박사가 관할하였던 칠골, 안골, 북마을, 철남리 교회에 매년 정기적으로 나가 사경회를 인도했으며 다른 지역 선교사들의 요청을 받아 성경공부와 개인전도에 대한 교재를 만들어 보급하였다. 그 외에 미국교회의 여성 교인 107명이 후원하여 공부하고 있는 고등여자성경학교 학생들을 평양 시내 각 교회에 파송하여 주일학교 사역을 돕도록 지도하는 일도 그가 직접 맡아 하였다.[74] 이처럼 로즈는 10대 소녀가 된 딸을 양육해야 하는 '가정주부'로서 교장 일 외에 다양한 많은 사역을 함께 추진하면서 참으로 분주한 일정을 소화하였다. 그는 자신의 바쁜 하루 일과를 다음과 같이 소개하였다.

> "하루 일과가 대단히 바쁩니다. 매일 아침 한국인 일꾼들이 우리가 아침식사를 하기 전에 기도회를 할 수 있도록 우리도 일찍 일어납니다. 그 시간 딸은 세면을 합니다. 아침 식사를 하면서 딸의 그날 과제를 확인합니다. 식사 후 우리는 함께 예배를 드리고 8시 30분에 각자 학교로 갑니다. 우리는 가급적 점심시간에 만나려 노력합니다만 내가 사무실을 떠나지 못해 딸이 혼자 식사하는 경우가 많습니다. 평상시 저녁 때 딸은 이튿날 과제물을 준비하고 나는 편지를 쓰거나 성경 교재를 준비하거나 집안일을 매끄럽게 하도록 조처를 취합니다. 집안이나 정원을 가꾸는 일은 전적으로 일꾼들에게 맡겨야 할 형편입니다. 이들이 얼마나 성실하게 일 해주는지 주님께 감사할 뿐입니다."[75]

이처럼 바쁜 일과로 쉴 새 없이 일하던 로즈에게 휴식이 필요하였

---

74) Personal Report of Rose M. Baird for 1933-1934, May 1934.

75) Personal Report of Rose M. Baird for 1933-1934, May 1934.

다. 남편 별세 후 6개월 귀국하여 휴식을 취할 수 있는 기회가 있었지만 그 후 교장직 수행 외에 많은 일을 하고 또 휴가철에도 강의를 할 정도로 쉴 틈이 없었다. 마침 1934년 7월 안식년 휴가를 얻어 귀국하게 되었다.[76] 로즈는 딸과 함께 시베리아 철도로 유럽을 거쳐 미국으로 돌아갔다. 안식년 휴가 기간 중에 로즈는 많은 시간을 가족들과 함께 보냈고 관광도 하고 시카고 무디성경학교와 장로교회를 방문했으며 신시내티에서 개최된 장로회 총회도 참석했다. 그 사이 딸은 미국 고등학교에 들어가 공부하였다.[77] 로즈로서는 오랜만에 취하는 안식이었다.

5) 일제말기 선교활동(1935-1940년)

① 평양여자신학교 교장

로즈는 안식년 휴가를 마치고 딸과 함께 1935년 9월 7일 평양으로 귀환하였다. 그는 돌아오자마자 평양 여자고등성경학교 교장으로서 업무에 복귀하였다. 그는 우선 교육의 질을 높이기 위해 '전임' 교수를 확보하려 노력하였다. 학교 교육과 행정에 참여하는 한국인 교수와 목회자들의 협력도 큰 힘이 되었다. 로즈는 당시 학교 상황을 다음

76) 로즈가 귀국한 동안 명예 교장인 베스트가 고등성경학교 교장직을 수행하였다. "Notes and Personals", KMF Jul. 1934, 158쪽; M. Best, "Report of the Women's Higher Bible School", ARPCUSA 1935, 85쪽.

77) Personal Report of Rose M. Baird for 1935-1936, May 1936.

과 같이 보고하였다.

> "학생은 많이 바뀌었지만 교수와 직원들은 예전과 같이 저를 반갑게 맞아 주었습니다. 우리 교수 중 두 분은 지금까지 목회를 하면서 파트타임으로 학교 일을 도왔습니다. 이런 식으로 하는 것이 그 자신에게도, 교회나 학교에도 바람직하지 않다고 여겨 기도를 하였는데 학교 초기부터 참여했던 김우석 목사와 우리 학교에서 교리와 설교학을 강의하던 김성락 박사가 지난 겨울 학기에 사임했습니다. 그 결과 우리는 전임 교수를 쓸 수 있는 여력이 생겼는데 참으로 다행스럽게도 김인준 목사를 전임교수로 채용하여 그 공백을 만족스럽게 메웠습니다."[78]

새로 전임교수가 된 김인준(金仁俊) 목사는 평양 장로회신학교 출신으로 미국에 유학, 프린스턴신학교를 졸업하고 돌아온 구약신학자였다. 여자성경학교 학생들은 미국유학 출신 교수의 수준 높은 강의를 들으며 실력을 키워나갔다. 이 외에 선교사 부인과 여선교사들의 강의도 계속 되었고 윤필성 목사와 일본 아오야마학원 신학부를 졸업한 여전도사 임종호(任鍾豪)도 계속 전임교수로 강의하였다. 그 결과 성경학교 수준이 계속 높아졌고 이를 배경으로 개교 15주년을 맞는 1937년 5월부터 학교 명칭을 '평양 여자신학교'(平壤女子神學校)로 바꾸었다. 로즈 교장의 1937년 선교보고다.

> "학교 이름을 '장로회여자신학교'(the Presbyterian Women's Biblical Seminary)로 바꾼 것을 말씀드려야 하겠습니다. 지난 주

78) Rose M. Baird, "Report of the Women's Higher Bible School", ARP CUSA 1936, 88쪽.

우리는 개교 15주년 기념식을 거행하였는데 5월 5일을 개교기념일로 정했습니다. 그리고 이번에 우리 학교 교수 맥큔(C. McCune) 양과 한씨 부인의 근속 10주년을 축하하였습니다. 그리고 이번에 학교 배지와 교가도 새로 만들었습니다. 상당히 많은 분들이 개교 기념식에 참석해 주셨습니다."[79]

바뀐 명칭이 영어로는 '장로회 여자신학교' 였지만 한국인들 사이엔 '평양 여자신학교' 로 불렸다. 신학교가 되면서 학생들의 자부심도 커졌다. 신학교 이름이 알려지기 시작하면서 전국 각 지역에서 입학 지원자들이 몰려 왔는데 국내뿐 아니라 멀리 일본과 만주, 시베리아에서도 왔다. 그 결과 대부분 지방에서 온 1백여 명 학생들을 수용할 수 있는 기숙사 마련이 시급했다. 이를 위해 로즈는 1934년부터 학교 안내 소책자를 만들어 국내외 후원자들에게 발송하고 도움을 호소한 바 있었다.[80] 그러나 미국의 경제불황으로 선교비가 축소되고 있던 상황에서 경비조달이 쉽지 않았다. 로즈는 국내외 교회들에 계속 호소하고 학생들의 실습농장을 처분하여 식당과 세탁실, 친교실까지 갖춘 3층짜리 기숙사 건물을 완공하고 1939년 5월 5일, 개교기념일에 봉헌식을 거행할 수 있었다. 로즈의 보고다.

"새 기숙사는 이제야 제대로 완공되었습니다. 3층에 학생들이 들어 있는 상태에서 공사를 한 결과 금년 봄에야 마무리 지을 수 있었습니다. 실습농장을 판 대금이 들어와 은행에서 빌린 돈도 다 갚았습니다. 하나님께 무한한 감사를 드리며 이처럼 멋진 건물이 이루어

79) Personal Report of Rose M. Baird for 1937, May 1937.

80) Personal Report of Rose M. Baird for 1933-1934, May 1934.

> 지기까지 모금에 동참해 주신 모든 분들께 감사할 뿐입니다. 학생들은 자부심을 갖고 건물을 잘 쓰고 있습니다. 개교기념일인 5월 5일에 기숙사 봉헌예배를 드렸는데 건물 마련에 지대한 공을 세우신 클라크 박사께서 설교를 해 주셨습니다. 오후엔 배구와 다른 놀이를 하였고 건물을 보러 오신 손님들에게 차를 대접하였습니다."[81)]

이처럼 로즈는 기숙사 건축을 추진하는 바쁜 일과 중에도 학생들과 함께 하는 전도 사역에 적극 참여하였다. 예전처럼 신학생들은 주일마나 평양 시내교회에 나가 주일학교를 지도하였고 주간 중에는 서문밖교회 전도관과 공장, 병원, 공립학교 학생들에게 전도하였으며 성탄절과 겨울 방학 때는 지방에 나가 사경회를 인도하였다. 이런 식으로 개인전도는 평양여자신학교의 대표적인 과목이 되었다. 로즈는 교장이 되면서 개인전도 사역을 학생들에게만 요구하지 않고 교수들도 참여하도록 유도하였다. 그리하여 교수들로 전도대를 만들어 직접 거리로 나가 전도하기 시작하였다. 로즈의 1936년 선교보고다.

> "최근 교장을 포함한 교수들이 노방전도대(Street Preaching Band)를 조직하여 일주일에 두 번씩 거리로 나가 전도를 하였습니다. 교수진 가운데 아주 뛰어난 열정을 보인 이들이 눈에 띄었습니다. 우리 교수 중 한 명인 박씨 부인은 22살 된 청년에게 전도하여 그리스도를 구주로 영접하도록 만들었습니다. 그 남자 청년은 시골에서 올라왔는데 어떻게 믿어야 하는지 전혀 모르고 있었습니다. 그는 언제 교회를 가고 어떻게 해야 하는지 물었는데 모든 면에

81) Rose M. Baird, "Report of the Women's Biblical Seminary", ARPCUSA 1939, 98쪽.

82) Rose M. Baird, "Report of the Women's Higher Bible School", ARP-CUSA 1936, 89쪽.

서 참으로 진지하였습니다."[82]

로즈에게 전도는 포기할 수 없는 선교 과제였다. 그래서 그는 지방 사경회에 성경공부 인도자로 갔을 때에도 공부 외에 직접 거리로 나가 전도하는 일을 즐겨하였다. 예년처럼 로즈는 1935년 11월, 김장철 휴가 기간 중에 황해도 안악으로 가서 지방 사경회를 인도하였는데 교인들로부터 큰 환영을 받았다.

> "최근 몇 년 동안 안악교회 사경회에 선교사가 온 적이 없었던 때문인지 그들은 저를 무척 환영하였습니다. 그들은 제가 불편하지 않도록 모든 것을 마련해 주었는데 사경회 기간 중에 감기기운이 있어 그들을 근심시킨 것이 못내 미안하였습니다. 그럼에도 새벽기도회를 한 번 빠진 것을 제외하곤 아침 공부와 저녁 집회 모두 참석하였습니다. 저는 직접 음식을 만들어 먹었으며 오후엔 나가 전도하였습니다."[83]

로즈는 개인전도 못지않게 중요시한 성경교육도 계속하였다. 그가 안식년 휴가를 다녀온 후 신학교에서 개인전도법과 성경교수법 외에 종말론과 마귀론 등 기독교 교리과목을 강의하였고 성경 과목으로 구약의 아가서와 시편 등 시가문학과 미가, 호세아, 아모스, 스가랴 등 소예언서, 신약의 요한계시록과 베드로서, 요한서신 등 종말에 관련된 성경을 주로 강의하였다. 종말론이나 계시록 공부에서 '은혜를 체험하게' 된 것은 당시 시대적 상황 때문이기도 했다. 당시 한국교회

---

83) Personal Report of Rose M. Baird for 1935-1936, May 1936.

는 신사참배 문제로 극심한 시련과 고난의 역사를 살아가고 있었다. 이런 때 로즈는 계시록을 강의하면서 혼란의 시대 올바른 믿음을 지키기 위해 노력하는 한국 신학생과 교인들에게 용기와 희망을 불어넣어 주었다.

② 신학교 폐교와 귀환 후 별세

신사참배 문제로 인한 한국교회의 위기 상황은 로즈가 안식년 휴가를 마치고 돌아온 직후부터 느끼기 시작했다. 일제는 '황민화정책'(皇民化政策)을 수행하는 과정에서 1935년부터 기독교계 학교에도 신사참배를 강요하기 시작하였다. 로즈는 1935년 11월 안악에 내려가 사경회를 인도하던 중 신사참배 문제로 인해 선교부 학교들이 어려운 형편에 처하게 되었다는 소식을 들었다. 1936년 보고에 나오는 대목이다.

> "제가 지방에 내려가 있는 동안 우리 선교부에 신사 문제가 아주 심각한 문제로 대두되었습니다. 그 문제로 선교부 사람들이 매일 오후 기도회를 열고 있습니다. 우리는 하나님만이 우리 도움이시고 그의 말씀이 우리를 이 곤경에서 인도하여 낼 확실한 잣대가 될 것을 깨달았습니다. 수천 명 학생들이, 그 중엔 교인 자녀들도 상당수 포함되어 있는데 그들이 가파른 언덕을 올라 신사에 끌려가는 모습은 결코 잊어선 안 될 것입니다. 나이 어린 선교사 중 하나가 이런 말을 했습니다. '거기에도 하나님이 계시겠지요.'"[84)]

84) Personal Report of Rose M. Baird for 1935-1936, May 1936.

보수적인 신앙의 소유자 로즈에게 신사참배는 변명할 수 없는 우상숭배였다. "신사에도 하나님이 계시겠지."하는 타협적인 생각은 받아들일 수 없었다. 그런 신사에 끌려가는 어린 학생들의 모습이 안타까웠다. 일반학교 학생들은 예외 없이 동원되어 신사참배 행렬에 참가해야만 했는데 신사참배는 주로 주일에 실시되었다. 그 무렵 로즈는 평양 북부 교외에 위치한 북신리교회 주일학교를 지도하고 있었는데 교회에 다녀오면서 그런 신사참배 행렬을 종종 목격하였다. 1938년 보고다.

> "자동차 안은 신사참배 하러 가는 어린아이들로 가득 찹니다. 그 가운데는 자신들의 애국심을 보여주려는 듯 허리와 가슴을 흰 색 띠로 두른 옷(기모노)을 입은 일단의 일본인 부인들도 있습니다. 그리고 교회에서 한참 떨어진 비행장에 근무하는 군인들도 평양 시내로 행진해 들어오는 모습도 종종 보입니다."[85)]

1938년 들어서 기독교계 학교에 대한 신사참배 위협은 더욱 강화되었다. 선교사들이 운영하는 학교라 할지라도 신사참배를 거부하면 폐교할 수밖에 없다는 위협적인 권고가 선교부에 시달되었다. 이런 위협에 대해 북장로회 선교부는 학교 문을 닫을지언정 신사참배를 수용할 수 없다는 쪽으로 입장을 정리하였고 이런 배경에서 평양의 숭실, 숭의, 숭덕학교와 장로회신학교가 폐교를 당했다. 평양 여자신학교도 예외는 아니었다. 로즈는 폐교 위협 속에 하루하루 연명해가는 학교 상황을 다음과 같이 증언하였다.

85) Personal Report of Rose M. Baird for 1937-1938, May 1938.

"여자신학교와 관련하여 제가 하던 일은 계속하고 있습니다. 우리는 매일 하나님께 학교 문이 닫히지 않고 계속 열려 있기를 간구하고 있습니다. 그분이 여시면 어느 누구도 닫을 수 없다는 것을 알기 때문입니다. 최근 스가랴 2장 5절 말씀이 계속 떠오릅니다.
'여호와의 말씀에 내가 불로 둘러싼 성곽이 되며 그 가운데에서 영광이 되리라.'
그리고 우리는 다음과 같은 찬송을 부르고 있습니다.
'불로 둘러싸인 성곽을 지키세.
성곽의 불을 지키세.
여호와 하나님을 믿는 우리니
성곽의 불을 지키세.' "[86]

그러나 상황은 점점 악화되었다. 신학교 상황은 더욱 어려워졌다. 신사참배 강요라는 외압 외에 한국인 교수진 사이에 갈등이 빚어져 결국 교수 한 명만 남고 다른 교수들은 사임하고 학교를 떠나는 불상사까지 겹쳤다. 로즈는 이를 '사탄의 공격' 으로 표현하였다.[87] 로즈는 이런 어려운 상황에서 매일 오후 2시 교직원 기도회를 열어 '하나님의 도움과 지혜' 를 구했다. 그러나 때는 '종말' 을 향하여 치닫고 있었다. 믿었던 한국 장로교회도 결국 1938년 9월 총회에서 신사참배를 결의하고 말았다. 일부 선교사들이 총회 결의를 막아보려 애썼지만 역부족이었다. 총회의 결정으로 선교사들의 사역은 더욱 불리하게 되었다. 총독부는 선교사들을 한국교회 신사참배 반대운동의 배후 세력으로 지목하여 추방할 기회를 노리고 있었다. 로즈는 1938년 8-10

86) Personal Report of Rose M. Baird for 1937-1938, May 1938.

87) 한국인 교수들 사이에 일어난 갈등의 원인은 밝혀지지 않고 있지만 신사참배와 학교 운영에 대한 북장로회 선교부의 입장을 둘러싼 이견 때문으로 보인다. Personal Report of Rose M. Baird for 1937-1938, May 1938.

월 사이 전개된 상황을 다음과 같이 보고하였다.

> "여름 내내 우리는 소래 휴양지에서 매일 기도회를 열었습니다. 평양 선교부로부터 한국인 교인들에게 신사참배 강요가 심해지고 있다는 소식이 들려 올 때 우리 마음은 무척 무거웠습니다. 우리가 임지로 돌아왔을 때 상황은 더욱 악화되었고 강압을 받은 총회의 결정으로 인해 우리 사역에 엄청난 변화가 불가피하게 되었음을 깨달았습니다. 학교 개학은 한 달이나 지연되었고 우리는 하나님의 특별하신 인도하심을 비라며 매일 기도회를 열었습니다. 여자신학교도 한 달 늦게 개학하였습니다. 그 동안 저는 개인전도반 학생들에게 매일 두 시간씩 가르쳤습니다. 데살로니가전서를 강의했는데 학생들은 그 어느 때보다 말씀 공부에 열중하였습니다."[88]

1938년 가을 학기는 예년보다 한 달 늦은 10월 14일에 개학하였는데 100명 수준이던 학생수도 80명으로 떨어졌다. 그러나 등록한 학생들은 "언제든 공부할 기회를 박탈당할 수 있다는 사실을 알고 있었기 때문에" 아주 진지하면서도 고마워하는 분위기에서 공부하였다. 교수와 학생들은 "매일 매일 하나님께 지켜 달라고 기도하였고 그 어느 때보다 말씀을 귀하게 느끼며 수업에 임했다."[89] 1939년 봄 학기에도 그런 식으로 수업이 진행되었는데 로즈는 처음으로 천사론과 사탄론, 종말론 등을 강의하였고 3학년생들에 베드로전후서를 강의하였다.[90] 로즈는 종말의 시대에 종말론과 그에 관련된 성경을 가르치

88) Personal Report of Rose M. Baird for 1938-1939, May 1939.

89) Rose M. Baird, "Report of the Women's Biblical Seminary", ARP-CUSA 1939, 96-97쪽.

90) Personal Report of Rose M. Baird for 1938-1939, May 1939.

는 것으로 한국교회를 위한 마지막 봉사를 하고 있었다.

1940년은 로즈가 선교보고서를 쓸 수 있었던 마지막 해였다.

> "금년[1940년]은 보고서를 쓰는 일조차 어렵습니다. 세상 모든 일이 밤으로 바뀌었기 때문입니다. 우리가 살고 있는 이 작은 공간도 마찬가지여서 이 보고서의 잉크가 마르기도 전에 상황은 또 바뀔 것입니다. 지난 2년 동안 우리는 매일 매일 주님의 보호하시는 손길을 기대하며 살아왔습니다."[91]

이처럼 로즈에게 1939-40년은 이별과 좌절로 인한 슬픔과 아픔의 해였다. 우선 1939년 딸과 헤어졌다. 평양에서 태어나 평양 외국인학교에서 고등학교 과정을 마친 딸 애나는 18세가 되어 대학 공부를 하기 위해 미국으로 떠났는데 로즈는 1939년 8월 휴양지 소래에서 딸과 함께 3주간 휴가를 보내고 일본까지 배웅을 갔다가 돌아왔다.[92] 그 동안 떨어져 산 적이 없었던 딸을 떠나보낸 후 허전함은 있었지만 한편 말 그대로 완벽한 '독신'이 되어 선교 사역에 전념할 수 있을 것으로 기대하고 평양으로 돌아왔다. 하지만 선교 상황은 더욱 악화되어 있었다. 학교 문을 아예 닫아야 할 정도였다.

> "[딸과 헤어진 것이] 참으로 큰 상실감을 안겨주었지만 선교 사역에 더 이상 장애물은 없을 것으로 생각했습니다. 그러나 일본에서 돌아와 보니 신학교는 하나님의 말씀을 거역하는 조치를 받아들이지 않았다는 이유로 정부 인가를 받지 못해 문을 열지 못할 형편이었습니다. 이는 곧 나의 두 번째 딸을 빼앗기는 것과 같습니다. 제

91) Personal Report of Rose M. Baird for 1939-1940, May 1940.

92) Personal Report of Rose M. Baird for 1939-1940, May 1940.

> 가 한국에 남아 있는 이유는 신학교 때문인데 그것을 빼앗아 가버린 것입니다."[93]

신학교는 로즈에게 '둘째 딸'(second daughter) 같은 존재였다. 학교는 그에게 선교사로 남아 있어야 할 '존재 이유'(raison d'être)였다. 그런데 총독부는 신사참배를 수용하지 않았다는 이유로 학교 인가를 취소하겠다고 통보해 온 것이다. 그것은 곧 문을 닫겠다는 의사 표시였다. 이런 정부의 요구를 받아들이자는 선교사들도 없지 않았으나 보수적인 신앙을 갖고 있던 대다수 선교사들은 학교를 폐지할지언정 신사참배를 수용할 수 없다는 입장을 취하였다. 로즈 역시 신사참배를 수용할 수 없었지만 어떤 형태로든 학생들에게 성경과 신학을 가르치고 싶었다. 그래서 로즈는 정부나 선교부 결정과 관계없이 학생들에게 1939년 가을학기 '소집 통지'를 냈다. 로즈의 증언이다.

> "구약의 히스기야 왕처럼 저는 교사 네 명과 함께 주님 앞에 편지를 꺼내놓고 기도를 하였습니다.[94] 우리 모두 생각은 어떻게든 학교 문을 열어야 한다는 것이었고 주님께서 우리를 지켜주실 것이란 믿음이 있었습니다. 그러나 선교부 당국 의견은 달랐습니다. 그래서 개강은 연기되었지만 한 주간 사경회를 하겠다는 편지를 써서 학생들에게 보내기로 하였습니다. 그러나 많은 학생들이 왔음에도 우리는 사경회를 열지 못했습니다. 대신 기숙사에 머물거나 자급부에 있는 학생들이 여러 곳으로 나가 개인 전도를 하였습니

93) Personal Report of Rose M. Baird for 1939-1940, May 1940.

94) 바벨론의 침략 위기 속에 히스기야 왕이 "유월절을 지키기 위해 예루살렘으로 올라오라."는 내용의 편지를 써서 이스라엘 모든 백성에게 보낸 사실을 의미한다. 역대하 30:1-12.

95) Personal Report of Rose M. Baird for 1939-1940, May 1940.

다."[95]

교장의 통보를 받고 학생들은 왔지만 사경회도 열 수 없었다. 그러니 수업은 기대조차 못했다. 학생들은 수업대신 흩어져 전도하는 것으로 아쉬움을 달랬다. 1940년 봄 학기도 그런 식으로 수업을 제대로 하지 못하였다. 총독부도, 선교부도 타협이 불가능했고 결국 신학교는 폐쇄 과정으로 접어들었다. 결국 평양 여자신학교는 로즈가 마지막 선교보고서를 썼던 1940년 5월, 졸업식도 없이 마지막 졸업생 21명을 내보낸 후 문을 닫았다.[96] 기숙사에 머물던 학생들은 모두 고향으로 돌아갔고 학교는 긴 침묵으로 들어갔다.

신학교 폐쇄로 로즈의 선교 사역은 사실상 종결되었다. 가르치고 싶어도 가르칠 곳도, 학생도 없었다. 교권을 장악한 '친일파' 목회자들이 주도하는 선교사 배척 분위기 때문에 평양이나 지방 사경회도 자유롭게 인도할 수 없었다. 게다가 그의 소속교회였던 평양 서문밖교회도 1940년 봄부터 교인 사이에 분규가 일어나 심한 내홍을 겪는 바람에[97] 주일학교나 전도관 사역도 할 수 없었다. 그나마 평양 서부

96) H.A. Rhodes · A. Campbell ed., *History of the Korea Mission of the Presbyterian Church in the USA*, vol. II 1935-1959, *Commission on Ecumenical Mission and Relations of the Presbyterian Church in the USA*, 1965, 275쪽.

97) 1940년 4월부터 서문밖교회는 30년 이상 목회하였던 임종순(任鍾純) 목사의 계속 시무를 둘러싸고 장로들(당회)과 평신도들(공동의회) 사이에 이견이 노출되어 교인분규가 일어났고 노회와 시찰회까지 개입하여 복잡한 양상을 띠었다. "平壤西門外敎會의 顚末", 〈장로회보〉, 1940.10.2.

98) Personal Report of Rose M. Baird for 1939-1940, May 1940.

교외의 작은 교회에서 주일학교를 맡아달라고 요청하여 주일마다 그곳에 가서 '자라나는' 교회를 보는 것이 유일한 위안이었다.[98]

이런 상황에서 미일 외교관계는 더욱 악화되었고 총독부의 선교사 추방압력은 더욱 강화되었다. 결국 한국에 있던 선교사들은 재산 관리와 병원 사역을 위한 최소한의 인원만 남겨 두고 대부분 미국 정부가 보내온 '마리포사호'(S.S. Mariposa)를 타고 1940년 11월 16일 한국을 떠났다.[99] 평양 선교부에서도 소수 인원만 남기고 모두 떠났는데[100] 이 때 로즈도 마리포사호에 몸을 실었다. 경찰의 감시와 통제로 교인들의 환송조차 제대로 받지 못한 채 이루어진 우울한 귀향이었다. 남편과 함께 평양 땅을 밟은 지 22년 만이었다. 이로써 로즈의 선교사역도 막을 내렸다.

참고로 1918년 이후 1940년까지 로즈가 추진했던 선교 사역을 정리하면 다음과 같다.

---

99) H.A. Rhodes · A. Campbell ed., *History of the Korea Mission of the Presbyterian Church in the USA*, vol. II 1935-1959, 18-19쪽; E.W. Koons, "The Mariposa Comes to Jinsen," KMF, Dec. 1940, 200-201쪽.

100) 평양 선교부에 남아 있던 선교사들은 번헤슬(C.F. Bernheisel) 부부와 클라크(C.A. Clark), 버츠(A.M. Butts), 비거(J.D. Bigger), 힐(H.J. Hill), 루츠(D.N. Lutz), 버그만(A.L. Bergmanm), 마이어즈(E. Myers) 등이었는데 이들도 결국 1941년 8월 평양을 떠났다. "To What Purpose.......?" KMF, Jul-Aug, 1941, 104쪽; H.A. Rhodes ? A. Campbell ed., *History of the Korea Mission of the Presbyterian Church in the USA*, vol. II 1935-1959, 20-21쪽.

기 관	내 용
평양외국인학교	미술 강의(1919-31)
숭혜여학교	성경 강의(1920-25), 공작부 지도(1922-23)
숭의여학교	미술 강의(1919-25), 성경 강의(1927-31), 보육과 강의(1927-31)
숭실전문학교	성경 강의(1924)
평양여자성경학교	성경 강의(1920-31), 개인전도 지도(1921-31)
평양고등여자성경학교 (평양여자신학교)	미술 강의(1923-25), 개인전도사역부 지도(1924-31), 성경 강의(1927-40), 교장 봉직(1932-40)
평양교회연합사경회	성경 강의(1920-1939)
지방 여자사경회	진남포(1920), 곡산(1920-21), 안골(1923), 북마을(1923), 송산(1923), 칠골(1923), 재령(1928-34), 중화(1928), 황주(1929) 안악(1938)
남문밖교회	주일학교 장년부 지도(1920-25), 개인전도 지도(1920-25), 교사반 성경공부(1923-25)
서문밖교회	주일학교 자모반 지도(1927-40), 교사반 성경공부(1927-40), 전도관 사역 지도(1928-40)
기타	어학 공부(1918-21), 《신구약대지》원고 집필(1927-30), 《개인전도연구》 원고 집필(1927-28), 평양 부인사역자회 지도(1930-40), 소래 선교사수양회 특별 강의(1932-34), 지리산 선교사수양회 특별 강의(1932), 북신리교회 주일학교 지도(1938)

미국으로 돌아간 로즈는 일리노이주 휘튼으로 가서 그곳 대학을 다니고 있던 딸, 그리고 그 때까지 생존해 있던 노모와 함께 지내면서 귀환의 때를 기다렸다.[101] 그러나 그 꿈은 이루어지지 못했다. 로즈는 휘튼대학을 졸업한 딸이 1945년 2차 세계대전이 끝난 직후 대학 동창인 앤더슨(G. Arther Anderson)과 결혼한 후 시카고로 옮겨 미국 재무성 직원으로 근무하다가 1946년 11월 13일 심근경색으로 별세

101) "The Folks From Korea,", KMF, Feb. 1941, 26쪽.

하였다. 당시 그의 나이 65세였다. 그의 유해는 고향인 펜실베니아 미플린빌 가족묘지에 안장되었다.[102] 그가 그토록 소중하게 여겼던 평양여자신학교는 해방직후 한국인 목회자들에 의해 신학교로 문을 열었으나 곧바로 정권을 장악한 공산주의 세력에 의해 다시 폐쇄되었고 그가 살았던 평양의 독신여자 선교사 사택도 김일성 숙소로 징발되었다.[103] 그나마 두 건물 모두 6 · 25 전쟁 중 폭격으로 건물마저 파괴되어 그 흔적을 찾아볼 수 없게 되었다.

❸ 저술활동

지금까지 살펴본 바와 같이 로즈 베어드의 선교사역의 범위와 내용이 다양했지만 그가 깊은 관심을 갖고 했던 일은 성경교육과 개인전도였다. 그의 22년 선교 활동은 이 두 가지 사역을 축으로 해서 이루어졌다고 할 수 있다. 그리고 두 가지 사역은 서로 밀접하게 연결되었다. 로즈에게 성경교육은 개인전도의 내용이자 목적이었고 전도는 성경교육의 실천이었다. 이런 배경에서 로즈는 내한 초기부터 성경교육과 개인전도를 학교 뿐 아니라 교회 현장에서 실천하였는데 그 경험을 바탕으로 저술한 것이 《신구약대지》와 《개인전도연구》다. 따라서 이 두 책은 로즈의 선교사역과 신학을 그대로 반영하고 있다.

---

102) Richard H. Baird, *William M. Baird of Korea: A Profile*, 97쪽.

103) H.A. Rhodes · A. Campbell ed., *History of the Korea Mission of the Presbyterian Church in the USA*, vol. II 1935-1959, 91-97쪽.

1) 《신구약대지》

로즈는 내한 직후부터 성경학교와 기독교학교, 주일학교, 사경회에서 강사로 활약하면서 신구약 성경의 거의 모든 책을 다루었는데 성경 각 책의 요점을 정리한 교안(教案)을 직접 만들어 사용하였다. 그는 자신이 만든 교안에 대한 학생들의 반응을 반영하여 교안의 완성도를 높여갔다. 그리고 이해를 돕기 위해 다양한 그림과 도표를 만들어 보조 교재로 활용하였다. 이런 식으로 준비한 교안은 학생 뿐 아니라 다른 선교사와 교사들로부터 인기를 얻어 교재로 출판해달라는 요구를 받았다. 로즈의 1928년 선교보고에 나오는 대목이다

> "숭의여학교 성경과목도 맡아 가르쳤습니다. 작년엔 상급반 학생들과 유치원 보육과 학생들에게 야고보서부터 계시록을 가르쳤습니다. 금년에는 3학년 학생들에게 시가문학을 가르쳤습니다. 지금은 욥기를 가르치고 있는데 학생들이 성경의 기본 진리를 얼마나 잘 이해하고 있는지 그걸 보면 참으로 기쁩니다. 저는 이 반에 특별한 관심을 두고 있는데 이는 제가 지금 성경 전체를 요약한 책을 준비하고 있는데 그것을 어느 정도 이해하고 있는지 이들을 통해 파악할 수 있기 때문입니다. 성경 전체를 요약한 이 원고가 이른 시일에 출판되기를 기대합니다."[104]

로즈는 1차 안식년 휴가를 마치고 돌아온 1927년부터 원고를 준비하여 1928년에는 출판할 수 있는 수준까지 되었다. 그러나 출판은 예상보다 늦어졌다. 로즈는 원고 보완과 수정을 계속하여 1930년 12월

104) Personal Report of Rose M. Baird for 1928, May 1928.

에야 탈고하여 인쇄소에 넘길 수 있었다. 원고 번역은 그의 개인 서기로 활동하던 숭실중학교 교사 이구화와 숭실전문학교 학생 전홍경이 맡았다. 로즈는 1931년 선교보고에서 그 사실을 다음과 같이 밝혔다.

> "작년[1930년] 성탄 직전에 '도표를 첨부한 성경 요약' (Outlines of Books of the Bible with Charts) 원고를 출판사에 보냈습니다. 이 원고는 제가 한국에 와서 수년 간 강의한 결과물입니다. 저는 이 중 네 권만 제외하고 모두 요약해서 한국말로 가르쳤습니다. 이 원고를 한국말로 번역하는 일을 도운 두 서기가 있습니다. 지금 숭실중학교 교사인 이구화와 방금 숭실전문학교를 졸업하고 목포 영흥학교 교사로 간 전홍경입니다. 이들 대학생들의 도움이 없었으면 원고를 마감할 수 없었을 것입니다."[105]

이렇게 해서 넘긴 원고는 2년 만인 1932년 12월에야 조선예수교서회에서 《신구약대지》(新舊約大旨, Outline Studies of the Old and New Testament)란 제목으로 인쇄되어 나왔다.[106] 이처럼 인쇄가 늦어진 것은 책에 첨부할 다양한 그림과 도표 제작에 시간이 걸린 때문이기도 하지만 로즈가 남편의 별세(1931년 11월 22일) 후 미국으로 들어가 6개월 휴식을 취하면서 교정이 지연된 때문으로 보인다. 로즈는 서문에서 이 책의 편찬 목적과 활용 방법에 대해 다음과 같이 밝혔다.

---

105) Personal Report of Rose M. Baird for 1930-31, May. 1931.

106) 필자가 참조한 것은 1940년 인쇄된 3판(한국기독교역사박물관 소장)인데 책의 판형은 국판(12×19cm) 크기로 266쪽이며 순한글 내려쓰기로 되어 있다. Personal Report of Rose M. Baird for 1932-1933, May 1933; 배로사, 《신구약대지》, 조선예수교서회, 1940(3판).

"이 책을 편찬한 목적은 학생들에게 성경 전체로서의 지식과 각 책에 대한 지식을 대체로라도 넣어주고자 함이며 또 성경에 관한 책이란 것보다도 성경공과로서 학생에게 가르치고자 함이라.
이 책을 학교의 교과서로 채용하는대는 그중에 몇 부분의 것은 대지로만 가르치고 그 대신 다른 중요한 부분에 시간을 많이 드리는 것이 필요하다.
어떤 책을 물론하고 가르치는데 대하여 학생에게 세 가지 필요한 것이 있으니
1. 가급적 원문을 숙독하며
2. 대지를 암송하고
3. 생활에 진리를 적용할 것이라."[107]

성경학교나 기독교학교, 혹은 사경회에서 성경공부 교재로 활용하도록 편찬하였음을 밝히고 있다. 내용에 들어가면 구약과 신약의 전체 66권을 대지(大旨)와 소지(小旨)로 나누어 분해하고 있는데 한 예로 '창세기' 부분을 살펴보면 다음과 같다.[108]

1. 창조(1-2장)
 1) 세상을 창조하심(1장): 빛, 궁창, 지구, 일월성신, 어족과 조류, 짐승과 사람
 2) 사람을 창조하심(2장): 사람의 근본(5-7), 위치(8-14), 도덕상 명령(15-17), 도와주는 짝(18-25)
2. 범죄(3-4장)
 시험(3:1-5), 죄(6-7) 남자와 여인과 뱀이 받은 심문(8-13), 각자에 대한 선고(14-21), 형벌(22-24), 결과(4:1)
3. 홍수(5-9장)
 노아의 족보(5장), 방주를 예비함(6장), 방주에 들어감(7장), 방주

---

107) 배로사, 《신구약대지》, 1-2쪽.
108) 배로사, 《신구약대지》, 5-10쪽.

에서 나옴(8장), 하나님이 노아로 더불어 약조하심(9장)
4. 열방의 시작(10-11장)
나누인 형편(10장), 나누인 까닭(11장)
5. 아브라함(12-25장)
하나님이 사람을 구원하시기 위하여 두 가지 방책을 쓰셨으니
1) 이스라엘 나라를 택하심 2) 예수 그리스도를 보내심
이스라엘 나라의 직분 셋이 있으니
1) 세상에서 하나님의 진리를 보관함, 2) 세상에서 장차 오실 구주의 탄생할 자리가 됨, 3) 세상에서 만백성 앞에 증거하는 나라가 됨
부르심(12장) 애굽에 내려감(12장), 롯(13-14장, 18-19장), 약조(15장), 하갈(16장), 다시 약조함(17장), 그두라(20장), 이삭(21-23장), 리브가(24장), 죽음(25장)
6. 야곱(21-28장)
남(25장), 장자의 명분(25장), 속임(27장), 도망함(28장), 하란(29-30장), 가나안, 애굽
7. 요셉이 예수의 그림자 됨(37-50장)
1) 아버지의 사랑을 받음으로(잠 8:30, 마 3:17)
2) 고난을 받음으로: 미움을 받음(요 15:18, 25), 팔리움(마 26:14-16), 그릇 송사를 받음(마 26:59-61)
3) 죄 없이 시험을 받음으로(마 4:1-11)
4) 부활과 존귀를 얻음으로(빌 2:9-10, 히 1:2-4)
5) 이방 신부를 얻음으로(엡 3:1-6, 5:24)
6) 형제들에게 나타남으로(슥 12:10, 13:1, 롬 11:26)

성경의 내용을 일목요연하게 요약하면서 그 중요한 주제와 내용을 다루고 있는데 창세기의 후반부에서 '그리스도의 원형으로서 요셉'을 보려는 자신의 신학적 입장을 보여주듯 구약을 신약 본문에 비추어 해석하는 경우도 눈에 띤다. 로즈는 이런 식으로 성경 전체를 요약하면서 독자들의 이해를 돕기 위해 다양한 그림과 도표 자료를 첨부하였다.[109] 성경에 대한 기본적인 이해와 지식을 가진 사람이면 성경학교나 기독교계 학교 뿐 아니라 일반교회 사경회에서 곧바로 사용할

수 있도록 편집에서도 세심한 주의를 기울였음을 알 수 있다.

이렇게 해서 나온 책은 독자들에게 인기가 있어 1932년 12월 초판을 발행한 후 1936년 7월에 재판, 1940년 2월에 3판을 발행할 정도로 많이 읽혔다. 게다가 저자인 로즈가 출판비를 보조함으로 출판사에서 전도부인이나 학생들에게 부담을 주지 않는 가격(반양장 55전, 양장 80전)으로 판매할 수 있게 된 것도 활발한 보급에 도움이 되었다.[110]

2) 《개인전도연구》

로즈는 자신의 선교사역의 두 번째 축이었던 '개인전도'와 관련해서도 책을 썼다. 1928년 12월 조선예수교서회에서 간행한 《개인전도연구》(個人傳道研究, A Course of Study in Personal Work For

---

109) 이 책에 수록된 그림과 지도, 도표 내용은 다음과 같다.

내용	구약	신약
그림	'신구약 조직' '역사' '세대 배분' '성막 전도' '성막 내부도' '번제단' '촛대와 세수대' '떡상' '향단' '법궤' '가나안족 웅거도' '느부갓네살이 꿈에 본 우상'	'면류관' '육체의 일과 성신의 열매' '그리스도의 정병'
지도	출애급 지도' '팔레스틴 지도' '12지파 지도'	
도표	'연대표(유대와 이스라엘)' '하나님과 왕의 관계표' '연대 대조표(왕과 선지자)' '세대표'	'4복음 중에 그리스도에 대한 4중 관찰표' '시대로 나눈 예수의 생활' '로마인서표' '묵시표1-3'

배로사, 《신구약대지》, 3-4쪽.

110) 배로사, 《신구약대지》, 표지와 판권.

Use in Bible Institutes, Bible School and Classes)가 그것이다. 《신구약대지》와 마찬가지로 이 책도 로즈의 선교사역과 경험의 산물이었다. 로즈는 1차 안식년 휴가를 마치고 돌아온 1927년 이후 평양 여자성경학교, 고등여자성경학교에서 '개인전도' 과목을 집중적으로 가르쳤다. 그는 직접 교안을 만들어 사용했다. 처음엔 그것을 등사본으로 만들어 사용하였는데 주변의 출판 요청이 있어 1928년 여름, 원고를 완성하였고 그 해 12월 인쇄되어 나왔다.[111] 《신구약대지》와 같은 시기에 원고를 넘겼음에도 《개인전도연구》가 먼저 나오게 된 것은 원고량이 《신구약대지》에 비해 적었고[112] 내용도 단순하여 교정이 수월했던 것도 원인이지만 그보다 이 책에 대한 교회의 요구가 컸던 때문으로 보인다. 이는 조선예수교서회가 1929년 초부터 초교파 신문 〈기독신보〉에 이 책을 광고하면서 소개한 문구에서 확인할 수 있다.

> "개인전도는 교회발전상 유일무이(唯一無二)의 큰 사역이온바 본서 일책(一冊)만 보시면 대인전도(對人傳道)에 일차(一次)도 실패치 안코 듯는 자마다 주께로 인도할 수 잇는 큰 힘과 묘책을 엇을 수 잇습니다."[113]

이 책도 출판되자마자 인기를 얻어 《신구약대지》 초판이 나온 1932년에 재판을 찍었으며 1936년과 1938년에도 계속 판을 찍을 정도였

---

111) Personal Report of Rose M. Baird for 1929, May 1929.

112) 판형은 국판(12×19cm)이고 순한글 내려쓰기에 분량은 100쪽이다. 배로사, 《개인전도연구》, 조선예수교서회. 1938(3판).

113) "조선예수교서회 광고", 〈기독신보〉, 1929.2.12.

다.[114] 책 값(22전)도 저렴하여 전도부인이나 학생들이 구입하는데 어려움이 없도록 배려하였다.

무엇보다 이 책의 출판으로 로즈는 전도학 전문가로 여러 곳에 초청을 받아 가서 강의와 실습을 지도하였다. 한 예로, 1932년 7월 소래에서 북장로회 선교사 연례회가 열렸을 때 거기 참석했던 선교사들의 요청을 받고 로즈는 개인전도에 대한 '특별 강의'를 했으며 소래 모임을 마치고 딸과 함께 지리산의 남장로회 선교사 휴양지로 가서 한 달간 휴식을 취하려 했다가 그곳에서도 선교사들의 요청으로 개인전도를 강의하였다.[115] 이것이 계기가 되어 그 해 11월, 로즈는 남장로회 선교사들의 초청을 받고 전라도 광주와 목포로 가서 그곳 기독교 학교 학생들에게 개인전도를 강의하였는데 결과가 아주 좋았다.

> "성경학교 김장철 한 주간 동안 광주와 목포로 가서 두 곳 여학교 학생들에게 개인전도법을 가르쳤습니다. 두 곳 모두 초빙을 받아 간 것인데 두 곳 학생 외에 성경학교 학생과 교사들까지 아침저녁으로 수업하였습니다. 학생들은 깊은 관심을 표명하며 믿지 않는 친구나 가족들을 위해 기도해 달라고 하였습니다. 두 곳 모두 사흘씩 머물렀습니다. 제가 목포를 떠날 때 한 학생이 내게 종이 한 장

114) 필자가 참조한 책은 1938년 10월에 인쇄한 3판(한국기독교역사박물관 소장)인데 이 책의 판권 기록에 의하면 1932년 5월에 초판을 내고 1936년 8월에 재판, 1938년 10월에 3판을 찍은 것으로 되어 있으나 이 책에 수록된 서문의 기록 시기를 1928년 10월로 한 것이나 로즈의 1929년 선교보고 및 위에서 살펴본 〈기독신보〉의 1929년 2월 '조선예수교서회 광고' 등을 종합해 볼 때 초판은 1928년 12월에 나온 것으로 보아야 하고 좀 더 발전된 형태로 1932년 5월에 인쇄하면서 그것을 초판으로 표기한 것으로 보인다. 배로사, 《개인전도연구》, 조선예수교서회. 1938(3판), 서문과 판권 참조.

115) Personal Report of Rose M. Baird for 1932-1933, May 1933.

116) Personal Report of Rose M. Baird for 1932-1933, May 1933.

> 을 주었는데 거기엔 금년 안에 적어도 한 명씩 그리스도께 전도하기로 결심한 학생들의 명단이 적혀 있었습니다."[116]

이런 식으로 그는 자신의 선교 구역인 평양을 벗어나 전국으로 활동 무대를 넓혔다. 그가 쓴 책과 함께 개인전도운동도 전국으로 확산되었다. 그가 쓴 책은 성경학교와 사경회 교재로 많이 사용하였으나 전도를 하기 원하는 사람이면 누구나 혼자 읽어도 이해하고 실천할 수 있도록 쉽게 되어 있었다.

로즈는 책 서문에서 전도의 기본 원칙을 정리한 후 본문에 들어가 전도 현장에서 일어날 수 있는 다양한 상황을 염두에 두고 구체적인 대처방법과 내용을 다루었다. 그는 1928년 5월 선교보고에서 이 책을 쓰게 된 동기와 중요 내용에 대해 다음과 같이 밝혔다.

> "저는 이 교재가 이곳 한국에서 실질적이고 개인전도 사역에서 말씀을 어떻게 다루어야 하는지를 다루려 합니다. 과정은 4년으로 되어 있습니다. 첫 번째 해에는 '구원받는다는 것이 무엇을 의미하는가?', '왜 사람은 구원을 받아야 하는가?' '우리는 어떻게 구원을 받는가?' 등 아주 기본적인 내용을 다루고 있습니다. 2학년에서는 우리가 만나는 다양한 사람들의 핑계에 대해 어떻게 답해야 하는지를 다루고 3학년에서는 거짓 종교에 대해, 4학년에서는 오늘날 많은 사람들, 특히 청년들이 성경에 대해 의문과 비판을 가할 때 대처하는 법 등을 다루고 있습니다."[117]

이런 원칙에 따라 내용을 4학년 과정으로 나눈 후 각 학년 과정을

---

117) Personal Report of Rose M. Baird for 1928, May 1928.

118) 배로사, 《개인전도연구》, 목차.

다시 7-10과로 나누었는데 학년별 과정의 주제와 내용은 다음과 같다.[118)]

학년	공과	내 용
1학년	1공과	구원을 얻는 것이 무엇임
	2공과	사람이 왜 구원을 얻어야 할 것
	3공과	사람이 어떻게 구원을 얻을 수 있는 것
	4공과	구원 얻은 것을 어떻게 알 수 있는 것
	5공과	믿는 자가 어떻게 자라날 것
	6공과	믿는 자와 성신과의 관계가 어떠한 것
	7공과	낙심된 자를 어떻게 할 것
	8공과	죄에 빠진 믿는 자를 어떻게 할 것
2학년	1공과	너무 가난하여 예수를 믿지 못한다고 하는 것
	2공과	너무 분주하여 주일일 지키지 못하겠는고로 예수를 믿지 못한다는 것
	3공과	아무것도 모르는고로 예수를 믿지 못한다 하는 것
	4공과	부모나 남편이 믿지 아니하는고로 예수를 믿지 못한다 하는 것
	5공과	재미가 없어서 예수를 믿지 못한다 하는 것
	6공과	의복이 없어서 예수를 믿지 못한다 하는 것
	7공과	아이가 너무 많아서 예수를 믿지 못한다 하는 것
	8공과	너무 늙어서 예수를 믿지 못한다 하는 것
	9공과	아내와 아이들이 믿으니 나는 믿는 자와 다름이 없다 하는 것
	10공과	나는 술이나 담배나 다 아니먹고 도적질이나 살인이나 아니하니까 믿는 자와 다름이 없다 하는 것
3학년	1공과	유대교
	2공과	로마교
	3공과	안식교
	4공과	우상숭배
	5공과	천도교
	6공과	불교

학년	공과	내 용
3학년	7공과	유교
	8공과	보천교
	9공과	거짓 선지자를 쫓는 자
4학년	1공과	하나님의 말씀을 거짓 의심하는 자
	2공과	하나님의 말씀을 참마음으로 의심하는 자
	3공과	하나님의 존재를 의심하는 자
	4공과	예수가 하나님의 아들 되심을 의심하는 자
	5공과	부활과 천당을 의심하는 자
	6공과	사단의 존재를 의심하는 자
	7공과	지옥의 존재를 의심하는 자

흥미로운 것은 로즈가 이처럼 다양한 주제와 문제들을 다루면서 그 답을 철저하게 성경 본문에서 찾고 있다는 점이다. 예를 들어 2학년 제 7공과 "아이가 너무 많아서 예수를 믿지 못한다 하는 것"을 살펴보면 다음과 같다.[119)]

1. 그것은 좋은 까닭이니 예수를 믿으면 자녀를 옳은 길로 인도할 수 있다 할 것
   "갈아대 주 예수를 믿으라 그리하면 너와 너희 집이 구원을 얻으리라."(행 16:31)
2. 하나님께서 자녀를 주셨으니 하나님께 드려야 합당하다 할 것
   "마리아 모세의 법대로 결례의 날이 임의 차매 아기를 다리고 예루살렘에 올라가서 주께 밧치려 하니."(눅 2:22)
   한나(삼상 1:24-28)
3. 예수께서 어린 아희를 다려오라 하셨다 할 것
   "때에 사람이 어린아희들을 다리고 와서 예수께 손을 그 우에 언

119) 배로사, 《개인전도연구》, 37-38쪽.

지시고 기도하야 주시기를 원하매 제자들이 꾸짓거늘 예수 갈아사대 어린 아희를 용납하야 내게 옴을 금치말나 천국에 잇는 자가 이런 어린 아희와 갓흠이라 하시며."(마 19:13-14)

4, 자녀를 옳게 가르치면 늙을 때에도 그 길을 떠나지 아니한다 할 것
"맛당히 행할 길을 좃차 자식을 교육하라 그리하면 늙을 때에도 그 길을 떠나지 아니하리라."(잠 22:6)

이런 식으로 로즈는 전도 현장에서 전도자가 불신자에게 성경 말씀으로 설득하고 이해를 돕도록 강조하였다. 이런 성경본문 중심적 전도(Biblical Text-centric Evangelism)는 그가 미국 무디성경학교 시절부터 몸에 익혀온 전도방법이자 한국에 와서 평양 여자고등성경학교 교수와 교장이 되어 직접 학생들을 이끌고 노방전도, 병원전도, 학원전도, 공장전도를 하면서 얻은 경험과 지혜를 바탕으로 형성된 것이었다.

❹ 신앙과 신학사상

로즈는 활동하는 선교사였다. 강의도 저술도 선교활동을 위한 준비였다. 그렇다고 그에게 신학이 없었다는 것은 아니다. 그는 누구보다 분명한 신앙과 신학적 입장에서 교육하고 활동하였다. 앞서 살펴본 대로 그의 선교 사역은 성경교육과 개인전도, 두 가지를 축으로 하여 이루어졌다. 그의 대표적인 저술, 《신구경요지》와 《개인전도연구》도 이 두 가지 사역의 경험을 바탕으로 하여 이루어진 것이었다. 같은 맥

락에서 그의 신앙과 신학 사상도 두 가지, 즉 성경과 전도를 중심으로 살펴볼 수 있을 것이다.

1) 성경 중심적 복음주의(Biblical Evangelicalism)

로즈가 졸업했고 잠시 교원으로 몸 담았던 무디성경학교는 19세기 말, 20세기 초 미국의 근대주의나 자유주의 신학 흐름에 반기를 들었던 근본주의(Fundamentalism) 신학을 바탕으로 한 '보수적 복음주의' (Conservative Evangelicalism) 계열의 신학교였다. 로즈가 어려서 어머니로부터 받은 신앙 훈련도 그러했지만 '특별한 사역' 에 대한 소명감을 갖고 들어갔던 무디성경학교에서 수업과 훈련을 받으면서 그의 보수적인 신앙과 신학 노선은 더욱 확고해졌고 그것을 한국 선교 현장, 특히 후반기 그의 주요 사역지가 된 성경학교와 신학교 교육에 적용하였다. 이는 그가 평양 여자고등성경학교 교장이 된 후 처음으로 제출한 1933년 선교보고에서 밝힌 성경학교의 '교육 목표' 에서 잘 드러난다.

> "우리가 간절히 바라는 바는 학생들이 은총 가운데 성장하고 진정한 기독교인으로서 성품을 개발하며 기독교 신앙의 기초에 단단히

120) 원문은 다음과 같다. "It is our earnest desire that they may grow in grace, developing true Christian character, being firmly grounded in the fundamentals of the Christian faith, able to rightly divide the Word of Truth, and to use this Word to lead souls to accept Jesus Christ as their personal Saviour." Rose M. Baird, "Report of the Women's Higher Bible School", ARPCUSA 1933, 86쪽.

> 뿌리를 내리고 진리의 말씀을 올바로 구별하며 이 말씀으로 뭇 영혼들을 예수 그리스도께 인도하여 구주로 받아들이도록 만드는 것이다."[120]

이런 교육 이념은 무디성경학교의 그것과 다를 바 없었다. "진리의 말씀을 올바로 구별하여"라는 표현은 근대주의나 자유주의 신학 흐름에 대한 보수적 대응을 암시한 것이다. 성경의 절대 권위와 그리스도의 동정녀 탄생, 그리스도의 보혈 속죄, 그리스도의 육적 부활과 재림 등 기독교의 전통교리를 '절대 진리'로 신봉하였던 근본주의 입장에서 계몽주의와 자유주의 신학의 도전이나 타협을 용인할 수 없다는 의지의 표현이었다. 특히 1930년대 들어 한국 장로교회 안에서도 미국 유학을 하고 돌아온 '진보적' 신학자들이 자유주의 신학을 소개하기 시작하였고 그 때문에 '이단 논쟁'이 빚어져 장로교회 총회 차원의 정치적 사건으로 비화되기도 했다.[121] 이런 배경에서 로즈는 성경학교에서 성경교육과 교리교육의 중요성을 강조하였다. 그가 1932년 고등성경학교 교장이 된 후 처음으로 교리를 강의한 것도 그 때문이었다. 로즈는 그 사실을 1933년 보고에서 이렇게 밝혔다.

> "처음으로 2학년에게 성경 교리를 가르쳤는데 교리 교사가 되어야 할 것으로 생각해서입니다. 요즘같이 거짓 교훈이 교회를 방해하며 판을 치는 때에 흔들리지 않는 교회 사역을 하기 위해서는 분명 우

121) 대표적인 사건으로 김춘배 목사의 '여권옹호 필화사건', 김영주 목사의 '창세기 모세저작 부인 사건', 김재준 · 송창근 · 한경직 · 채필근 목사 등이 관여된 '아빙돈 단권성경주석사건' 등을 꼽을 수 있다. 〈조선예수교장로회총회회록〉, 1934-35.

리 학생들은 이런 근본적인 교훈을 배울 필요가 있습니다."[122]

로즈는 현대 사조의 '거짓 교훈' (false teachings)에 대항할 '근본적인 교훈'(fundamental teachings)으로서 '성경 교리 '(Bible Doctrine)를 가르치고자 노력하였다. 그런 그에게 성경은 어떤 경우에도 포기할 수 없는 기독교 근본 교리의 근거이자 내용이었다. 그가 선교 초기부터 성경 교육에 집착한 것이나 《신구약대지》를 쓰게 된 근본적인 이유도 여기 있었다. 로즈는 《신구약대지》 서문에서 이 책의 원고를 쓰는 과정에서 도움을 받은 인물들로 모교인 무디성경학교 교장 그레이(James M. Gray) 박사와 성경교수 색스(Grace Sacks) 부인, 게벌린(A.C. Gaberlin) 박사, 그리고 관주성경 편집인 스코필드(C.I. Scofield) 박사 등 보수적 신학자들의 이름을 거명한 후 "이 책을 잘 이해한다면 이것이 그릇된 교훈 중에서 진리를 위하여 굳게 설만한 사람을 만들며 자기의 신앙을 세울 수 있는 성경의 근본적 진리를 학생에게 넉넉히 전하여 줄 줄로 아는 바"[123] 라고 하여 '근본적 진리' (fundamental truth) 수호가 집필의 중요한 이유였음을 밝혔다.

다른 책, 《개인전도연구》에서도 로즈의 '보수적' 신학 입장이 잘 드러나 있다. 그는 전도의 근본 목적과 내용이 '구원' 임을 밝히고 그 과정을 "1) 자기가 죄인인줄 알아야 함, 2) 예수께서 구원할 수 있는 줄 믿어야 됨, 3) 그리스도를 자기의 구주로 받아야 함, 4) 입으로 사람

122) Personal Report of Rose M. Baird for 1932-1933, May 1933.
123) 배로사, 《신구약대지》, 1쪽.
124) 배로사, 《개인전도연구》, 8-11쪽.

앞에서 주를 안다 하여야 됨"[124]이라 하여 '오직 예수 그리스도를 구주로 믿는 것' 이 전도 목적임을 강조하였다. 그런 맥락에서 기독교(개신교) 이외의 다른 종교에서 진리를 찾는 것은 불가능했다. 그는 3학년 과정을 '진리를 잘못 깨달은 자' 라 제목을 붙이고 유대교와 로마교(천주교), 안식교를 비롯하여 유교와 불교 등 동양의 전통종교, 천도교와 보천교 등 한국의 신흥종교까지 '이단' 범주에 넣었다. 그리고 3학년의 마지막 제 9공과를 "거짓 선지자를 쫓는 자"라 하여 말세에 나타날 '이단사상' 을 다루고 있는데 앞서 1930년대 들어서 한국교회 안에 대두된 자유주의 신학사조를 염두에 둔 내용임을 알 수 있다.[125]

로즈는 이런 '이단사상' 의 등장을 말세 징조로 보았다. 그는 무디와 스코필드 등이 주장한 '세대주의' (dispensationalism)와 '전천년주의' (premillennialism) 입장을 그대로 받아들여 임박한 종말을 말하면서 교회의 수난 상황을 그리스도의 재림과 연결 지었다. 그는 1930년대 들어 성경학교 뿐 아니라 숭의여학교, 사경회, 평양 선교부 직원 기도회에서 요한계시록을 자주 강의하였는데 반복해서 공부하는 동안 "이 놀라운 책의 진리를 깊게 들어가 이해할 수 있게" 되었고 "오늘날 세계가 한 세대 마지막 때에 임하였다는 사실을 깨닫지 못한 채 계시록을 공부한다면 그건 잘못된 것이다."[126]라고 단언하였다. 로즈는 특히 일제말기 신사참배 문제로 한국교회가 어려운 상황에 처하

---

125) 배로사, 《개인전도연구》, 45-72쪽.

126) Personal Report of Rose M. Baird for 1930, May 1930.

게 된 것을 계시록의 '성취'로 보았다. 장로교 총회가 신사참배를 결의하고 그 때문에 한 달 늦게 개강할 수밖에 없었던 1938년 겨울 학기에 로즈는 계시록을 강의하였는데 그 때 얻은 '종교적 체험'을 다음과 같이 진술했다.

> "겨울학기에 3학년에게 성경교수법과 계시록을 가르쳤습니다. 계시록 공부는 그 어느 때보다 은혜로웠는데 요즘 모든 상황이 말씀의 성취를 이루시려는 징조로 보이기 때문입니다. 하나님께서 이 모든 일들을 이처럼 앞서 예언하셨으니 얼마나 놀라우신 은총인가!"[127]

이런 식으로 그는 폭력적 탄압과 회유로 신앙의 지조를 지키기 어려운 '종말론적' 상황에서 한국 교인들에게 근본주의 신앙을 가르쳐 환란 중에도 굴복하거나 훼절하지 않고 신앙과 진리의 근본을 지켜나갈 것을 기대하였다.

2) 전투적 복음전도(Militant Evangelism)

로즈는 선교 사역의 많은 시간을 성경학교와 기독교 학교, 사경회, 주일학교에서 성경과 교리를 가르치는 데 썼지만 교회 현장과 거리가 그의 주요한 선교 무대였다. 그가 성경교육을 강조한 것은 선교의 궁극적인 목표인 전도를 실천하기 위함이었다. 로즈의 복음전도에 대한 의지와 신학은 《개인전도연구》에 잘 드러나 있다. 로즈는 이 책 서문에

---

127) Personal Report of Rose M. Baird for 1938-1939, May. 1939.

서 전도해야 하는 이유와 방법, 의미에 대해 다음과 같이 적고 있다.

"신자마다 개인전도할 책임이 있으니

▶ 이유

1) 예수 그리스도께서 전도하라 명령하셨으며(마 28:19-20)

2) 신자는 전도할 사명을 받았고

3) 신자 외에는 전도할 자 없음이라.

▶ 장소

거리에서나 집에서나 차 안에서나 어대서든지 전도할 수 있음이라

▶ 방법

1) 성신의 인도하심을 받기 위하야 기도하고

2) 구원 얻지 못한 자에게 사랑으로 전도하며

3) 논쟁하지 말아야 하고

4) 하나님의 말씀으로 대답하며

5) 그 사람을 위하여 같이 기도할 것이라.

▶ 상급

1) 기쁨으로 추수할 것과(시 126:6)

2) 소망과 즐거움과 자랑의 면류관을 얻음이라(살전 2:19-20)"[128)]

기독교인에게 전도는 선택이 아니라 필수였다. 전도는 기독교인의 사명이자 소명이었다. 그에게 전도의 기회와 방법은 무제한적이었다. 그는 미국 무디성경학교에 있을 때부터 대중 전도와 개인 전도에 적극 참여하였고 선교사로 내한한 직후부터 기회만 있으면 누구에게든 전도하였다. 로즈는 1923년 겨울, 평양 교외 지방 사경회를 나갔다가 경험한 것을 다음과 같이 증언하였다.

"작은 어느 마을에서 50여 명이 모여 성경 공부를 하였습니다. 그

128) 배로사, 《개인전도연구》, 서문.

> 곳의 대부분 집은 작은데 유난히 큰 집이 하나 있었습니다. 어느 날 언덕 위에 있는 작은 예배당에서 나오는데 부인들이 그 큰집 지붕 위에 있는 흰 종이로 만든 모형 집을 가리키고 있었습니다. 그들 말로 전에 며칠 씩 그곳에 가서 복을 달라고 귀신에게 기도를 드렸다는 것입니다. 한번 생각해 보십시오. 귀신에게 복을 달라고 기도를 하다니요! 저는 가슴이 뛰었습니다. 당장 그 집에 가서 복음을 전하고 싶었습니다. 그러자 교인들이 말리면서 제가 들어가면 다칠 것이라 하였습니다. 그럼에도 저는 참을 수 없어 나이 든 전도부인에게 함께 가자고 하였습니다."[129]

결국 그 날 로즈는 전도부인과 함께 '쳐들어가듯' 성황당에 들어가 거기 있던 노인 무당과 그 가족에게 "요한복음 3장 16절을 큰 소리로 반복해서 들려주면서 집안이 평안하고 재물의 축복을 받는 것은 귀신을 섬겨서 얻는 것이 아니고 우리를 사랑하사 우리를 위해 당신의 아들을 보내 죽게 하신 하나님의 은총인 것을" 전하였다.[130] 이렇듯 로즈의 전도 방식은 과감하였다. 우상숭배와 미신이 만연한 한국 상황에서 이런 '전투적인' 전도 방법만이 효과를 얻을 수 있다는 것이 그의 생각이었다. 그는 토착 교인들도 이처럼 복음에 대한 확신에 근거하여 전도자로 나설 것을 기대하였다. 로즈는 특히 졸업 후 전도자로 활동하게 될 성경학교 학생들에게 재학 중 전도교육과 실천에 충실할 것을 강조하였다. 그런 맥락에서 그는 성경교육을 받은 학생들을 시내로 내보냈다. 그는 성경학교 강의를 시작한 초기부터 이런 전도교육과 실습을 정규과목으로 가르쳤다. 이런 전도교육과 실습 체제는

---

129) Rose M. Baird, "By-Products of Country Itinerating", Women's Work, Feb. 1924, 29쪽.

130) Rose M. Baird, "By-Products of Country Itinerating", 30쪽..

그가 몸담았던 무디성경학교의 교육 방법이기도 했다. 1929년 선교 보고에 나오는 부분이다.

> "저는 이런 전도실습 사역이 이 학교의 정규과목으로 채택되어야 한다고 봅니다. 무디성경학교를 비롯하여 다른 많은 성경학교를 영적 기관으로 만든 것이 이런 과목이며 다양한 방향에서 이런 일은 계속 이어져야 할 것입니다. 무디성경학교에서 발행한 최근 잡지 표지는 시카고의 대표적인 네거리를 보여주고 있는데 전도용 자동차들이 그 분주한 도시의 수만 명 시민들에게 기쁜 소식을 전하기 위해 다니는 모습을 담고 있습니다. 금년[1929년] 봄부터 우리 성경학교에서도 시내 전도관 사역을 돕고 있습니다."[131]

1932년 로즈가 교장이 되면서 개인전도는 이 학교의 대표적인 교과과목이 되었다. 그는 교실과 강의실에만 매이지 않았다. 그는 학생들만 내보내는 것이 아니라 자신이 직접 교수들로 전도대를 조직하여 거리로 나갔다. 그는 평소에도 거리에서 불신자를 만나 전도하는 일을 가장 소중한 기쁨으로 여겼다. 그는 전도할 기회만 있으면 놓치지 않고 대상에게 다가갔다. 1938년 평양 거리에서 전도한 경험을 다음과 같이 소개했다.

> "어제 주일학교를 마치고 내 차를 기다리다가 길을 건너가던 중 소화전 옆에서 빨래하는 여인들을 보았습니다. 내가 그들에게 가서 예수님을 구주로 받아들이라고 말하고 있는데 한 노인이 내게 올라오길래 '믿습니까?' 하고 물었더니 그는 '아니요' 라고 하였습니다. 그래서 그에게 세상을 떠날 때가 가까웠으니 준비를 해야 할 것이라면서 천당에 가면 하나님과 예수님과 그의 영광을 보게 될

131) Personal Report of Rose M. Baird for 1929, May 1929.

> 것이라 하였습니다. 그러고 나서 '몇 살이에요?' 하고 물었더니 '마흔 여덟입니다.' 하는 것이 아닙니까! 얼마나 올랐는지. 나보다 한 살 밖에 더 많지 않았어요. 어찌되었든 그 여인은 나와 함께 거리를 가로질러 예배당으로 갔습니다. 나는 그에게 성경학교 학생을 붙여주고 떠났습니다. 그 여인은 하나님의 말씀도 찬송가도 읽을 수 없으니 자신은 교인이 될 수 없다고 생각하고 있으니 하나님께서 그의 눈을 열어주어 진리를 알게 되기를 빕니다."[132]

로즈는 지방 사경회를 하기 위해 갔을 때도 도중에 만나는 사람에게 전도하였다. 그는 1935년 겨울, 안악으로 지방 사경회를 인도하러 가서 전도한 경험을 이렇게 소개하였다.

> "안악은 복음을 전하기 참 좋은 곳이었습니다. 저는 주일 아침 큰 거리에 나가 서서 그저 전도지를 돌리며 전도했는데 많은 남자들이 소에 가득 나무를 실은 채 지나가다가 멈춰 줄을 서서 제 얘기를 들었습니다. 그들이 얼마나 깊은 호기심을 갖고 말씀을 듣는지. 제가 건강 때문에 더 많은 시간을 할애하지 못한 것이 아쉽습니다."[133]

로즈가 평양에 와서 학생들과 함께 추진했던 다양한 전도방법들, 예를 들어 노방전도와 축호전도, 공장전도와 병원전도, 공립학교 학생전도, 전도관을 통한 전도집회, 지방 사경회 인도 등은 이후 한국교회 전도운동의 전통이 되었다. 일제말기 시련과 수난의 시대에서도 한국교회가 지속적인 발전을 이룩할 수 있었던 배경에는 이러한 열정적이고 환경에 굴하지 않는 전도 의지와 열기가 있었다. 그런 전도 의

132) Personal Report of Rose M. Baird for 1937-1938, May 1938.
133) Personal Report of Rose M. Baird for 1935-1936, May 1936.

지와 열기를 북돋아주고 지도한 대표적인 선교사가 로즈였음은 두말할 필요가 없다.

❺ 맺는 말

한국에서 22년 동안 로즈가 행한 사역은 1) 선교사 부인으로서 가정 사역, 2) 성경학교와 기독교계 학교의 교사 및 교장으로서 교육 사역, 3) 학교와 교회, 거리에서 전도자로서 보여준 개인전도 사역 등으로 나누어 살펴 볼 수 있다.

어려서부터 독실한 신앙의 모친으로부터 신앙 훈련을 받은 로즈는 대학 졸업 후 교육 공무원으로 지내다가 '종교 사역'에 대한 특별한 소명감을 갖고 무디성경학교에 진학하여 재학시절부터 국내전도 사역에 참여하였다. 그리고 무디성경학교 교원으로 있다가 1917년 학교를 방문한 윌리엄 베어드를 만난 것이 인연이 되어 그와 결혼하고 1918년 11월 남편과 함께 내한, 1940년 11월 강제 추방될 때까지 평양을 중심으로 선교 활동을 전개했다. 그의 초기 사역은 어학공부를 하면서 남편의 선교사역을 돕는 일이었다. 그는 세심한 주의를 기울이며 남편의 외모를 포함하여 가정환경을 쇄신하였고 숭실전문학교 교장을 비롯하여 다양한 사역을 전개하고 있던 남편을 도와주었다. 그 결과 아들 리처드의 표현대로 윌리엄의 말년 사역이 더욱 '복되고 풍성하였으며', 동료 선교사 마펫의 표현대로 로즈는 남편에게 '아주 적합한 돕는 배필'(fitting helpmeet)이었다. 로즈는 윌리엄과 사이에 난 딸의 교육을 위해서도 최선을 다하는 어머니였다. 이처럼 로즈는 가정주부로서 빈틈없는 모습을 보여주었다.

그러나 로즈의 궁극적인 목표는 선교 사역이었다. 그의 선교 사역은 교육과 전도를 중심으로 이루어졌다. 내한하자마자 평양 외국인학교와 숭의여학교, 숭혜여학교에 나가 학생들에게 그림을 가르치기 시작했고 1919년 이후엔 평양 여자성경학교, 고등여자성경학교에 나가 성경을 가르쳤다. 성경학교 외에 숭의여학교, 숭실전문학교에도 나가 성경 강의를 하였고 평양 시내와 지방 사경회에도 수시로 나가 성경을 가르쳤다. 성경 교육은 그에게 가장 중요한 사역이었고 그가 교육 현장에서 사용한 교안들은 《신구약대지》(1932년)란 책으로 출판되어 다른 지역 성경학교나 사경회 교재로 널리 사용되었다. 로즈는 남편 별세(1931년) 후 1932년부터 평양 고등여자성경학교(1939년부터 여자신학교) 교장이 되어 학교 발전을 위해 헌신하였는데 행정 업무로 바쁜 중에도 성경교육과 교리교육을 맡아 일제말기 시련과 혼돈의 시대에 전도자들로 하여금 '바른 신앙'을 지키도록 이끌었다.

로즈가 성경교육과 함께 중요시하였던 것은 전도 사역이었다. 그는 1921년부터 평양 여자성경학교에서 '개인전도' 과목을 가르치기 시작했고 1924년부터는 고등여자성경학교 안에 '개인전도 사역부'를 개설하고 학생들에게 집중적으로 전도에 관한 이론과 방법을 가르치기 시작했다. 그의 노력으로 성경학교의 정규 과목이 된 후 학생들은 주간 중에 시내로 나가 전도관과 공장, 병원 등지로 나가 전도하였으며 겨울 방학 때 지방으로 내려가 사경회를 인도하였다. 로즈는 전도 과목을 가르칠 뿐 아니라 직접 거리로 나가 전도하기를 즐겨하였고

1932년 고등여자성경학교 교장이 된 후에는 교수들과 함께 거리로 나가 전도하였다. 그의 전도교육과 실습의 경험을 담아 펴낸 《개인전도연구》(1928년)는 호평을 받았고 한국교회의 전도운동을 활성화시키는 촉매가 되었다.

이러한 로즈의 성경교육과 개인전도 선교사역은 그의 모교인 무디성경학교의 전통이기도 했다. 특히 로즈는 말년에 교장으로 봉직한 평양 여자고등성경학교(여자신학교)가 '한국의 무디성경학교'(Moody Bible School of Korea)가 되기를 기대하였다. 그 결과 20세기 미국의 근본주의적 보수주의 신앙 전통을 고수했던 무디성경학교의 신학 전통이 그를 통해 한국교회에 전파되었다. 물론 무디성경학교 출신으로 그보다 앞서 온 선교사도 있었고[134] 대부분 장로교 선교사들이 보수적 신앙을 갖고 있었던 것은 사실이지만 로즈처럼 무디성경학교에서 받은 교육 내용을 그대로 한국교회와 성경학교에 적용하기 위해 노력한 이는 없었다. 그 결과 성경의 절대권위, 고전적 기독교교리 수호, 그리스도의 임박한 재림, 세대주의적 종말론 등으로 설명되는 근본주의 신앙과 신학 전통이 한국교회에 뿌리내리게 되었다.

이러한 근본주의적 신앙과 신학이 장점도 있지만 약점도 있다. 성경과 교리 중심의 신앙 전통이 일제말기와 같은 시련과 혼돈의 시대에 교인들로 하여금 '바른 신앙'을 수호하고 변절하지 않도록 지켜준 것은 사실이다. 그러나 근본주의 신앙이 갖고 있는 '자기중심적'

---

134) 예를 들면 1905년 내한한 헨리(H.M. Henry), 1908년 내한한 릿거스(M. Rittgers) 등이 있으나 활동기간이 오래지 않았고 1929년에 보켈(H. Voekel)과 말스베리(D.R. Malsbery)가 와서 평양에서 활동하였다.

(ego-centric) 논리가 지나치게 배타적(exclusive)으로 작용하면 성경과 교리에 대한 합리적 탐구와 이해마저 봉쇄하고 자기와 다른 이론이나 주장을 모두 '이단'으로 정죄하는 독선적 입장을 취하게 된다. 특히 보수적 선교사들에게서 보편적으로 나타나는 바, 서구 기독교 전통과 문화에 대한 우월적 자신감이 지나쳐 동양의 토착 종교와 문화 전통을 미신이나 우상으로 폄하하고 타파 대상으로 여기는 '서구문화 우월주의'(orientalism) 오류를 범할 수 있다. 여기에다 근본주의 신앙의 중요한 요소인 재림과 종말론을 지나치게 강조하면 이원론적(二元論的) '피안지향'(彼岸指向) 신앙이 형성되어 현실도피적인 역사관과 세계관을 가질 수밖에 없다. 그 결과 기독교는 이 땅의 문화와 역사 전통에 뿌리를 내리지 못하고 '서양종교의 하나'로, '낯선 문화'로 남을 수밖에 없다.

로즈의 선교 사역과 신학에 이런 근본주의 신앙의 단점이 없었던 것은 아니다. 그러나 로즈가 그런 한계를 극복하지 못했다 해서 그의 사역을 무가치한 것으로 단정할 수는 없다. 로즈는 어려서부터, 그리고 신학교육을 받으면서 '절대 진리'로 인식한 근본주의적 신앙 원리에 따라 가르치고 살았다. 어느 의미에서 그는 그 시대의 대부분 선교사들처럼 한국에 살면서 '미국'을 살았다 할 수 있다. 그가 '미국식'으로 사고하고 행동한 것은 당연하였다. 다만 그가 가르치고자 했던 '절대 진리'를 제대로 파악하여 그것을 한국의 역사와 문화 전통에서 해석하고 적용하는 과제는 그의 가르침을 받은 한국의 토착 전도자들의 몫이라 하겠다. 그런 점에서 로즈는 한국교회에 답과 함께 문제를 주었다 하겠다.

참고문헌

배로사, 《신구약대지》, 조선예수교서회, 1938.

배로사, 《개인전도연구》, 조선기독교서회, 1940.

김승태 · 한혜진편, 《내한선교사총람》, 한국기독교역사연구소, 1994.

《朝鮮在留歐美人調査錄 1907-1942》, 영신아카데미 한국학연구소, 1981.

Rose M. Baird, Personal Report of Rose M. Baird, 1919-1940

Rose M. Baird, "Personal Report of Rose M. Baird, 1921", Korea Mission Field Sep. 1921.

Rose M. Baird, "My First Impressions of Chosen", Women's Work, Feb. 1920.

Rose M. Baird, "My First Country Trip in Chosen", Women's Work, Feb. 1922.

Rose M. Baird, "By-Products of Country Itinerating", Women's Work, Feb. 1924.

Rose M. Baird, "The Bible Institute", Women's Work, Feb. 1929.

Rose M. Baird, "Report of the Women's Higher Bible School", Minutes and Reports of the Annual Meeting of

Chosen Mission of the Presbyterian Church in the USA, 1933-1938,

Rose M. Baird, "Report of the Women's Bible Seminary", Minutes and Reports of the Annual Meeting of Chosen Mission of the Presbyterian Church in the USA, 1939.

S.A. Moffett, "Rev. William Martyn Baird, D.D.", Korea Mission Field, Jan. 1932.

R.H. Baird, William M. Baird of Korea, A Profile, Oakland, 1968.

R.A. Rhodes ed., The History of Korea Mission of the Presbyterian Church in the USA 1884-1934, Chosen Mission of the Presbyterian Church in the USA, 1934.

Minutes and Reports of the Annual Meeting of Chosen Mission of the Presbyterian Church in the USA, 1929-1939.

저자 소개

박정신

최종학력 : Univ. of Washington (역사학 박사)
전　　공 : 역사학
대표논문 : 사회사에 기대 읽어 온 우리 사회 인문학자들의 비인문학스런 모습
대표저서 : Protestantism and Politics in Korea

박용규

최종학력: Trinity Evangelical Divinity School (신학박사)
전　　공 : 역사신학
대표논문 : Korea Presbyterianism and Biblical Authority
대표저서 : 한국교회사

김명배

최종학력 : 장로회신학대학교 (신학박사)
전　　공 : 역사신학
대표논문 : 한국개신교 사회참여에 나타난 교회와 국가의 관계에 관한 연구
대표저서 : 영은교회 40년사

이상규

최종학력 : 호주신학대학 (신학박사)
전　　공 : 교회사학
대표논문 : 한국에서의 개혁주의 신학
대표저서 : 교회개혁사

이인성

최종학력 : Oklahoma State University (영문학 박사)
전　　공 : 기독교 문학 및 문화
대표논문 : 『나니아 연대기』와 「쾌활한 사람」, 「사색하는 사람」에 구현된 세례받은 상상력
대표저서 : *The Tradition of Christian Sea Symbolism in Medieval English Poetry and Milton*

김경완

최종학력: 숭실대학교 (문학 박사)

전　　공: 기독교문화

대표논문: 기독교 대중문화 연구–기독교문화교육의 관점에서–

대표저서: 기독교문화의 실제

이덕주

최종학력: 감리교신학대학교 (신학박사)

전　　공: 한국교회사

대표논문: 이승만의 기독교 신앙과 건국론

대표저서: 한국토착교회형성사 연구

베어드와 한국선교

초판발행 2009년 2월 26일
2쇄발행 2013년 3월 10일

지은이 박정신, 박용규, 김명배, 이상규,
이인성, 김경완, 이덕주

펴낸이 한헌수

펴낸곳 **숭실대학교 출판국**
서울 동작구 상도로 369

등 록 제14-2호(1982.1.25)
TEL.02-820-0772
FAX.02-817-5297
http://press.ssu.ac.kr

찍은곳 한컴인쇄정보
TEL.02-2274-3394~5
FAX.02-2274-3397

값 19,000원

ISBN 978-89-7450-241-6 03230